"海外看中国"丛书

新时代海外当代中国研究

桑月鹏 俞晓秋 / 主编

合作局智库团队 组编

辽宁人民出版社

©桑月鹏　俞晓秋　2021

图书在版编目（CIP）数据

新时代海外当代中国研究 / 桑月鹏，俞晓秋主编.—沈阳：辽宁人民出版社，2021.1
（"海外看中国"丛书/杨明伟主编）
ISBN 978-7-205-09976-3

Ⅰ.①新… Ⅱ.①桑… ②俞… Ⅲ.①政治-研究-中国 Ⅳ.①D6

中国版本图书馆 CIP 数据核字（2020）第196885号

出版发行：辽宁人民出版社
　　　　　地址：沈阳市和平区十一纬路25号　邮编：110003
　　　　　http://www.lnpph.com.cn
印　　刷：辽宁新华印务有限公司
幅面尺寸：170mm×240mm
印　　张：17.5
字　　数：210千字
出版时间：2021年1月第1版
印刷时间：2021年1月第1次印刷
责任编辑：董　喃　王　增
装帧设计：留白文化
责任校对：吴艳杰
书　　号：ISBN 978-7-205-09976-3
定　　价：78.00元

海外看中国丛书编委会

总 主 编：杨明伟
副总主编：唐筱菊　李　平　翟亚柳
编　　者（以姓氏笔画为序）：

　　　　　　于志辉　王续堃　云巴茹　杜金玲
　　　　　　李　平　杨明伟　宋雨洲　张　宇
　　　　　　张国华　陈　鹤　罗　炯　庞　娟
　　　　　　施　梦　俞晓秋　唐筱菊　桑月鹏
　　　　　　梁　晨　董文墨　谢光远　詹　珩
　　　　　　鲍传健　翟亚柳

本书主编：桑月鹏　俞晓秋
副 主 编：詹　珩　谢光远

前　言

自2018年3月党和国家机构改革后，原中央党史研究室、中央文献研究室、中央编译局职责整合，组建成立中央党史和文献研究院。我院的一项重要职责是向国际社会宣介中国共产党的奋斗历史、执政理念和治国理政思想，讲好中国共产党故事、中国故事、领袖故事，下设对外合作交流局，负责习近平新时代中国特色社会主义思想、党的历史和理论的对外宣介工作，开展海外当代中国研究等工作，并承担国家高端智库试点工作相关职责。

作为首批25家国家高端智库建设试点单位之一，新成立的研究院将海外当代中国研究作为国家高端智库重点研究领域之一，着力打造具有我院特色的海外当代中国研究高端平台。围绕这一主题，我们开展了多层面多样化的学术活动，以"海外当代中国研究圆桌会议""海外当代中国研究国际高端论坛"为机制，结合每年多场次的交流座谈、学术报告、团组出访等活动，初步形成了包括"海外学者看中国""海外使节说中国"等专题系列。为深化海外当代中国研究，并为各界提供学术参考，我们拟编辑出版"海外看中国"系列丛书。

本书作为"海外看中国"系列丛书之一，主要收入了2019年第三届海外当代中国研究圆桌会议的部分专家发言、学者观点及媒体访谈报道。本届圆桌会议聚焦的主题是"70年回顾与展望：面向新时代的海外当代中国研究"，梳理70年来海外当代中国研究的整体脉络和时代特征，反映海外最新研究动向、国内主要研究成果。这些研究成果反映了海外关于习近平新时代中国特色社会主义思想，中国共产党的历史、理论和领袖人物，党中央治国理政新理念新思想新战略的研究，也涵盖了海外中国研究的基本概念、海外汉学以及资料、文献、数据状况；既涉及一些重点热点问题，又包含了海外当代中国研究的区域研究情况，为进一步深化智库领域研究提供新视点。

中国特色社会主义进入新时代，向国际社会讲好中国故事、传播好中国声音，通过学术交流向世界展现一个全面、真实、立体的中国，是我们关注、跟踪海外当代中国研究的学者肩负的重要使命。这也是我们编纂这套丛书的初衷。

中央党史和文献研究院对外合作交流局
国家高端智库海外当代中国研究分领域
2020 年 1 月

目 录

前言

新时代视野

海外学者对"一带一路"倡议的基本认识......3
中国国家形象的变化与塑造......27
国外当代中国治理研究进展......33

七十年新中国视野

海外中共及其领袖研究七十年......51
20世纪50年代至60年代中期《实践论》和《矛盾论》
　　在日本的影响......77
海外周恩来研究新趋势......89

四十年改革开放视野

改革开放以来中国共产党执政规律......101
改革开放以来海外中国经济研究......116
新世纪以来阿拉伯学界论"中国模式"......149

学术视野

从传统汉学到新汉学：西方中国研究演进史 161

美国学界眼中的中国革命 177

澳大利亚的中国研究 184

妥善应对海外当代中国研究态势 189

海外中国研究若干词汇的梳理及启发 200

文献视野

北美藏中共党史文献资源述略 211

国家图书馆中国学文献收藏及特点 230

学者对话和媒体视野

如何看待面向新时代的海外当代中国研究 243

权威媒体报道撷英 263

中国社会科学网报道：《第三届海外当代中国研究
　　圆桌会议召开》 267

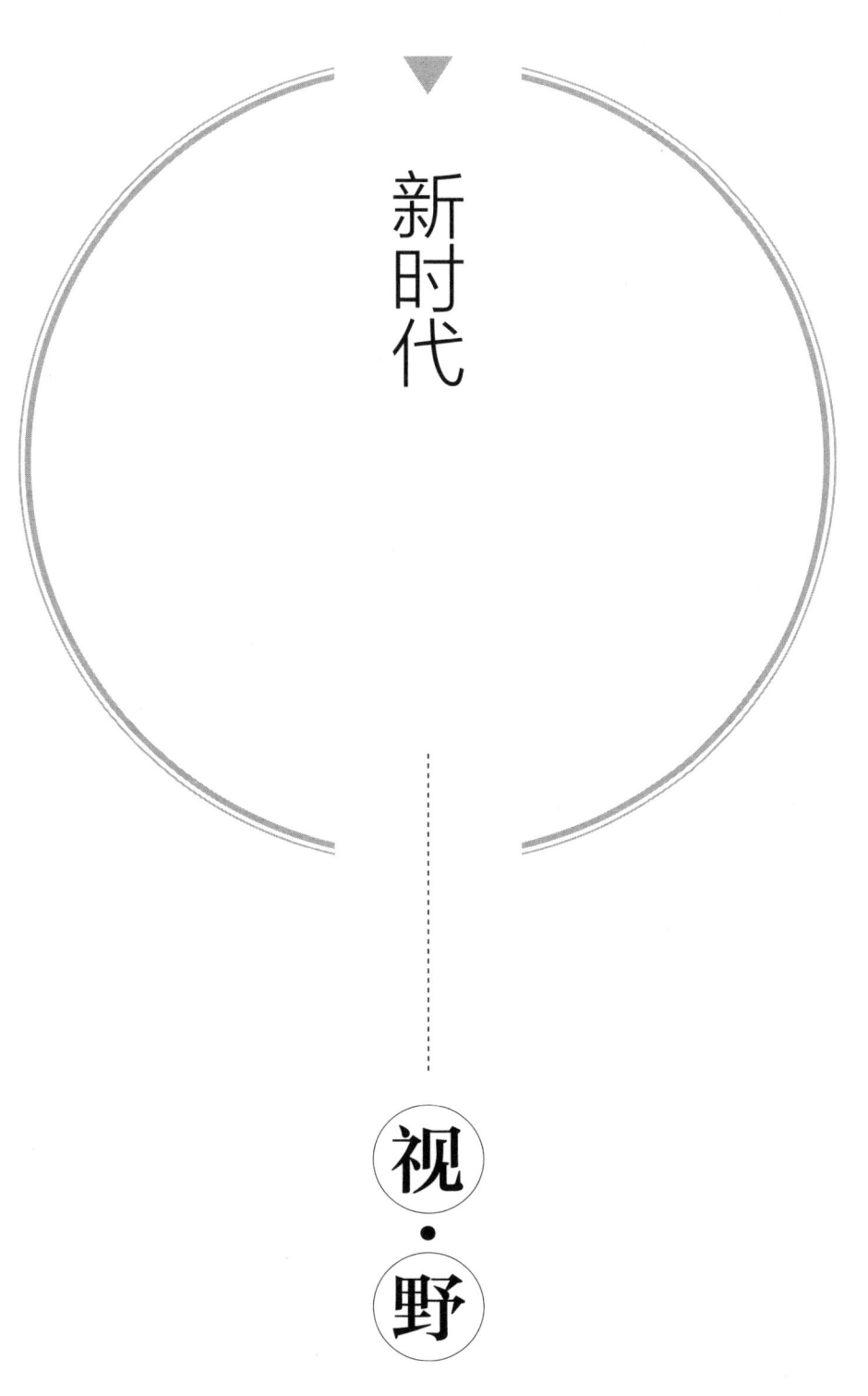

海外学者对"一带一路"倡议的基本认识

▼

2013年习近平总书记提出"一带一路"倡议,2015年《推动共建丝绸之路经济带和21世纪海上丝绸之路的愿景与行动》(以下简称《愿景与行动》)出台,"一带一路"倡议从理念到行动,从愿景到现实,已经成为当今世界经济的新引擎。"一带一路"倡议作为中国参与全球开放合作、改善全球经济治理体系、推动构建人类命运共同体的中国方案,引起了海外学者的广泛关注。特别是2015年《愿景与行动》出台以来,海外学者关于"一带一路"倡议的研究更加多元和深化,研究成果数量也呈爆发式增长。据笔者分析,这些成果主要围绕中国提出"一带一路"倡议的目的,当前推进的过程中面临的困难和风险,以及"一带一路"倡议未来发展前景和基本评价等问题展开。围绕这些问题,本文基于2015—2018年英文学术文献的梳理,针对海外学者的基本认识作了系统梳理,并作出了简要的总结与分析。

一、海外学者对"一带一路"倡议目的的基本认识

中国源自何种目的提出"一带一路"倡议,尽管目前国内学者已经论述得非常充分了,但是海外学者仍然从自己的视角提出了不同类型的驱动因素,根据来源不同,可以大体划分为以下几类:

(一)中国解决自身发展难题的需要

持这种观点的海外学者认为,"一带一路"是在中国经济"新常态"背景下提出的国际性倡议,旨在解决中国国内经济发展中存在的矛盾、

挑战，以及推动国内区域经济一体化进程，以便创造新的经济增长点。

1. 破解国内经济发展难题的选择

有不少学者从中国国内经济社会发展面临的困难解决来认识"一带一路"倡议，认为"一带一路"倡议经济上的目的主要是中国为应对日益严峻的世界经济环境，促进企业、政府等部门通力合作，扩大产品出口、减少工业产能过剩，提高钢铁企业的竞争力，提升中国在商品价值链中的位置，在电子商务与可再生能源方面获得更多的市场份额。澳大利亚罗伊研究所智库学者就指出，"一带一路"倡议是消化金融危机之后的刺激性投资的主要方式，旨在转移钢铁、水泥等过剩产能，促进经济改革，提升产业水平。中国希望通过"一带一路"倡议促进高端产品出口，鼓励中国标准走出去，使中国成为创新型经济体和研发领域的领导者。[①] 经济"新常态"下，中国经济由高速发展进入中高速增长阶段，中国面临产能过剩、债务风险增大、城镇化转型、金融市场混乱等矛盾与挑战[②]，经济增速放缓可能会导致社会不稳定，中国通过寻求外交机会，包括基础设施建设，创造新的市场，释放产能，由此促进经济发展。

2. 中国实现国内区域经济一体化的需要

也有学者从中国东西部区域经济发展不平衡角度，认为应该从区域经济一体化角度来看待"一带一路"倡议。他们认为，中国较为落后的内陆西部地区与发达的东部沿海地区的巨大差异对中国目前来说是一个巨大的挑战，通过"一带一路"促进区域发展可能是中国最重要的经济政策目标之一。[③] "一带一路"倡议旨在推动中国西部边境地区的贸易发展，促进更大范围的区域经济一体化。"一带一路"能够促进中国与其他快速崛起的亚洲市场进行合作，帮助中国广大的内陆西部地区，如

---

① Cai,Peter.2018.Understanding China's Belt and Road Initiative[EB/OL].[2018-6-23].http://hdl.handle.net/11540/6810.
② 李扬，张晓晶：《"新常态"：经济发展的逻辑与前景》，《经济研究》，2015年第5期，第8—13页。
③ Cai,Peter.2018.Understanding China's Belt and Road Initiative[EB/OL].[2018-6-23].http://hdl.handle.net/11540/6810.

新疆和云南，提升内部经济一体化，改善中国西部地区的互联互通，并使其能够直接进入邻近国家的港口设施，更多地参与全球贸易。①

持此类观点的海外学者普遍认为，"一带一路"倡议并非一项全新的政策，而是对以往地方层面的政策和实践的延伸、巩固与提升，由区域实践上升为国家策略，并不是"平地起高楼"的新工程。②布鲁塞尔大学国际政治教授霍尔斯拉格（Jonathan Holslag）就明确指出，"一带一路"倡议并没有预示着相较于以前的政策出现转机或重要创新，而是早期倡议的延续，如20世纪90年代后期颁布的，旨在推动中国内陆省份经济增长的"西部大开发"战略，旨在支持国企扩大其在国外市场的全球战略，以及与亚洲、非洲和欧洲国家建立更紧密经济关系的其他努力等。因此，"一带一路"倡议在很大程度上是一个标签，是对中国成为繁荣富强国家的长期努力的确证。③也有学者认为，"一带一路"倡议是对中国以往政策的补充，如萨尔茨堡大学学者普勒伯格（Christian Ploberger）通过分析中国与东盟及成员国之间建立的经济和政治联系，认为"一带一路"倡议不是一种新的战略，而是试图利用相关举措来补充现有的双边和区域政策框架。④虽然有不少海外学者持这类观点，认同"一带一路"倡议并非全新的政策，但是也都普遍认为，"一带一路"倡议与中国既往的发展政策有所区别。这主要表现在：相较于以往区域发展政策，"一带一路"倡议是对次区域多种对外联通政策的官方概括，在中国崛起的背景下以引发历史共鸣的形式将其描述为友谊关系；"一带一路"倡议在中国重大外交政策中居于重要优先地位，其背后的吸引

---

① Hong Yu.2017.Motivation behind China's "One Belt, One Road" Initiatives and Establishment of the Asian Infrastructure Investment Bank[J],Journal of Contemporary China,26(105):353-368.
② Tim Summers.2016.China's "New Silk Roads": sub-national regions and networks of global political economy[J].Third World Quarterly,37(9):1628—1643.
③ Jonathan Holslag.2017.How China's New Silk Road Threatens European Trade[J]. The International Spectator, 52(1):46—60.
④ Christian Ploberger.2017.One Belt, One Road—China's new grand strategy[J]. Journal of Chinese Economic and Business Studies,15(3):289—305.

力源自中国日益增长的全球影响力①；即使在外交层面上，"一带一路"也有两个方面与中国既往的外交政策相区别。第一是地理范围更大，"一带一路"不仅试图将中国的经济领域扩大到中亚，而且向西扩展到阿拉伯国家和欧洲；第二是东西开放，海陆并进，"一带一路"涉及东西开放以及陆地和海上联通的同步推进。②

（二）中国扩大地缘政治影响力的长期战略

持这种观点的海外学者认为，"一带一路"倡议是中国在利用其强大的经济实力来实现长期的地缘政治目标，即进一步发展业已不断增长的国家能力，并利用其经济、金融力量扩大海外地缘政治影响力，将丝绸之路沿线国家都纳入中国的经济轨道。③

1.构建中国主导的欧亚主义的战略

日本学者青山瑠妙（Rumi Aoyama）分析认为，"一带一路"是巩固中国在与亚洲、欧洲、阿拉伯世界和环太平洋地区关系方面所作努力的新名称。④也有学者认为"一带一路"倡议是中国长期以来坚持的不干涉主义与非军事主义外交原则的制度化反映。这种发展将否定大西洋模式⑤，表明中国主导的欧亚主义是一种可行的替代模式⑥。基于此，与

---

①Tim Summers.2016.China's "New Silk Roads": sub-national regions and networks of global political economy[J].Third World Quarterly,37(9):1628—1643.
②Rumi Aoyama.2016."One Belt, One Road": China's New Global Strategy[J]. Journal of Contemporary East Asia Studies,5(2):3—22.
③Hong Yu.2017.Motivation behind China's "One Belt, One Road" Initiatives and Establishment of the Asian Infrastructure Investment Bank[J]. Journal of Contemporary China,26(105):353—368.
④Rumi Aoyama.2016."One Belt, One Road": China's New Global Strategy[J]. Journal of Contemporary East Asia Studies,5(2):3—22.
⑤大西洋主义是第二次世界大战后美国和英国推行的基本外交安全政策，强调北美和西欧国家在军事、政治、经济方面的团结与合作，是维持资本主义制度的保证和对抗社会主义国家的基本条件。美国在战后初期形成了这一外交政策理论，设想通过经济与军事途径，建立超国家的大西洋联盟。西欧国家维持着同美国的同盟关系，依赖美国提供的安全保护。
⑥Serafettin Yilmaz & Liu Changming.2018.China's 'Belt and Road' Strategy in Eurasia and Euro-Atlanticism[J]. Europe—Asia Studies,70(2):252—276.

欧盟、北美自由贸易协定、东南亚联盟竞争，并最终与美国主导的亚太地区一体化进程竞争。① 在推进"一带一路"行动的过程中，中国政府还可以通过重新打造和整合各种现有的区域合作机制，如上海合作组织（SCO）、东盟与中国（10+1）、亚太经合组织（APEC）等，通过其在这些合作机制方面的积极作用，改善区域间互联互通增加国家利益。② 也有学者明确提出，"一带一路"倡议其实就是中国主导的区域一体化计划，目前中国不断增长的经济和政治影响力使其能够采取切实步骤实现欧亚大陆的多层次一体化。③

2. 复兴中国"亚洲中心地位"的发展战略

纳德吉·罗兰（Nadège Rolland）2017年在《华盛顿季刊》发文指出，"一带一路"倡议是中国解决目前面临的地缘政治挑战的关键策略，是在以一种减少抗衡回应的方式崛起。"一带一路"倡议绝不仅仅是具体的经济追求，而是实现民族复兴大战略的工具，是实现中国梦跨出的重要一步，使得中国能够在建党100周年时获得亚洲强国的相应位置。④ 英国曼彻斯特大学政治学系教授柯岚安（William A. Callahan）也认为"一带一路"倡议旨在建立以中国为中心的"命运共同体"，在推动建立亚洲"命运共同体"的同时，反过来也使中国能够为全球治理设置议程与规则。⑤ 还有学者认为"一带一路"倡议形成了以中国为中心的新欧亚主义，目的是在欧亚战略图景中引入一项新的综合性一体化议程。但是，不同于美国主导的大西洋主义强调建立安全机制促进发展，"一带一路"倡议强调发展高于安全，以包容性的经济制度促进安全。⑥ 然而，也有

---

① Chienwu (Alex) Hsueh.2016.Taiwan's Perspective on China's "One Belt, One Road" Strategy[J]. Journal of Contemporary East Asia Studies,5(2):37—60.
② Ibid.
③ Chienwu (Alex) Hsueh.2016.Taiwan's Perspective on China's "One Belt, One Road" Strategy[J]. Journal of Contemporary East Asia Studies,5(2):37—60.
④ Nadège Rolland.2017.China's "Belt and Road Initiative":Underwhelming or Game-Changer?[J].The Washington Quarterly,40(1):127—142.
⑤ William A. Callahan.2016.China's "Asia Dream": The Belt Road Initiative and the new regional order[J].Asian Journal of Comparative Politics.1(3):226—243.
⑥ Serafettin Yilmaz & Liu Changming.2018.China's "Belt and Road" Strategy in Eurasia and Euro-Atlanticism[J]. Europe-Asia Studies,70(2):252—276.

学者认为，虽然目前来看"一带一路"倡议更多的是涉及经济合作领域，但是地缘政治与地缘经济交织一体不可分割，地缘政治逻辑下的国际地位提升与经济逻辑下的高速发展并不完全对立。① 基于此，甚至有学者认为，"一带一路"倡议是美国霸权的和平替代，臆测中国借助"一带一路"倡议恢复古代的"朝贡制度"，虽然言语上回避霸权，实则就是追求霸权，意图在国际事务中发挥领导者的作用从而削弱美国等西方大国的影响力。②

3. 意欲谋求世界领域军事霸权的发展战略

有学者认为通过"一带一路"倡议，中国意欲通过其谋求世界领域的军事霸权。中国在推进"一带一路"行动中在柬埔寨、缅甸、孟加拉、巴基斯坦等国家进行港口建设，获得澳大利亚达尔文港的经营权，以及在吉布提建立海军补给站等，都是在进一步扩大军事部署，这些军事行动都具有扩大中国军事地位的可能。③ 当然，也有学者对此持不同观点，认为海上丝绸之路更多的是服务于海上贸易，而不是出于军事的考虑。"一带一路"倡议并不是以军事冲突的形式出现，其目标是促进联通性和经济发展。④ "一带一路"倡议不仅仅是一个经济愿景，中国追求的绝非军事上的政治目标，中国不应该重复过去殖民大国的错误，必须避免冷战思维、扩大军事存在和在世界各地修建军事基地。⑤

---

① Astrid H. M. Nordin, Mikael Weissmann.2018.Will Trump make China great again? The belt and road initiative and international order[J]. International Affairs, 94(2)2:231—249.
② Nadège Rolland.2017.China's "Belt and Road Initiative":Underwhelming or Game-Changer?[J].The Washington Quarterly,40(1):127—142.Astrid H. M. Nordin, Mikael Weissmann.2018.Will Trump make China great again? The belt and road initiative and international order[J]. International Affairs, 94(2)2:231—249.
③ Rumi Aoyama. 2016. "One Belt, One Road": China's New Global Strategy[J]. Journal of Contemporary East Asia Studies,5(2):3—22.
④ Christian Ploberger.2017.One Belt, One Road—China's new grand strategy[J]. Journal of Chinese Economic and Business Studies.15(3):289—305.
⑤ Yitzhak Shichor.2018.China's Belt and Road Initiative Revisited:Challenges and Ways Forward[J].China Quarterly of International Strategic Studies,4(1):39—53.

(三) 重塑国际新秩序的表现

持这种观点的海外学者认为，2008 年金融危机对西方国家主导的国际秩序造成冲击，充分暴露出传统国际秩序的制度性缺陷，中国提出"一带一路"倡议力图重塑国际秩序。

1. 重塑国际政治秩序的表现

有学者通过 2010 年前后中国对周边国家的回应，猜测中国开始重点关注和重建周边区域秩序和关系，"一带一路"倡议和亚洲基础设施投资银行可以被认为是建立新区域秩序过程中的积极举措，意在寻求成为规则制定者扩大影响力，重塑地区秩序。也有学者认为，中国通过"一带一路"将经济与安全联系起来改变国际秩序[1]，是中国对美国"重返亚太"的平衡战略的一种应对。悉尼科技大学学者陈丽晗（Lai-Ha Chan）就认为，面对美国的"重返亚太"战略的威胁，中国选择采取"软平衡"战略，以强大的经济物质影响力在欧亚大陆开辟一个区域安全空间减轻来自东部的威胁，以非直接对抗的方式对美国的军事霸权产生"真正的、间接的影响"，而"一带一路"倡议与亚投行是"软平衡"战略的重要组成部分。[2] 中国利用"一带一路"倡议作为"软平衡"工具来破坏美国通过建立不对等关系，加强欧亚伙伴关系，以及阻止任何反华联盟的建立，通过增强软实力，发挥其作为规范力量的作用，增强其崛起权力的合法性。中国打算以反映其价值、利益和地位的方式改变现有的国际体系，重塑全球治理，这是中国外交政策从"韬光养晦"到"有所作为"的深刻转变。[3] 柯岚安（William A. Callahan）认为，"一带一路"倡议体现中国运用熟悉的新功能主义"溢出"逻辑，旨在利用中国的经

---

[1] Aekyung Kim &Jiyoung Kim. 2018. China's aggressive "periphery diplomacy" and South Korean perspectives[J].The Pacific Review,31(2):267—277.
[2] Lai-Ha Chan.2017.Soft balancing against the US "pivot to Asia": China's geostrategic rational for establishing the Asian Infrastructure Investment Bank[J].Australian Journal of International Affairs,71(6):568—590.
[3] Weifeng Zhou & Mario Esteban.2018.Beyond Balancing: China's approach towards the Belt and Road Initiative[J].Journal of Contemporary China,27(112):487—501.

济实力建立一个紧密的经济、文化、政治和安全关系网络,将欧洲和亚洲纳入自己的全球秩序中,从而成为全球最重要的规范力量。[①] 中国通过"五通"完善沿线国家的发展战略,提供相应的公共产品,合理回应当前国际经济秩序追求利益的逻辑,"一带一路"倡议将构建更加包容的国际新秩序。[②] 也有学者认为,为了推行可靠的保证策略以适应全球权力分配转变,中国政府一直在培养一种连接性领导力,使中国将跨区域连接的"一带一路"倡议纳入自己的国家发展战略中,形成一种非霸权的国际社会资本类型,并且整合现有的区域秩序。[③] 但是,也有学者认为,中国目前并非在构建新的国际新秩序,而是作为国际新秩序的改革力量而存在。如美国丹佛大学约瑟夫·科贝尔国际关系研究院赵穗生就认为,虽然中国国力不断增强,提出"一带一路"等倡议,使得中国作为改革或者修正力量具有更大的影响力,但是中国仍遵守现有的国际规则,从实力和价值观角度来说,中国都不可能挑战现有的秩序,而更多的是全球治理的改革推动力量。[④]

2. 重塑国际金融秩序的表现

还有学者提出,中国作为第二大经济体,在当前国际金融组织中并没有足够的影响力,中国提出的改革现有国际金融秩序的要求也被国际社会所忽视,因此试图通过提出"一带一路"倡议,建立亚投行,用一种新的经济体系来取代原有的金融体系。[⑤] 亚投行的建立,使得中国第一次在金融组织中拥有否决权,通过"一带一路"倡议中国能够逐渐建立起自己的金融权力结构,而非屈服于美日主导的地区金融安排;利用

[①] William A. Callahan.2016.China's "Asia Dream": The Belt Road Initiative and the new regional order[J].Asian Journal of Comparative Politics.1(3):226—243.
[②] Giovanni B. Andornino.2017.The Belt and Road Initiative in China's Emerging Grand Strategy of Connective Leadership[J].China & World Economy,25(5):4—22.
[③] Giovanni B. Andornino.2017.The Belt and Road Initiative in China's Emerging Grand Strategy of Connective Leadership[J].China & World Economy,25(5):4—22.
[④] 赵穗生:《中国是世界秩序的利益攸关国》,《国外社会科学》,2016年第5期,第154—157页。
[⑤] Aekyung Kim &Jiyoung Kim. 2018. China's aggressive "periphery diplomacy" and South Korean perspectives[J].The Pacific Review,31(2):267—277.

亚投行的借款力图成为发展中国家的领导者，使得与中国联系紧密的发展中国家更倾向于疏离美国，对美国主导的国际秩序带来消极影响。①不少美国学者认为，亚投行是中国在亚洲展示其经济影响力的工具，中国通过"一带一路"倡议产生地缘政治影响以及建立亚投行与丝路基金构建以中国为中心的金融秩序，从而挑战美国作为全球霸主的地位，他们担心中国建立亚投行的真正意图可能是用以中国为中心的区域和国际金融体系取代西方主导的金融体系。②美国布鲁金斯学会约翰·桑顿、中国中心高级研究员杜大伟（David Dollar）在这个问题上则持不同观点，他们认为中国近年来约一半的发展融资集中于"一带一路"沿线国家，且由需求驱动而非单方面由中国供给驱动，中国遵守全球金融体系的规范，遵循东道国法律法规，与当地合作潜在负面影响被尽可能地减少。而亚投行致力于弥补发展中国家建设需求与现有银行提供贷款之间的资金缺口，是对现有国际金融秩序的有益创新，中国正在向全球规范的方向发展，可能会为国际发展融资体系带来积极影响。③

3. 重塑全球经济发展空间形态的表现

持这种观点的海外学者不多，他们认为，"一带一路"旨在打破国家、区域界线，推动大都市组成的网络节点之间的资源流动，减少空间障碍并形成一种"空间修复"，目的在于重新塑造全球经济发展的空间形态。

这个观点是蒂姆·萨默斯（Tim Summers）在2016年提出来的，他引用洛杉矶南加州大学传播学院教授曼纽尔·卡斯特尔（Manuel Castells）"网络社会"的概念来解释"一带一路"倡议。曼纽尔·卡斯特尔曾提出，当前全球政治经济越来越被与大都市地区连成的全球网络

---

① Chienwu (Alex) Hsueh.2016.Taiwan's Perspective on China's "One Belt, One Road" Strategy[J]. Journal of Contemporary East Asia Studies,5(2):37—60.
② Hong Yu.2017.Motivation behind China's "One Belt, One Road" Initiatives and Establishment of the Asian Infrastructure Investment Bank[J].Journal of Contemporary China,26(105):353—368.
③ David Dollar.2018.Is China's Development Finance a Challenge to the International Order?[J].Asian Economic Policy Review ,13:283—298.

所主导，资本、信息、技术和精英很容易通过这些网络的节点流动。①萨默斯将这一理论与"一带一路"倡议相联系，认为"一带一路"倡议源于中国的省级发展计划，形成由国家主导的"空间修复"，旨在提供基础设施促进整个欧亚大陆的资本网络发展，理由如下：首先，"一带一路"倡议的核心是"五通"，为资本、商品、人力提供了贯穿欧亚大陆的高效流动平台，而这种流动是在主要城市节点组成的网络中进行，无论是地方政策还是《愿景与行动》都非常重视主要城市群的建设与联通，包括沿海城市的港口建设，上海和广州的国际机场枢纽以及众多内陆城市，由此形成网络运输动脉；其次，"一带一路"倡议强调中国企业以对外直接投资的方式"走出去"，可以释放经济红利，基础设施和连通性方面的投资将进一步加强资本流动，而这一点恰是"空间修复"的本质。最后，中国创新体制，建立亚投行与丝路基金，增强了促进基础设施连通的能力，也为使用过剩美元储备提供了平台。因此，"一带一路"倡议所构成的空间关系反映了当代全球政治经济特征的网络关系，中国旨在通过"一带一路"倡议进一步融入全球经济。②新加坡国立大学南亚研究所（ISAS）高级研究员阿米檀都·帕力特（Amitendu Palit）认为经济走廊是跨越政治边界和国家经济空间的独特空间经济组织，所有相关主体都能通过地理上不同的经济活动集群获得利益流，实际上，经济走廊对于建立跨越资本主义"不平衡发展"地理联系具有重要意义。经济走廊将经济主体与整个地理区域联系起来，将枢纽与大量经济资源和参与者联系起来，"海上丝绸之路"的独特性在于将其作为海上经济走廊的概念化，通过现有的、高容量的、功能有效的海港和新的海上航道整合来设想有效的海上运输联结，以及与陆上经济走廊进一步融合。③

---

① Castells.2009.The Rise of the Network Society[M].Wiley-Blackwell.Dirlik.Global. 2003. Modernity: Modernity in an Age of Global Capitalism[J].European Journal of Social Theory,6(3):275—292.
② Tim Summers.2016.China's "New Silk Roads": sub-national regions and networks of global political economy[J].Third World Quarterly,37(9):1628—1643.
③ AmitenduPalit. 2017.India's Economic and Strategic Perceptions of China's Maritime Silk Road Initiative[J]. Geopolitics,22:292—309.

二、海外学者对"一带一路"倡议推进过程中面临的现实困难与风险的认识

除了对"一带一路"倡议的意图进行推测，还有不少学者针对"一带一路"倡议推进过程中面临的现实困难和风险进行分析。概括来讲，海外学者认为中国推进"一带一路"倡议当前存在以下几个主要的困难和风险：

（一）地缘政治对抗带来的困难和风险

有学者认为，中国不断扩大的全球角色所引发的地缘政治竞争可能对"一带一路"倡议构成潜在挑战。这具体体现在："一带一路"倡议将提升中国在欧亚大陆和印度洋地区的影响力，这将对在该地区具有重要影响的美国、印度等国家产生威胁。比如，美国认为中国通过"一带一路"倡议产生地缘政治影响，可能会挑战美国作为全球霸主的地位。[1] 美国还认为亚投行是中国在亚洲展示其经济影响力的工具，担心中国建立亚投行的真正意图可能是用以中国为中心的区域和国际金融体系取代西方主导的金融体系。[2] 印度则关注中国在斯里兰卡、孟加拉国、尼泊尔、不丹和马尔代夫以及巴基斯坦的影响力，担心中国正在建立新的"珍珠链战略"来遏制印度在印度洋的影响。[3] 印度安全专家甚至认为，印度在该地区的影响力因此正在减弱，包括瓜达尔（巴基斯坦）和汉班托塔（斯里兰卡）的港口项目正使得印度被中国的"珍珠链战略"包围。为防止中国削弱印度在该地区的影响力，印度总理莫迪将20世纪90年代引入的"向东看"政策升级为2014年的"向东行动"政策，以对抗中国，

---

[1] Hong Yu.2017.Motivation behind China's "One Belt, One Road" Initiatives and Establishment of the Asian Infrastructure Investment Bank[J]. Journal of Contemporary China,26(105):353—368.
[2] Ibid.
[3] Chien-peng (C. P.) Chung : What are the strategic and economic implications for South Asia of China's Maritime Silk Road initiative?[J]. The Pacific Review,2017.Pages 315—332.

促进对外贸易。①2014年6月还推出了"季节计划"②,并且加强了与美国、日本和东南亚国家的军事和战略合作。

除此之外,俄罗斯也担心中国在中亚地区扩大影响力。东盟作为一个区域集团,则高度关注中国在东盟成员国中的影响力,他们认为这将削弱其在许多重要地区问题上发表意见的影响力,甚至削弱该组织的团结。③这些潜在的地缘政治威胁都会给"一带一路"倡议的推进带来现实的困难和风险。

(二)地区冲突和争端带来的困难和风险

有学者认为,"一带一路"倡议横跨欧亚大陆,涵盖众多国家,这些国家存在政治上的差异性、民族的复杂性以及文化的多样性,中国如何协调其发展模式以适应每个国家特有的条件是一个复杂的问题。毕竟,"一带一路"沿线国家并不一定受中国制度框架的约束。④不仅如此,"一带一路"沿线地区还包含许多不稳定安全与政治因素,还有大片受极端主义势力威胁的地区。⑤特别是中亚和东亚地区长期不稳定,地区冲突和争端频发,这势必给"一带一路"部分项目的实施带来巨大的政治风险和不确定性。⑥有学者以东南亚地区为例,认为马来西亚、菲律宾、越南对中国南海问题存在争端,一旦矛盾爆发将会加剧中国与这些地区

---

①Wagner, C.&Tripathi, S. India's response to the Chinese Belt and Road Initiative: new partners and new formats.SWP Comments.2018.
② "季节计划"目前仍处于计划之中,它包括东非、阿拉伯半岛,经过伊朗南部到整个南亚,向东则通过马六甲海峡和泰国延伸到整个东南亚地区。
③Kevin G. Cai.2018.The One Belt One Road and the Asian Infrastructure Investment Bank: Beijing's New Strategy of Geoeconomics and Geopolitics[J].Journal of Contemporary China,27(114):831—847.
④AbdurRehman Shah,2018.How Does China-Pakistan Economic Corridor Show the Limitations of China's "One Belt One Road" Model[J]. Asia & the Pacific Policy Studies.5(2):378—385.
⑤Giovanni B. Andornino.2017.The Belt and Road Initiative in China's Emerging Grand Strategy of Connective Leadership[J].China & World Economy,25(5):4—22.
⑥Weifeng Zhou & Mario Esteban.2018.Beyond Balancing: China's approach towards the Belt and Road Initiative[J].Journal of Contemporary China,27(112):487—501.

的紧张局势；印度尼西亚种族、宗教问题引发政治内斗，缅甸政府与军队之间的冲突、佛教徒与穆斯林之间的摩擦等也会导致政治不稳定，这都会影响"一带一路"项目的实施。① 还有学者以马来西亚为例，认为"一带一路"倡议如果要成功需要具备三个条件，包括支持马来西亚长期履行的马来人种族政策、支持国家和联邦当局之间的共同愿景和推动中国与马来西亚的地缘政治利益等。因此，当马来西亚的政治经济目标与"一带一路"倡议的目标出现分歧的时候，前者起决定性作用，而马来西亚面临着较为复杂的政治状况，这并不利于"一带一路"倡议的顺利推进。② 也有学者从伊朗的角度进行分析认为，"一带一路"倡议一些计划中的路线，尤其是贯穿伊朗的南部走廊——所有主要路线都要经过中亚和中东潜在的冲突地区，中国可能陷入伊朗的地区争端和冲突中。③ 这些已有的地区争端和冲突，都会因"一带一路"倡议的推进涉及这些国家和地区，而产生不可预料的困难和风险。

（三）中国政治协调能力不足和经济减缓带来的困难和风险

有部分学者认为，"一带一路"倡议的长期政治影响取决于其执行情况和经济成果。④ 要使得"一带一路"倡议得以顺利实施，主要取决于中国付诸实施的意愿、政策协调能力和经济能力等因素。有学者认为，中国推进"一带一路"倡议的意愿是毋庸置疑的，但是协调能力存在争议，这主要体现在负责项目实施的跨国公司因为距离遥远、实际权力较大，可能并不能达到政府预期的实施效果。除了政治协调能力，该学者还认

---

① Jean-Marc F. Blanchard.2017.China's Maritime Silk Road Initiative (MSRI) and Southeast Asia: A Chinese "pond" not "lake" in the Works[J]. Journal of Contemporary China,27(111):329—343.
② Hong Liu &Guanie Lim (2018): The Political Economy of a Rising China in Southeast Asia: Malaysia's Response to the Belt and Road Initiative[J]. Journal of Contemporary China,28:216—231.
③ Przemys aw Osiewicz.2018.The Belt and Road Initiative:Implication for Iran-China Relations[R]. Przegl d Strategiczny,Issue11.
④ Jonathan Hillman.2016.China's Belt and Road Initiative:Five Years Later[R]. Center for Strategic and International Studies.

为"一带一路"项目涉及资金过多,且中国对于项目资金审核越来越谨慎,中国能否提供足够的资金仍有待观察。① 因此,随着中国经济的放缓,能否继续如此大力推进"一带一路"倡议值得怀疑。② 中国经济可能出现的低增长趋势将是对"一带一路"倡议以及中国实现区域和全球目标的最大风险。③ 也有学者认为,随着中国经济的放缓,"一带一路"倡议的庞大的规模会使得中国面临难以应对的内外挑战增加,从铁路建设的标准化到由于经济困难而导致中国项目融资能力的潜在削弱。④ 亚投行是否会达到足够高的治理水平,以及美国为代表的国家对该组织的结构、贷款程序以及环境和社会保障上的质疑⑤,都会给"一带一路"倡议的推进带来一定的困难和风险。

三、海外学者对"一带一路"倡议未来发展前景的预测与认识

近年来"一带一路"建设取得实实在在的进展,也逐渐获得越来越多国家和民族的肯定和高度赞扬。然而,对于"一带一路"倡议的未来发展前景,海外学者具有两种截然不同的看法。一类学者认为,"一带一路"倡议将为世界创造新的机遇,加强与"一带一路"倡议的对接是未来各国发展的趋势,因此对"一带一路"倡议持乐观态度。但也有学者指出,"一带一路"倡议由于面临着地缘政治对抗、安全威胁、领土争端和政治风

---

①Jean-Marc F. Blanchard.2017.China's Maritime Silk Road Initiative (MSRI) and Southeast Asia: A Chinese "pond" not "lake" in the Works[J]. Journal of Contemporary China,27(111):329—343.

②Giovanni B. Andornino.2017.The Belt and Road Initiative in China's Emerging Grand Strategy of Connective Leadership[J].China & World Economy,25(5):4—22.

③ Serafettin Yilmaz & Liu Changming.2018.China's "Belt and Road" Strategy in Eurasia and Euro-Atlanticism[J]. Europe-Asia Studies,70(2):252—276.

④Harry G. Broadman. Will China's "One Belt, One Road" Become a "Bridge to Nowhere"?[J]. Forbes, January 6, 2016.

⑤Hong Yu.2017.Motivation behind China's "One Belt, One Road" Initiatives and Establishment of the Asian Infrastructure Investment Bank[J]. Journal of Contemporary China,26,(105):353—368.

险等挑战，前景并不明朗或者不如中国官方所宣传的那样乐观。

（一）乐观预测

乐观主义者认为，"一带一路"倡议是一个关键决定性因素，不仅关乎中国的未来方向，也决定世界未来。①中国的目标不仅是自身受益，而且是引领全球经济发展，为经济治理原则做出贡献，通过引入与霸权市场和新自由主义不同的概念影响全球化进程。②"一带一路"倡议如中国所愿般成功的话，将会改变欧亚大陆的地缘政治状况，巩固中国作为优势区域力量的地位。③"一带一路"倡议还可以通过提供一个系统性的替代选择挑战大西洋主义作为国际关系的长期规范范式。随着贸易和其他形式的合作与互动增长，中国与欧洲之间的交通和通信网络已经开始改变区域地缘经济状况。对欧洲政治经济格局产生积极影响，加强金融和产业联系，创造新的投资机会。其框架能使欧洲以更有条理的方式与中国合作，提供安全合作平台，有助于欧洲的整体安全。④

也有学者从中国与中欧、东欧和南欧国家的关系进行分析认为，"一带一路"倡议为沿线国家和地区带来新的经济愿景。首先，"一带一路"倡议使得部分欧洲边缘国家参与到"一带一路"倡议的决策过程中，使得后经济危机时代区域之间的联系更加紧密，可以预见，未来"一带一路"倡议能够在某种程度上振兴区域发展潜力。其次，中国在与不同国家和地区的合作中更加积极主动，从外交扩展到新的领域，将其经济方式与制度建设、政策协调相结合，中国乐于向其他国家分享经验和发展教训，

---

①Astrid H. M. Nordin, Mikael Weissmann.2018.Will Trump make China great again? The belt and road initiative and international order[J]. International Affairs, 94(2)2:231—249.
②Anastas Vangeli.2017.China's Engagement with the Sixteen Countries of Central,East and Southeast Europe under the Belt and Road Initaitive[J].China & World Economy,25(5):101—124.
③Nadège Rolland.2017.China's "Belt and Road Initiative":Underwhelming or Game-Changer?[J].The Washington Quarterly,40(1):127—142.
④Serafettin Yilmaz & Liu Changming.2018.China's "Belt and Road" Strategy in Eurasia and Euro-Atlanticism[J].Europe-Asia Studies,70(2):252—276.

为全球政治经济范式转变奠定基础。最后，"一带一路"倡议的互联互通项目实施，体现了中国推动包容性区域合作的目标，即在真正地践行"丝绸之路精神"。①

也有学者从"一带一路"倡议整体分析指出，从三个方面来看，"一带一路"倡议是具有前景的经济行动。第一，许多国家仍然在经济上直接或间接地依赖其前殖民者，"一带一路"倡议和亚投行作为历史上第一次大规模的尝试，可以成为"国际解放运动"的先锋，不带任何附加条件而使这些国家摆脱对西方的经济依赖，因此能够受到第三世界国家的欢迎。第二，中国具备独有的精神内核，依赖于自身的历史经验、文化价值观和外交模式，可以通过与西方不同的方式实现中国的国际和国内目标。其三，"一带一路"倡议里中国采取的经济干预方式，其中蕴含着传统中国价值观，也符合马克思主义的基本原则：经济发展和增长有助于克服社会问题。②俄罗斯有学者指出，国际关系和世界经济的结构变化，新贸易制度的出现以及国际事务中领导力的削弱都会产生高度的不确定性，建立区域伙伴关系是减少这种不确定性的有效方式。俄罗斯启动了欧亚经济联盟和"一带一路"倡议的合作，并将其定义为与中国合作的重中之重，这样的合作方式有利于实现长远的合作共赢。俄罗斯与中国在欧亚大陆的合作能否成功将主要取决于欧亚一体化的未来动态以及达成协议，共同开发欧亚经济联盟和"一带一路"倡议的能力。③

（二）悲观论调

也有不少学者通过放大当前"一带一路"倡议一些具体项目的推进

---

① Anastas Vangeli.China's Engagement with the Sixteen Countries of Central,East and Southeast Europe under the Belt and Road Initaitive[J].China & World Economy,25(5):101—124.
② Yitzhak Shichor.2018.China's Belt and Road Initiative Revisited:Challenges and Ways Forward[J].China Quarterly of International Strategic Studies,4(1):39—53.
③ Ivan Timofeev, Yaroslav Lissovolik, Liudmila Filippova.2017.Russia's Vision of the Belt and Road Initiative:From the Rivalry of the Great Powers to Forging a New Cooperation Model in Eurasia[J].China & World Economy,25(5):62—77.

和落地面临的现实困难和障碍，对"一带一路"倡议的发展前景持悲观态度。有学者从正在进行的中巴经济走廊项目来进行分析，认为，中巴经济走廊将使巴基斯坦成为中国的债务国，并进一步增加巴基斯坦的财政负担。巴基斯坦当地人和中国人之间的文化冲突，以及中国在本国社会和环境的可持续性和透明度问题上的立场不明确，都使得部分人对该项目的执行情况和倡议的未来影响提出疑问和怀疑。甚至有人认为，中国在"一带一路"建设中的投资规模大于受援国经济规模，将会使得南亚和中亚国家面临金融危机的风险。①

还有学者以目前进展不快的"皎漂—昆明"的铁路项目为例，认为该铁路项目的谅解备忘录已经过期②，而且缅甸当地人民认为它破坏了国家的自然遗产，忽视对没收土地的补偿，以及对环境保护缺乏问责制③，甚至破坏了缅甸的主权而反对该项目。也有学者认为，缅甸人对中缅之间木材和玉石等自然资源的无节制贸易感到不满。④ 由此所带来的不信任，再加上缅甸的政权更迭导致的缅甸反华情绪的上升以及中缅经贸合作陷入停顿，都会导致此类项目进展缓慢或停滞，同时，像莱比塘铜矿、克钦邦密松水电站、皎漂至昆明的石油和天然气管道等项目都在当地引发过冲突⑤，这些工程作为"一带一路"倡议的一部分，未来在缅甸的发展趋势并不明朗。

---

① Montgomery Blah.2018.China's Belt and Road Initiative and India's Concerns[J]. Strategic Analysis, 42(4):313—332.
② 2011年，中国与缅方代表签署了《关于缅甸皎漂铁路运输系统项目谅解备忘录补充协议》。2014年7月20日报道，缅甸铁道运输部日前正式发布消息，称中缅皎漂—昆明铁路工程计划搁浅。据称，双方于2011年签署的项目合作谅解备忘录已经到期，但"中方没有续谈，缅甸铁道部也无实施计划"。
③ Phyo Wai.The Myanmar-China dilemma[EB/OL]. http://www.elevenmyanmar.com/opinion/8220,2017-03-08/2018-12-11.
④ Transnational Institute.2016.China's Engagement in Myanmar: From Malacca Dilemma to Transition Dilemma, Myanmar Policy Briefing, 19,July, Amsterdam: Myanmar Policy Briefing Series.
⑤ Transnational Institute.2016.China's Engagement in Myanmar: From Malacca Dilemma to Transition Dilemma, Myanmar Policy Briefing, 19,July, Amsterdam: Myanmar Policy Briefing Series.

虽然持这样的负面论调的海外学者并不多，但是由于其都是以当前现实中存在的问题为依据进行分析，这些观点仍然是有一定价值的。

四、海外学者对"一带一路"倡议的基本评价

近年来，海外学者对"一带一路"倡议的研究中大都进行了评价，其中既有积极评价，也有消极评价。

（一）积极评价

积极评价者相信中国有能力推进"一带一路"倡议并带来积极影响。经济上，"一带一路"倡议能够促进区域经济一体化，通过加强市场之间的联系来降低成本，促成全球产业链的转型升级。由于政治与经济是相互联系的，因此经济的繁荣也有利于区域政治的稳定，而且"一带一路"倡议能够促成新的区域合作模式，以中国强大的综合实力作为支撑，在全球一体化中能够起到重要推动作用。

在经济方面，"一带一路"倡议和亚投行的项目可以帮助促进区域间的合作与经济增长。由于到2020年亚洲基础设施支出的供需缺口高达8万亿美元，因此"一带一路"倡议和亚投行在区域基础设施发展和经济增长中将会发挥重要作用。从中长期来看，这些举措的成功实施有助于促进区域经济一体化，促进"一带一路"倡议和亚投行所涵盖的广大地区的贸易和资金流动，并扩大以中国为中心的贸易、投资基础设施建设。此外，"一带一路"倡议和亚投行也将有助于更紧密地联系亚洲和非洲市场，降低市场成本。[①] 有学者认为，如果顺利实施，海上丝绸之路对东南亚在经济方面有三个重大影响：大量资金的注入、建立工业区和经济特区，以新的企业活动形式促进经济增长；公司、货物、人力、技术和运输模式的开放，将促进贸易增长、自然资源和人力资本开发；

---

① Kevin G. Cai.2018.The One Belt One Road and the Asian Infrastructure Investment Bank:Beijing's New Strategy of Geoeconomics and Geopolitics[J].Journal of Contemporary China,27(114):831—847.

发展更大规模的经济和促成新的全球价值链的诞生。[①]

在国际交往方面，"一带一路"倡议能够实现合作共赢，带来切实利益。"一带一路"倡议为项目实施提供了一个总体框架，这个框架在组织上具有创新性和战略价值，能够促进"双赢"。具体而言，能够重建与中亚合作伙伴的经济、政治、安全和社会交流，以构建区域性大战略，从而在多边和双边关系中发挥影响力。自20世纪90年代以来，中国与中亚地区持续友好交往，"一带一路"倡议更能够增加中国在其合作伙伴国家中的价值，因为这些国家能够将中国视为长期合作伙伴。[②] 印度学者从中巴经济走廊的现实出发，认为"一带一路"倡议相较于美国的援助政策更加开放，不带有任何附加条件，确实能够为沿线国家带来切实利益。[③]

在政治方面，"一带一路"倡议能够促进地区稳定，促成新的区域合作模式。"一带一路"倡议和亚投行的项目能够促进区域经济增长，而经济增长有助于加强该地区的政治及社会稳定。[④] 中国不断增长的经济和政治影响力使其能够采取切实步骤实现欧亚大陆的多层次一体化。地缘经济总是与地缘政治相交织，因为从长远来看，区域经济一体化预示着欧亚大陆繁荣与区域的稳定，促成更加和平的政治状况。[⑤] "一带一路"倡议和亚投行可能会发展成为一种新的经济合作模式，涉及东

---

①Jean-Marc F. Blanchard.2017.China's Maritime Silk Road Initiative (MSRI) and Southeast Asia: A Chinese "pond" not "lake" in the Works[J]. Journal of Contemporary China,27(111):329—343.

②Jeffrey Reeves.2018.China's Silk Road Economic Belt Initiative: Network and Influence Formation in Central Asia[J]. Journal of Contemporary China,27(112);502—518.

③AbdurRehman Shah,2018.How Does China-Pakistan Economic Corridor Show the Limitations of China's "One Belt One Road" Model[J]. Asia & the Pacific Policy Studies.5(2):378—385.

④Kevin G. Cai.2018.The One Belt One Road and the Asian Infrastructure Investment Bank: Beijing's New Strategy of Geoeconomics and Geopolitics[J].Journal of Contemporary China,27(114):831—847.

⑤Serafettin Yilmaz & Liu Changming.2018.China's "Belt and Road" Strategy in Eurasia and Euro-Atlanticism[J]. Europe-Asia Studies,70(2):252—276.

南亚国家联盟（ASEAN）、上海合作组织（SCO）、南亚区域合作联盟（SAARC）、欧亚经济联盟（EAEU）、中日韩经济集团，促进亚洲一体化，中国将在其中发挥重要作用。①

（二）消极评价

有学者带着怀疑态度认为，"一带一路"倡议存在许多局限。"一带一路"倡议缺乏权威的官方地图和明确性，特别是关于每个拟议的经济走廊项目的确切细节，这促使一些评论员认为"一带一路"倡议只不过是一个"定义不明确的海市蜃楼"或"空心壳"。②许多西方评论家认为，无论"一带一路"倡议的驱动因素如何，该倡议很可能都不会实现，因为其庞大的规模和雄心壮志使得难以应对的挑战数量增加。③"一带一路"倡议也存在缺乏透明度、军民之间的分歧、民族差异，舆论攻击、经常账户赤字扩大等局限性。④

还有学者认为，"一带一路"倡议的提出和建设会对其他国家造成消极影响，其中对美国的消极影响最大。美国将中国视为竞争对手，关注"一带一路"倡议并仍宣扬"中国威胁论"，美国认为中国通过"一带一路"倡议产生地缘政治影响以及建立亚投行与丝路基金构建以中国为中心的金融秩序，从而挑战美国作为全球霸主的地位。另一方面，美国怀疑中国顺利推进"一带一路"的能力，多次声明担心亚投行是否会

---

① Kevin G. Cai.2018.The One Belt One Road and the Asian Infrastructure Investment Bank: Beijing's New Strategy of Geoeconomics and Geopolitics[J].Journal of Contemporary China,27(114):831—847.
② Jacob L. Shapiro. 2017.One Belt, One Road, No Dice[J].Geopolitical Futures,12.;Vassilis Ntousas.2016.Back to the Future: China's "One Belt, One Road" Initiative[R].FEPS Policy Brief, Foundation for European Progressive Studies;Jiafeng Chen. 2016.Camel Bells and Smoky Deserts[J].Harvard Political Review, March,13.
③ Harry G. Broadman.Will China's "One Belt, One Road" Become a "Bridge to Nowhere"?[J]. Forbes, January 6, 2016.
④ AbdurRehman Shah.2018.How Does China-Pakistan Economic Corridor Show the Limitations of China's "One Belt One Road" Model[J]. Asia & the Pacific Policy Studies.5(2):378—385.

达到足够高的治理水平,并质疑该组织的结构、贷款程序以及环境和社会保障。① 阿斯瑞德(Astrid H)和米凯尔(Mikael Weissmann)认为,"和平合作、开放包容、互学互鉴、互利共赢"的"丝路精神"容易使得政府或者企业陷入一种"修辞陷阱"②,不同意中国的倡议便会走向"错误的"对立面。中国强调"一带一路"倡议与美国的马歇尔计划不同,营造出一种舆论认为,中国提供开放、平等、互利的国际关系以替代美国主导的是一种排他性、不平等、攫取权利的世界秩序。虽然中国声称"一带一路"倡议能够惠及全球,但实际上惠及的是沿线国家,欧亚大陆特大城市可以从中获益,然而美国以及其他北美、南美洲国家并未包含在优惠政策之内,这些国家的公司无法进一步深入亚洲市场,只会被亚洲的竞争对手所占领,对比之下市场范围缩小,其中美国的城市损失最大。③ 还有学者认为,无论"一带一路"倡议成功与否,都会对美国造成不利影响。如果"一带一路"倡议取得成功,中国货币将会得到更广泛的运用,高铁、铁路系统、无线网等技术标准会被广泛采用,中国能够通过更改国际规则来获得利益,这些变化将使美国远离全球经济的地位并将中国推向中心。如果"一带一路"倡议失败,这一行动会损害全球经济,导致经济崩溃。④

地缘政治方面,毫无疑问,"一带一路"倡议和亚投行将有助于提升中国对欧亚大陆地区的影响力,这将增加该地区的地缘政治竞争,从而使该地区本已复杂的政治、安全和经济问题变得更加复杂。此外,中

---

① Hong Yu, Motivation behind China's "One Belt, One Road" Initiatives and Establishment of the Asian Infrastructure Investment Bank[J]. Journal of Contemporary China,2017, Vol.26,No.105,353—368.
② 修辞陷阱(rhetorical trap):作者借此说明中国言语上公开宣称"一带一路"倡议能够给世界带来诸多益处,其他国家不加入则代表站在其对立面,陷入了一个反对共赢的立场。
③ Astrid H. M. Nordin, Mikael Weissmann.2018.Will Trump make China great again? The belt and road initiative and international order[J]. International Affairs, 94(2)2:231—249.
④ Jonathan Hillman.2016.China's Belt and Road Initiative:Five Years Later[R].Center for Strategic and International Studies.

国参与建设区域信息技术基础设施可以为中国增加在该地区发挥影响力的渠道。尽管中国试图淡化这些举措的政治含义，强调"一带一路"倡议和亚投行的经济双赢性质，但这些举措将不可避免地影响包括美国、日本在内的该地区的一些大国重要的外交政策。

也有学者从环境方面进行分析，认为，"一带一路"倡议旨在为人类谋福利，但是可能会对环境造成巨大损失，从长远来看，会危及社会经济发展。"一带一路"倡议对环境的危害体现在：部分东南亚和非洲地区经济走廊的道路建设和其他基础设施会增加非法采伐、偷猎等行为，从而影响生物多样性；道路、港口等设施建设会导致生态系统超出负荷和周围景观退化；项目建设使用的自然原材料如沙子已经超出了其自然更新率，严重影响到河流和沿海生态系统；建设过程中也会排出大量的温室气体，加剧气候变暖。[①]

五、总结与分析

综上所述，我们可以看出近年来"一带一路"倡议引起了海外学者的高度关注，研究遍及各个领域。这些研究对于当前我国推进"一带一路"倡议的相关学术研究具有一定的参考价值，然而这些研究也存在一些不足，其主要表现在：

（一）国家利益立场决定海外学者观点

海外学者的研究立场决定其观点，各国学者从本国利益出发，一方面肯定"一带一路"倡议能为本国带来实际利益，但同时也担忧中国强大的经济影响力会危及本国的政治权益，对"一带一路"倡议持欢迎又疑虑的复杂心态。比如，有印度学者认为中巴经济走廊穿过印巴争议地区，触及本国核心利益，对"一带一路"倡议仍存有质疑，认为中国在亚洲

[①] Fernando Ascensão, Lenore Fahrig, Anthony P. Clevenger, Richard T. Corlett, Jochen A. G. Jaeger, William F. Laurance and Henrique M. Pereira, 2018, Nature Sustainability, 1:206—209.

地区的新港口建设特别是"珍珠链战略"会对印度造成安全威胁;① 意大利学者则认为中国 2016 年对希腊比雷埃夫斯港口的控制会对意大利的港口发展造成负面影响;② 有俄罗斯学者就指出,中亚地区受"一带一路"倡议影响最大,有可能会导致中国与俄罗斯在中亚地区的影响力竞争与紧张局势。③ 还有学者认为"一带一路"倡议会直接威胁欧洲贸易,认为中国借助"一带一路"倡议表现出打开海外市场的强烈意愿,中国与欧盟在出口竞争上是一场零和博弈,中国在"一带一路"沿线的市场份额显著增长,会带来欧盟主要成员国的市场份额减少且在高新技术产业领域出现紧缩,欧盟的损失将继续扩大。在全球经济停滞的背景下,这对欧洲来说是巨大的挑战和威胁。④ 持"重塑国际新秩序论"的学者阿斯瑞德和米凯尔认为,虽然中国声称"一带一路"倡议能够惠及全球,但实际上惠及的是沿线国家,因此欧亚大陆特大城市可以从中获益,然而美国以及其他北美、南美洲国家并未包含在内,因此可能受到很大损失,其中美国城市损失最大。⑤

(二)研究价值取向难逃"西方中心主义"的思维窠臼

持这些观点的学者多数并不完全认同推进"一带一路"建设是中国为世界走向共赢、构建"人类命运共同体"所提供的中国方案,认为中国力图通过"一带一路"倡议重塑国际新秩序,这一过程可能会加剧区

---

①Khanindra Ch. Das.2017.The Making of One Belt, One Road and Dilemmas in South Asia[J].China Report,53(2):125-142. Jabin T. acob.2017.China's Belt and Road Initiative: Perspectives from India[J].China & World Economy,25(5):78—100.
②Enrico Fardella, Giorgio Prodi.2017.The Belt and Road Initiative Impact on Europe: An Italian Perspective[J].China & World Economy,25(5):125—138.
③Ivan Timofeev, Yaroslav Lissovolik, Liudmila Filippova.2017.Russia's Vision of the Belt and Road Initiative:From the Rivalry of the Great Powers to Forging a New Cooperation Model in Eurasia[J].China & World Economy,25(5):62—77.
④Jonathan Holslag.2017.How China's New Silk Road Threatens European Trade[J]. The International Spectator, 52(1):46—60.
⑤Astrid H. M. Nordin, Mikael Weissmann.2018.Will Trump make China great again? The belt and road initiative and international order[J]. International Affairs, 94(2)2:231—249.

域政治、经济竞争，认为中国将会挑战现有的西方大国主导的世界秩序，重塑世界政治经济规则，削弱美日等西方大国的霸权地位甚至将其边缘化。部分海外学者认为"一带一路"倡议是中国政治精英谋划的地缘政治大战略，旨在建立以中国为中心的国际秩序，在金融领域增加规则制定权重等。这些研究结论的得出都是以"西方中心主义"的价值取向为指导的，很容易陷入将中国作为对立面的思维窠臼，研究结论不完全客观。

（三）解构主义成果居多，建构主义成果偏少

本文所涉及的文献多选自世界范围内具有较高影响力的期刊刊发的学术论文，论文作者大都具备专业的知识，针对"一带一路"倡议的研究分析入微，有大量的现实材料和富有逻辑的分析为支撑，但是无论是对中国提出的"一带一路"倡议抱有何种态度，多是从解构主义的角度来进行剖析和研究，即使是持肯定意见和乐观态度的学者，对"一带一路"倡议的现实情况了解也十分有限，对"一带一路"倡议背后的中国智慧和中国逻辑并不完全理解，更没有涉及"一带一路"倡议未来推进的一些具体建设性意见，缺乏具有现实意义的建构性成果。

综上所述，面对当前海外学者对于"一带一路"倡议的五花八门的认识、评价和解读，甚至一些质疑和误解，我们中国学者应当以马克思主义基本理论为指导，在习近平新时代中国特色社会主义思想的引领下，站在更宽广的角度，以更长远的眼光，有理有据地对"一带一路"倡议开展研究，通过不断的理论探索讲好中国故事，为"一带一路"建设创造良好的舆论环境。

（陈慧女，武汉大学马克思主义学院副教授；
陈盈，武汉大学马克思主义学院硕士研究生）

中国国家形象的变化与塑造

▼

国家形象是国家最重要的软实力和最深刻的国际竞争力，既有客观性，又有主观性。① 国家形象不是一个点，而是一条线、一个面，由多个故事组合而成的整体聚像。对一个国家形象的认知，往往是多维度而不是单维度的，譬如政府维度、企业维度、文化维度、民众维度、舆论维度等。对于中国国家形象而言，外界的看法认知无疑是很重要的一个评判标准。结合多年工作和相关研究，我们发现 21 世纪以来外界观察、研究和评论中国呈现一些明显的变化。

当前国际舆论有关中国国家形象共有三个版本的故事：一个是官方希望讲述的"互利共赢"的"好故事"，一个是大国崛起与战略博弈的"中性故事"，还有一个是各种抹黑的"坏故事"。具体体现在四个方面：

一、中国国家形象体现在治国理政新理念新思想新战略中——"是什么"

进入 21 世纪，中国快速的发展变化令海外对中国信息的需求不断增加，"中国热"快速兴起，外界围绕"中国之谜"反复发问并作答，"中国崛起"和"中国威胁"是各方热议的话题。时至今日，中国日益接近世界舞台中央，中国故事已经成为世界新闻，中国发展的每一步都备受关注。在此过程中，以习近平同志为核心的党中央治国理政新理念、新思想、新战略就是国际社会观察、研究中国的一条主线。

---

① 范红、胡钰：《论国家形象建设的概念、要素与维度》，《学术前沿》，2016 年第 4 期。

话语体系和话语表达的不同，决定了国际社会不会直接使用"治国理政"或者"新理念""新思想""新战略"此类语汇。但系统研究发现，党的十八大以来中央治国理政大方略一直是国际社会研究中国和中国共产党的主线，他们关注中国、中国共产党和中国国家形象的内容和视角与治国理政是相对应的。党的十九大以来，国际舆论对习近平总书记一系列重要讲话和治国理政新理念、新思想、新战略的关注更是进入新阶段，热情、力度、广度、深度依然不减。

深化改革过程中的中国内部发展、世界经济复苏动力不足背景下的中国经济走势、国际体系动荡发展下的中国外交走向，是外界分析观察中国、研究中国、解读中国的三大重点，治国理政的大方略及其延伸出的方方面面某种程度上就是国际社会眼中当今的中国形象。其中，不仅有中国在经济、外交、扶贫、反腐败和全球治理层面取得的成绩，也有中国提出的各种重要倡议和政策主张对于世界的意义与影响，可以说更具宏观性和系统性。

归纳起来说，习近平总书记执政的第一个五年，外界关注的是"中国要走向何方""中国发展将给世界带来什么"。第二个五年开局，外界关注的是"中国如何进一步深化改革开放""中国如何处理好同外部世界的关系"。在国际舆论看来，这些问题的答案都蕴含于党中央治国理政新理念新思想新实践。有舆论认为，研究中国和中国共产党，必须首先深入研究以习近平同志为核心的中国领导集体，其中最主要的是习近平总书记的重要思想与重大实践。

二、中国国家形象体现在国际舆论聚焦中国的议题和选题中——"怎么样"

通过系统梳理2013年至2018年境外媒体涉华报道的年度高频词可以发现：2013年聚焦"中国梦"和国内改革，突出"改革的意愿和决心"；2014年聚焦中国国际地位和国内改革，强调"改革的信心和进展"；2015年聚焦"四个全面"战略布局和国内改革，重视"改革的举措和成效"；

2016年聚焦全球治理和国内改革，关注"改革的规模和范围——供给侧结构性改革"；2017年聚焦中美全球领导角色和国内改革，展望"改革的步伐和空间"；2018年聚焦中国对外开放和国内改革，期待"改革的普惠和共赢"。尽管每一年关注重点不同，但中国国内改革在过去六年境外媒体涉华舆论中从未间断，并且2018年改革话题更加具有世界意义。尽管境外媒体涉华报道不会使用中国官方的规范性术语，但是从话题高频词中可以看出国际舆论聚焦中国的议题设置和选题视角。

同时，根据专业数据库统计，2018年境外50家主流英文媒体涉及中国报道的六大高频热词分别为：一是"一带一路"倡议，占报道总量38%；二是习近平新时代中国特色社会主义思想，占报道总量20%；三是全球化，占涉华报道总量18%；四是人类命运共同体，占报道总量13%；并列第五是扶贫和科技，占报道总量10%。[①] 这些高频热词均与全年热点相关联，从中依然可以看出国际舆论聚焦中国的议题设置和选题视角。

总体来说，回顾40年特别是党的十八大以来的改革发展成就，国际舆论普遍强调中国前行的大方向已经足够明朗，接下来需要调整发展节奏和模式，专注于党的建设、国家治理和全球治理的积极方面，争取将噪音、杂音转化为更多可供理解的信号，继续引领中国在繁荣的道路上前进，为实现2020年全面建成小康社会的奋斗目标注入新的动力，同时呼吁外界以长远眼光和全球视野看待中国共产党领导下的中国发展。

三、中国国家形象体现在自身实践与舆论认知两大层面中——"谁来塑"

形象问题取决于两个层面：一个是实践层面，即自身如何做；另一个是舆论层面，即外界如何看、如何想。对于形象构建，二者必不可少，

---

① 因不同热词经常会在同一篇报道中交叉出现，所以数据占比总和大于100%。

一个是践与行,一个是情与感。只有二者合一,最终才能真正实现"心相通"。

以往中国形象多为他塑和被塑,现在要更多进行自塑和主塑。从本质上讲,这与当前中国的综合实力与国际地位相匹配。中国正处于从大国走向强国的关键时期,已经不再是国际秩序的被动接受者,因此外界看中国,首先是做,其次才是说。当前,中国走出去的步子越迈越大、路子越走越广,国内企业走出去、智库走出去、高校走出去、游客走出去……中外接触交流的机会越来越多,规模越来越大。外界对中国的直接认知,不再停留在他们来到中国的所见所感,同样也体现在越来越多的中国群体走出国门的言行表现。在这一阶段,三个新的群体对于外界对中国的认知和看法产生前所未有的重要影响:一是智库在增进国家政治互信、引导社会舆论、加深民众相互了解等方面,发挥着重要作用;二是企业既是国民经济的重要基础,也是国家形象的重要载体,特别是"一带一路"积极推进过程中,中国企业正在成为舆论热议的话题;三是走出去的中国民众,包括海外留学生这一青年群体和出境游客等,他们都是塑造日常中国形象的主要载体。

在做好自身的基础上,国家形象的塑造就可以向前迈进一大步。如今,越来越多的国外智库专家学者、驻华机构代表和媒体机构记者来到中国、感受中国、报道中国、研究中国,他们也都是中国国家形象塑造的重要组成部分。从效果上来说,他们中的大多数视角是客观的、友善的,但是也有一部分人始终无法跨越意识形态鸿沟,想尽办法从自身视角随意、恶意、肆意解读中国;智库观点嵌入媒体报道的现象更突出,而媒体往往又比智库更加负面;很多时候不在于我们如何说、如何做,而在于对方根本不想听、不愿听、不会听、听多少,因此更具主观性。这些都是中国国家形象塑造和传播中不可回避的问题和难点。在此过程中,世界的中国观和中国的世界观同样重要,一个是世界如何看中国,一个是中国如何看世界,二者缺一不可。

四、中国国家形象体现在中国影响力到中国领导力的转变中——"如何变"

21世纪的第一个十年,随着中国快速发展、经济实力增强、综合国力提升,特别是在国际金融危机背景下,国际格局和战略态势发生转变,包括美国在内的西方媒体涉华报道不再单纯以"问题报道"为主,"中国崛起""中国发展""中国模式""中国道路"是媒体和学者谈论最多的话题,折射出外界对中国影响力的全面深入关注。

21世纪的第二个十年特别是最近几年,在世界不确定性的周期与变局中,大国关系深入调整,西方内部裂痕加深,国际格局"东升西降"的趋势趋于明朗。与此同时,中国内政外交协调推进,深度参与全球治理已经成为国际典范,日益国际化的中国领导力、吸引力、塑造力愈加突出。特别是在中美实力此长彼消的情况下,中国积极参与并引领全球治理,努力为促进世界经济增长和完善全球治理贡献中国方案,在经济、气候等领域的贡献尤为受瞩目。由此,越来越多的舆论认为中美两国领导角色开始转换。中国领导力显著增强已经获得广泛认同。

与此同时,中国也不断展现出越来越强的自信,不仅外交领域积极进取、奋发有为,科技领域的突破和成就更是受到外界不同以往的关注。正因如此,党的十九大胜利闭幕不久,西方学者就炮制出"锐实力"的概念。从那时起,西方主要是美国对中国崛起的战略警觉和焦虑感不断上升,疑虑、担忧、遏制、围堵随之而来,于是出现了"中美贸易战"和"华为事件"等诸多方面的冲突与摩擦,以美国为首的西方国家"心态崩了"。有境外媒体称"美国新一代官员对于中国的了解很有限,他们对中国的了解始于2008年北京奥运会,而不是1972年尼克松与一个贫穷落后的国家建交,所以他们对于同中国打交道也没有足够的耐心"[①]。

[①] 包道格:《华盛顿的新一代如何推动美中贸易争端、台湾和南海问题》,香港《南华早报》,2018年10月10日。

这就是我们当前所处的这个时代以及时代发展给我们带来的挑战，这就是两种制度和两条道路之争，注定尖锐、激烈。对于国际涉华舆论研究而言，现在正是发挥"预警器""瞭望哨""反光镜"作用的重要时期，所以我们要学会接受、适应、应对当前挑战，同时更要保持定力、有所作为。归为一句话，做研究站位要高，做传播身段要低。

（孙明，当代中国与世界研究院国际
舆情研究中心主任、副研究员）

国外当代中国治理研究进展

▼

在海外中国学与海外马克思主义中国化研究领域中，关于当代中国治理的研究构成了一个热门的话题而备受关注。当代中国治理之所以能够被置于国外中国研究学者的理论聚光灯下，主要由如下几个方面原因共同构成：

一是较之于西方资本主义国家长期主导的所谓自由主义治理体系不同的是，改革开放后当代中国社会发展进程中所逐步形成的治理体系具有鲜明的个性与特殊风格，以及在此基础上所取得的显著治理成效，构成了国外学者聚焦当代中国治理的最根本原因。

二是西方资本主义国家通过资本主义世界市场所强力推行的所谓自由民主的普世全球治理体系，在现实过程中不断遭受挫折。从外部而言，广大拉美等第三世界国家因循西式治理体系非但未取得西方社会所期许的梦幻图景，反而将自身陷入长期的动荡与低谷状态之中；从内部而言，西方资本主义社会也并未因其所倡导的治理术而"终结历史"，相反也不断陷入自身治理与发展的困境之中。因此，反观当代中国的治理体系建设，在某种程度上也构成了西方学者求解自身发展与全球治理问题的"他者"镜像。

三是从显性层面而言，十八大以来新一届领导集体将国家治理体系与治理能力现代化建设置于全面深化改革、坚持发展中国特色社会主义事业的全局高度加以把握，并且为当代中国国家治理体系与治理能力建设规划了基本发展路径：以全面深化改革为抓手，以中国道路为依托，坚持道路自信，革新体制机制弊端等等。

这种对国家治理体系与治理能力现代化建设所作的战略性设定，

无疑构成了国外学者聚焦当代中国治理问题研究的直接动因。从总体上而言，国外学者关于当代中国治理问题的研究大致可以归纳为如下三个方面的内容：一是关于当代中国治理的经验基础与理论溯源；二是关于当代中国治理理论特征的描摹；三是关于当代中国治理的未来走向与理论前景的预测。本文拟从目前占有的相关有限资料入手，通过对基本文献的解读与分类整理，以期勾画出国外学者关于当代中国治理问题研究的大致理论轮廓，并期冀对深化拓展中国特色社会主义治理体系与治理能力、现代化建设提供有益参考与借鉴。

一、国外学者论当代中国治理的经验基础与理论溯源

透视当代中国治理的一个基础性前提工作便是首先进行历史谱系学的考察与梳理，因为任何治理术的形成与发展都经历了特定的历史阶段，有其自身特定的逻辑脉络与发展谱系。因此，追溯当代中国治理体系的经验基础与理论源头自然构成了国外学者相关研究的首要聚焦点，通过对这一问题进行基本的思想史溯源与考察，有助于廓清当代中国治理问题的原初理论地坪。国外学者在此问题上的相关论述，大致可以归为如下四种基本理论范式。

一是"传统文化形塑论"。这种观点认为，当代中国治理体系建设在很大程度上延续了中国传统文化——尤其是传统社会治理术的影响，这一观点集中体现在以余英时、杜维明为代表的新儒家第三代学者的相关理论主张之中。他们以东亚地区经济发展与社会治理为分析对象，认为儒家伦理与经济发展、社会治理之间存在着良性的互动关系，亦即所谓"儒家资本主义"的理论假设。换言之，在上述论点看来，东亚地区的发展证明了儒家伦理（实用理性主义）不但未如列文森（Joseph Levenson）所言走向了"博物馆学"意义上的象征地位，反而在现实经济发展与社会治理进程中不断"出场"并发挥着重要作用。因此，在新儒家学者看来，当代中国治理也应当遵循"东亚模式"，积极汲取传统

儒学文明以为建构当代中国发展与治理新路径提供有益参考与借鉴。诚然，当代中国是历史中国的一个组成部分，正如毛泽东所言，中国共产党人是历史唯物论者，不应当割裂历史的基本延续性，应当继承从孔夫子到孙中山的珍贵历史遗产。从这个意义上而言，中国作为具有悠久历史的民族国家，自古以来有着丰富的治理经验与治理传统，因而从历史中国的丰富治理遗产中汲取有益之处为当代中国治理体系建设所用，这一操作思路具有历史的合理性与逻辑的自洽性。习近平总书记在论述当代中国国家治理体系与治理能力现代化建设时也曾明确指出，我国治理体系建设是由中国历史传统、文化传统与经济社会发展所决定的。[①] 因此，积极汲取传统文化的优秀成果并进行现代化升级改造，对于当代中国治理体系建设具有重要的意义。但以新儒家为代表的"传统文化形塑论"的不足之处并非是其强调从中国传统文化中汲取当代中国治理术的经验，而是过分强调传统儒学在当代中国治理中的主导性地位，忽视了传统文化生根于前现代生产方式的历史性定位所导致的内在历史性局限。

二是"革命经验积累论"。与上一论点相似的是，这一观点在分析方式上也是采取了"前溯法"，即向前追溯当代中国治理的理论与现实基础。只不过不同于前者将当代中国治理溯源于中国古代历史文化传统的路径，后者认为当代中国治理的诸多方式其实得益于中国共产主义革命运动中实践经验的积累。国外学者关于这种研究模式的确立，主要是基于如下几个方面的考虑：一方面中国共产主义革命运动中所形成的特殊治理方式，诸如，群众运动、阶级斗争、思想教化等，是保证在一个经济文化相对落后的条件下从事具有现代性意蕴的共产主义革命运动不断获得胜利的重要因素，上述治理方式在革命战争年代确实发挥了化腐朽为神奇之功效。另一方面，毛泽东时代的治理思维与治理方式并未随着毛泽东个体生命的消逝而消失，相反，在后毛泽东时代，中国诸多治理的实践都呈现出毛泽东时代的深刻印痕。诸如，

[①] 习近平：《完善和发展中国特色社会主义制度　推进国家治理体系和治理能力现代化》，《人民日报》，2014年2月18日。

毛泽东时代的单位制度、户口制度以及政治动员、政治参与（群众式运动）仍然以显性或隐性的方式影响着当代中国社会生活的方方面面。对此，国外有学者将其称为"毛主义的长尾"（Long tail of Maoism）或"日常生活的毛主义"（Everyday life of Maoism）。因此从中国共产主义革命治理实践的历史谱系中定位当代中国治理的渊源与走向，构成了国外学者相关研究的重要聚焦点。诸如，美国著名中国问题研究专家裴宜理教授与德国著名中国问题研究专家韩博天教授在其合著的新书《毛泽东的无形之手：中国适应性治理的政治基础》中，明确将当代中国治理的新方式溯源于毛泽东时代的游击战风格[①]。此外，韩博天在此前的研究中也曾将"试验"或"试点"视为当代中国治理的重要特征，并且认为这一治理模式可以溯源到中国共产主义革命进程之中。[②]诚然，从显性层面而言，当代中国治理在诸多方面仍然延续了毛泽东时代社会治理形式的影响，尽管其中的一些具体方式在当代中国社会治理进程中仍能发挥显著影响，诸如通过运动方式集中解决某一社会问题往往会取得立竿见影的效果。但必须要承认的是，根植于革命战争年代的治理方式有其特殊的历史语境，因而对其适用范围也必须结合具体历史条件加以综合判断。正如，国外有学者以 20 世纪八九十年代进行的城镇化运动为例，分析了这一关于农村治理实践背后的"大跃进"基因。[③]盲目照搬革命战争年代社会治理的现成经验，而缺乏使其与新时代条件相结合的机制，则必然会走向经验主义的误区，这一点已经由毛泽东晚年领导中国传统社会主义实践的失误所证明。

三是"改革创新实践论"。这种观点认为，当代中国治理既不是

[①] Sebastian Heilmann; Elizabeth J. Perry(ed.). Mao's Invisible Hand: The Political Foundations of Adaptive Governance in China. Cambridge: Harvard University Press, 2011, pp.1—3.
[②]〔德〕韩博天：《通过试验制定政策：中国独具特色的经验》，《当代中国史研究》，2010年第3期。
[③]〔德〕孟爱莲：《"城镇化的大跃进？"：关于中国农村城镇化中的地方政治经济学》，俞可平等主编：《中共的治理与适应》，中央编译出版社 2015 年版。

源于中国传统与历史的形塑，也不是对革命战争年代治理经验的继承，而是在改革开放新的实践"场域"中不断摸索形成的创新型实践。国外有学者认为，毛泽东晚年政治治理的困境在于当时中国的体制仍然是由共产党领导的列宁主义的体制，这一体制排除了在中国发展模式中建立有活力的独立机构之可能。"毛周期性地在与自己的创造物作战，结果，这种混战使他和'体制'都精疲力竭，却没有产生一个明确的赢家。"①而在此之后进行的改革其实就是对于中国体制的一次重大重建，当代中国治理也是在改革年代中所进行的全新探索性实践中逐步形成与发展的产物，它标志着当代中国治理已经脱离于前30年的革命家治理模式而走向了全新治理体制。这种体制以推动经济快速发展为其目标与动力，政治机构不再以意识形态为导向，领导人将经济发展视为处理其所面临的最重要问题的最佳途径。②还有学者从计划体制入手阐释当代中国治理的理论模型问题。这种观点认为，尽管毛泽东时代计划基于核心地位，但当代中国治理体系中的计划体制明显与毛泽东时代之间存在着重大的差异性，而恰恰是这种差异性构成了当代中国治理的核心机制。这种观点认为，当代中国治理体系中关于计划体制的成功转型——转向有适应性的计划以及将零星试验吸收到宏观计划之中，是保持中国治理稳定发展的重要因素。③由此观之，上述论点普遍认为，当代中国治理的显著特征主要是由改革开放以来全新历史性实践所重构的，是在探索性实践中不断摸索出来的一条具有中国自身特色的特殊治理方式。

四是"西式治理本质论"。这种观点认为，当代中国治理模式在本质上不过是西方治理模式的翻版。而国外学者的相关论证逻辑主要则是

---

① 〔美〕李侃如：《治理中国：从革命到改革》，胡国成等译，中国社会科学出版社2010年版，第131—132页。
② 〔美〕李侃如：《治理中国：从革命到改革》，胡国成等译，中国社会科学出版社2010年版，第167页。
③ Baogang He, Mark E. Warren. Authoritarian Deliberation: The Deliberative Turn in Chinese Political Development, in Perspectives on Politics, No.2, June 2011, pp.269–289. 转引自俞可平等主编：《中共的治理与适应》，中央编译出版社2015年版，第5页。

由如下几个步骤所支撑的,首先从基础层面设定中国特色社会主义实践的本质——带有资本主义属性,其次基于资本主义定性的基础上从不同维度进行分析与透视——古典自由主义抑或是新自由主义在中国的争论,最后从治理层面上划分出资本主义治理方式在当代中国的"出场"形式。很明显,"西式治理本质论"与前三种观点之间存在着巨大差异,它并非如前三种观点一般定位当代中国治理方式的"中国属性"或"中国元素",而是将当代中国治理溯源于西方资本主义治理体系,将其与西式治理谱系进行对接。诸如,国外有学者认为,当代中国治理从本质上不过是延续了新自由主义的治理模式,美国的哈维在《新自由主义简史》一书中明确将当代中国置于新自由主义的发展谱系之中加以分析,并且将其视为"有中国特色"的新自由主义。在他看来,中国特色社会主义市场经济是一种特殊的市场经济,其"日益将新自由主义要素与权威主义的中央控制交叉结合"。[①]当然,国外也有学者坚决反对将当代中国治理置于新自由主义谱系。意大利学者阿里吉则坚持认为,当代中国治理的成就恰恰是未遵循新自由主义治理模式的结果。"经济改革中所推行的相对渐进主义,以及中国政府为促进国家市场的扩大与新社会劳动分工之间的协调而采取的应对行动,这些都表明,新自由主义学派所推崇的休克疗法、最低纲领派政府和自我监管的市场等乌托邦式信仰,对中国改革者和亚当·斯密来说,都是格格不入的。"[②]

二、国外学者论当代中国治理的显著特征与理论前景

无论在当代中国治理的理论溯源问题上持何种不同意见——发掘当代中国治理的"中国元素"或者是"西方情结",都无法否认当代中国治理的内在特殊性。即使是认为当代中国治理从属于西式治理谱系的

[①] 〔美〕大卫·哈维:《新自由主义简史》,王钦译,上海译文出版社2010年版,第137页。
[②] 〔意〕阿里吉:《亚当·斯密在北京》,路爱国等译,社会科学文献出版社2009年版,第361页。

国外学者，也都是首先立足于对当代中国治理内在特殊性的充分尊重基础之上。诸如，哈维眼中的"具有中国特色"的新自由主义，或者是阿里吉所言的中国共产主义传统在中国崛起与当代中国治理中的作用——"这一传统的实质，是在一个农村人口比非洲、拉美或欧洲全部人口还要多的国家，如何进行管理和发展的根本问题。"① 纵观国外学者的相关论述，可以从总体上大致将其眼中当代中国治理的内在显著特征概括为巨大的灵活性。对此，不妨选择国外学者中的两种代表性观点加以分析与阐释：

一是"适应性治理"（Adaptive Governance）。在国外当代中国研究领域，一个长期困扰研究者的难题便是如何解释由中国共产党执政的中国能够不断在系列危机中前进——从"文革"的动荡到20世纪80年代末政治风波再到2008年经济危机，对这一问题的阐释与回答在很大程度上也直接构成了国外当代中国研究的原动力与核心议题。在国外一些学者看来，中国共产党治理下的中国之所以能够在系列冲击与挑战之中保持社会的稳定与发展，关键原因在于其治理政策与风格保持了较强的适应性，能够适应时代的变化而及时作出政策上的调整，即所谓的"适应性治理"。美国学者裴宜理从"游击政策风格"（Guerrilla Policy Style）视角出发对当代中国治理作出了新的解释，"认为当代中国的治理术仍然刻上了'毛主义'的印痕——政策的制定是一个不断改变、调适、试验与修正的过程"②。较之于苏联、东欧在社会主义实践中最终走向破产的结局不同，作为中国社会主义事业领导者的中国共产党，正是因为其具有长久革命实践的丰富经验（动员与斗争），这些不断变化的环境与挑战锻炼了中国共产党不断适应、修正自身政策的适应性能力，

---

① 〔意〕阿里吉：《亚当·斯密在北京》，路爱国等译，社会科学文献出版社2009年版，第378页。
② Sebastian Heilmann; Elizabeth J. Perry. Embracing Uncertainty: Guerrilla Policy Style and Adaptive Governance in China, in Sebastian Heilmann; Elizabeth J. Perry(ed.). Mao's Invisible Hand: The Political Foundations of Adaptive Governance in China.Cambridge: Harvard University Press, 2011, p3.

即"游击战式政策制定风格"（guerrilla style policy-making）。还有国外学者将当代中国治理所使用的权威主义定义为"韧性权威主义"（resilient authoritarianism），认为其是基于社会需求基础上的适应性调整与回应。① 当代中国治理模式所呈现出的适应性维度，在很大程度上是由市场经济条件下新的历史性变化与挑战所形塑的。这里就涉及国外学者经常谈到的一个问题，即作为革命党的列宁主义式政党如何在现代化进程中实现向执政党的转型问题。因为在国外许多学者看来，列宁主义式政党在市场经济条件下面临着严峻的考验，因为市场经济条件下党的资源控制力下降、意识形态衰退以及组织纪律的涣散必将会严重影响执政党的治理能力建设。但正是在这种挑战与考验之中，中国共产党治理在诸多方面发生了适应性变革。② 相反，有学者以中国的政治制度为例，认为恰恰是中国特殊的政治制度所具有的强大政策动员能力，才促成了政策的及时变化。这种观点认为，如果不能认识到中国执政党政策动员能力，就会很难理解中国近些年的巨大变化。③

二是"收缩与调适"（atrophy and adaptation）。国外学者在对当代中国治理的关切中，如何解释带有强烈列宁主义政党色彩的中国共产党执政挑战与成就，如何解释中共与苏共在社会主义治理实践中走向不同结局，构成了国外学者研究的重要问题。一般而言，在国外学者看来，列宁主义式政党的一个显著特征便是组织结构的相对封闭性以及建立在对领袖超凡魅力基础上的超强纪律约束，其本质上是一个自上而下的动员机制，缺乏倾听回应社会总体需求的反馈机制，因而其存在的一个重要弊病即对复杂环境变化的有限适应能力。这种适应能力的有限性在后革命语境中显得尤为突出，尤其是在面临市场的急剧考验与巨大冲击之下。然而，改革开放以后，中国共产党的治理却并未步入一般意义上列

---

① Andrew J. Nathan. Authoritarian Resilience, Journal of Democracy,Vol.1, 2003,pp.6—17. 转引自俞可平等主编：《中共的治理与适应》，中央编译出版社2015年版，第5页。
② 闫健：《中国共产党转型与中国的变迁——海外学者视角评析》，中央编译出版社2013年版，第117—118页。
③ 郑永年：《未来三十年：改革新常态下的关键问题》，中信出版社2016年版，第153—154页。

宁主义式政党治理的困境，相反在复杂的局面中保持了较强的灵活性与适应性。对此，国外一些学者试图通过修正列宁主义式政党理论来阐释中国共产党自身的适应性努力。在他们看来，中国共产党治理逻辑中的适应性与自我调整，主要体现在"党内制度化"与"吸纳精英"两个维度。① 所谓"党内制度化"即指改变以往列宁主义式政党制度水平低下的特征，在党内政治精英的规则化与党内民主制度化两个维度进行努力。诸如，有学者提出所谓的"协商式列宁主义""市场列宁主义"或"有控制的制度化"等新的阐释框架；而"吸纳精英"则是将中国共产党治理在市场经济环境下的一种包容性选择，"包容"是变化的社会环境对中国共产党治理的冲击与回应，其目的在于一方面同化社会精英（技术化官僚的任用与新型社会精英吸收入党），另一方面又保持着党的超凡魅力权威。② 当然，持"收缩与调适"论最主要的代表人物还是美国中国问题研究专家沈大伟，他在《中国共产党：收缩与调适》一书中对此问题进行了系统论述。他认为，中国共产党多年来一直处于收缩与调适的双重状态之中，"改革——调整——再改革——再调整……在这个循环中，每一次改革都会带来某些后果（有些是预料之中，有些则是意料之外），接下来又导致调整和进一步的改革。在这个不可逆的动态过程中，中国共产党既消极被动，又积极主动……对于中国共产党来说，最重要的是保持调适性和灵活性"。③

不难发现，无论是"适应性治理"还是"收缩与调适"，它们在立论与逻辑预设层面都有着基本的相似性。笔者以为，上述论点主要是通过如下逻辑进行建构的：首先预设传统治理方式的内在困境。当然这主要是指以典型列宁主义式政党为特征的，尤其是列宁主义式治理方式在市场经济条件下所面临的巨大挑战与困境，诸如，政党与国家、与社会、

---

① 闫健：《中国共产党转型与中国的变迁——海外学者视角评析》，中央编译出版社2013年版，第106页。
② 闫健：《中国共产党转型与中国的变迁——海外学者视角评析》，中央编译出版社2013年版，第111页。
③〔美〕沈大伟：《中国共产党：收缩与调适》，吕增奎译，中央编译出版社2012年版，第5页。

与市场之间在后革命语境下所呈现的差异性空间。其次，指出中国传统治理方式在应对冲击与挑战之时所作出的调整与改变，诸如通过对现实挑战、社会需求所作出的及时反应或有效回应，调整治理方式、提升治理水平等适应性变革。最后，对当代中国治理的适应性变革作出基本的理论判断与前景预测。尽管大多数学者都倾向于以适应性与灵活性来描述当代中国治理的特征，但是不同学者基于各自不同的理论立场与情感偏好，对当代中国治理适应性变革的理论情景作出了不同的预判。正如国外有学者所言，"尽管大多数外国分析家从根本上都认为中国的政党——国家处在收缩状态，但是他们对这种状况的严重性以及制度反应的效能却持不同意见。"[①]

总体而言，国外学者对于当代中国治理的理论预测大致可以划分为三种不同的态度："积极乐观型""中立观察型"与"消极否定型"。[②] 持"积极乐观型"观点的学者一般对当代中国具有一定的亲和感，他们一方面高度肯定了中国改革开放以来所取得的巨大成就，尤其是经济与社会发展方面的显著成绩；另一方面对于西方所一直批评的中国政治问题，他们更加侧重于从当代中国社会发展与治理的现实情境出发，更加客观理性地审视当代中国在政治改革等维度所作出的不同于西式普世话语的另类探索性实践。持"中立观察型"的国外学者一般能够摒弃情感立场的主观偏好限制，而将当代中国治理问题视为客观的学术对象加以分析与研究。他们在指出当代中国治理适应性变革所取得的成绩之时，也会毫不避讳地指出当代中国治理的未来困境与挑战，并且始终以一种动态的眼光跟踪、观察当代中国治理的未来走向。诸如，国外有学者认为当代中国治理的未来走向具有很大的不确定性与危险性，其前景仍然

---

① 〔美〕沈大伟：《中国共产党：收缩与调适》，吕增奎译，中央编译出版社2012年版，第38页。
② 沈大伟在《中国共产党：收缩与调适》一书第三章中从"悲观主义者""乐观主义者"与"中间立场"三个方面作了较好的阐释，提供了关于此问题的一个比较详细的文献综述。但需要指出的是，沈大伟最近改变了原先在该书中所持有的"亚乐观主义"或"中立主义"的立场，提出了所谓"中国崩溃论"的观点，这是一个值得注意的现象。

是未知和难以预测的。"光明的前景可以使中国扮演一个极其重要的建设性角色……但是，各种极其不利的潜在结果也是可能的。总之，这只老虎尚未被驯服。"①持"消极否定型"的国外学者一般可以划分为两大类型：一是对中国共产主义革命与中国特色社会主义保持敌对态度的，其中既包含受共产主义革命影响而旅居国外的华人学者，也包含西方保守主义阵营受"冷战"思维惯性影响的国外学者；二是立足于西方语境立场之上，受西式治理理论强烈影响的国外学者。他们基于西方治理模式与当代中国治理之间的差异性，以"西方中心"的理论姿态评判当代中国治理，自然而然会陷入否定当代中国治理探索性实践的理论误区。

三、正确把握国外学者关于当代中国治理研究的基本原则

由于当代中国自身的显著发展以及其在国际经济政治秩序中话语权比重的增大，并伴随着与西方一般意义上治理体系建设的差异性，使得关于当代中国治理问题的研究必将构成国外学者聚焦中国问题研究的一个重要切入点。可以肯定的是，未来国外学者关于此问题的研究也会随之保持同频率的快速增长趋势。然而，面对国外学者关于当代中国治理相关研究成果呈现"井喷式"的局面，究竟应当如何分析与评价这些研究成果？这是国内相关研究者所必须要着重加以研究的重要问题。对此，必须坚决反对研究中的"经验主义"与"教条主义"两种主观主义思维方式，批判地借鉴吸收国外相关研究，立足于现实建构符合中国具体实际的治理方式。

第一，高度重视国外学者关于当代中国治理的相关研究，密切跟踪、关注国外的最新研究动向与研究成果。在学术界经常存在着一种经验主义的思维方式，即认为西方学者关于当代中国治理的研究，不过是在异

---

① 〔美〕李侃如：《治理中国：从革命到改革》，胡国成等译，中国社会科学出版社2010年版，第356页。

域所进行的想象性建构,根本不了解当代中国治理的真实情况。而中国学者基于自身的丰富经验与真实感受,在对当代中国治理问题的研究上,无论如何都比国外学者有着更加得天独厚的优势,因而根本不需要关注西方学者的研究工作。这是一种典型的经验主义态度,一方面对于西方学者研究的进展与水平缺乏真实掌握,另一方面对于国内相关研究的境遇尤其是局限也缺乏深刻的理解。之所以要高度重视国外学者的相关研究,主要是国外相关研究具有国内研究不可比拟的"异域特色"。一方面,国外学者在开展当代中国治理研究时,可以以"局外人"的身份进行更加理性客观的观察与思考,可以较少地受意识形态或情感因素的纠缠与干扰。关于当代中国治理的研究,从归根结底意义上而言,都不可能是一门纯粹抽象的学术性研究,其与当代中国政治社会发展的密切相关性,决定了研究本身即集政治型与学术型于一身的综合性研究。因此,相比较而言,国内学者因为受到政治因素的制约、"当事人"身份的限定,使得其研究在一定条件下必然呈现出其固有的缺陷与不足。"研究者自身的研究倾向不免为其所在的场景所塑造,由此导致研究者关注视域的狭隘以及研究倾向的偏差甚或扭曲。如是,则海外学者带来的'他者视角'无疑是对于中国本土学者相关研究的极大补充。"[1] 在当代中国治理研究领域,有些问题——尤其是敏感问题在当代中国的语境(学术语境与政治语境)中是根本无法提出的,此时,通过引进西方学者的讨论则不失为是一种较好的策略性选择。另一方面,国外学者的相关研究运用了西方较为先进的研究方法,对于深化国内学界的相关研究工作具有积极的方法论启示效应。诸如,一些研究运用了政治学分析的最新理论范式,还有一些研究结合了社会学的分析方法,使得国外学者在对当代中国治理的研究中经常出现多元方法论综合利用的现象。

第二,辩证地对待国外学者关于当代中国治理的相关研究,以期建构出一种科学的批判性阅读姿态。在当代中国治理研究领域,也部分存

---

[1] 闫健:《中国共产党转型与中国的变迁——海外学者视角评析》,中央编译出版社2013年版,第7页。

在着一股教条主义的风气，即盲目崇拜并过分推崇西方学者的相关研究，认为凡是国外学者所作出的判断即真理。实事求是而言，当前国内学界在关于此问题的研究上，更多地呈现出"多于译介、少于分析"的尴尬局面。当然，这与对此问题的研究尚处于起步阶段这一现实情况密切相关，但我们始终坚持认为，译介国外学者关于当代中国治理的相关研究成果并非是终极目的，译介仅仅是服务于自己相关研究的初始性工作，更为关键的还是需要结合自己的思考作出自身的分析与判断。这种以西方学者研究马首是瞻的崇拜心理，其实是学术不自信的理论表现，是一种对国外治理理论的原教旨主义与教条主义心态。需要指出的是，对于国外学者在当代中国治理问题上的相关理论研究，必须要保持科学审慎的理性姿态，既不一味拒斥，也不盲目崇拜。

其实，当国外学者在提供较新的结论、观点与方法之时，其中也包含着不容忽视的局限性。这主要体现在如下几个方面：一是研究立场与理论偏好层面的限定。尽管不可否认，在国外学者关于当代中国治理的相关研究中，有许多研究成果都是以客观理性姿态加以审视的。但由于长期受"冷战"惯性思维的影响，尤其是国外当代中国问题研究在很大程度上仍然受西方对华政策的影响，使得一些研究在理论预设与情感偏好层面具有很大的局限性。他们现在预设了当代中国治理的困境，并且始终以否定性姿态批判甚至是妖魔化当代中国的治理问题。二是由于长期受"西方中心主义"的影响，尤其是西方意识形态的话语霸权形塑，使得国外一些学者在对当代中国治理的研究中存在着强烈的"西方中心论"色彩。换言之，在他们看来，西式治理体系代表了人类社会发展与治理的唯一可能性选择，许多后发现代化国家只需跟在西方治理体系建设后面亦步亦趋即可。凡是存在与西方治理体系任何不一致的地方，他们便会祭起意识形态的批判大旗加以猛烈攻击。三是国外学者相关研究在研究方法上存在着理论建构主义的色彩，即更多地从西方理论而非中国现实出发，以理论剪裁现实。国外学者在当代中国治理问题的研究中，受当代西方政治学与社会学方法的影响，首先建立一种理论分析模型，然后运用这样的模型去寻找所谓的论证资料。这里存在两个不容回避的问题，一方面先建构了一个抽象的理论框架与理论预设，这些分析框架更多地是基于当代西方社会发展所作出的理论总结，是否适用于当代中国社会治理的研究这一基础问题被忽视了；另一方面脱离中国实际运用这些理论框架去寻求论据加以证明，因此，符合其分析框架的论据被集中加以收集、整理，而与分析框架相悖的论据则会被人为舍弃。正如有学者所指出的那样，"由于现代西方的势力和理论一直主宰着全世界，中国（以及大多数的发展中国家）主要使用西方理论来认识自己，结果把实际硬塞进不合适的理论框架"。①

基于中国历史与当代中国现实、从中国问题出发，建构出符合中国具体实际的治理体系。当代中国治理研究需要批判地借鉴国外学者的一切有益成果，但更为重要的是立足自身，建构出符合自己特色的治理体系。这里有两个重要的关键词：一是"立足自我"。当代中国选择什么样的治理方式，是由中国历史、文化传统以及现实发展所共同决定的。"我国今天的国家治理体系，是在我国历史传承、文化传统、经济社会发展的基础上长期发展、渐进改进、内生性演化的结果。"②当代中国治理体系建设尤其需要从改革开放以来中国社会发展的具体现实出发，这一问题的解释权、选择权与决策权应当掌握在当代中国人民手中。国外学者的相关研究仅仅是从异域视角提供了一种解释的可能性，对此需要以辩证的态度加以对待，摒弃糟粕、汲取精华，在立足自我的基础上，择其善者而从之并最终形成具有自身民族特色的治理体系与治理能力。

正如有学者所指出的那样，"中国研究的立场是中国主位的，中国主体性的表现显然不在于中国学者加入中国研究的论域中，也不可能在于海外中国研究在中国传播的状况，而在于真正从中国研究的论域中生

---

① 黄宗智：《悖论社会与现代传统》，《读书》，2005 年第 2 期。
② 习近平：《完善和发展中国特色社会主义制度 推进国家治理体系和治理能力现代化》，《人民日报》，2014 年 2 月 18 日。

成中国自己的理论与学术传统。"① 二是"面向问题"。如前所言,当代中国治理研究并非是一门单纯的学科建设,而是直面当代中国社会发展现实问题的研究工作;其目的不是为了进行所谓的理论对话,而是为了真正认识与理解当代中国治理。因此,关于当代中国治理的研究,不能寄希望于照搬西方理论解释或停留于书本上的理论建构,而必须要始终根植于当代中国治理的现实问题,以问题为导向推进相关研究。诚然,在当代中国治理问题的研究中需要理论上的顶层设计,即寻找出求解当代中国治理的"总体性"。然而,顶层设计的勾画绝不是超脱于具体问题研究的抽象理论思辨,而是始终根植于对具体问题总体把握基础上的宏观透视。也就是说,关于当代中国治理研究的顶层设计需要立足于具体问题研究之上,在求解具体治理问题的进程中充实完善顶层设计。

(张明,南京大学马克思主义学院院长助理、副教授)

---

① 吕德文:《在中国做"海外中国研究"——中国研究的立场与进路》,《社会》,2007年第6期。

七十年新中国

视·野

海外中共及其领袖研究七十年

海外学者对中国共产党及党的领袖人物的关注和研究，最早可以追溯到20世纪40年代。新中国成立后，随着中国的发展壮大和国际影响力的不断提升，关注中共及其领袖人物的海外学者越来越多。70年来，海外学者对中共及其领袖人物研究的历史长短不一，研究的重点各有不同，研究的方法也千差万别，研究的水平更是参差不齐。比较有代表性的是美国、英国、加拿大、德国、法国、俄罗斯、澳大利亚、日本、新加坡等国。

一、各国学者关于中共及其领袖人物的研究

（一）北美（美国、加拿大）

在北美，美国在中共及其领袖人物的研究上，无论是研究机构的数量、研究队伍的规模，还是研究成果的影响力，明显超过其他国家，长期处于研究的领军地位。加拿大政府也比较重视中共及其领袖人物的研究，该国关于中共及其领袖人物的研究稳步发展，受美国和澳大利亚的影响比较大。

1. 美国

美国对中国，特别是中国共产党的关注，最早应该是以斯特朗(Strong Anna Louise)、斯诺(Snow Edgar)和史沫特莱(Smedley Agnes)为代表的那一批美国记者，他们在新民主主义革命时期先后来到中国，经过自己的实地考察，通过自己的文章，如斯特朗的《千千万万的中国人》、史沫

特莱的《中国红军在前进》、斯诺的《西行漫记》，向美国介绍了中国的革命和中国共产党的领袖。文中包含的对中国革命、中共思想和理论的分析，为推动美国对中共及其领袖人物的研究，提供了基础的材料。

美国关于中共及其领袖人物的研究，始于第二次世界大战之后，源于战争中的"敌情"研究，这正如二战中美国对日本的研究，冷战时对苏联的研究。因此，美国关于中共及其领袖人物的研究，是一种地域性的、具有强烈的政策需求的研究，从一开始就同欧洲那种学术性很强的"汉学"研究区别开了。这期间，费正清（John King Fairbank）是一个开拓性的人物，他的贡献主要包括两个方面：一方面是通过自己的学术实践实现了美国关于中共及其领袖人物的研究现代化。他强调研究中共及其领袖人物不仅要同现实紧密结合起来，而且还要研究中国历史。另一方面是以自己的一套方法培养了一大批研究中国问题的学生，分散在欧洲和世界上其他国家，其中不少已经在研究中国问题上卓有建树，如傅高义（Vogel Ezra F）、马若德(即麦克法夸尔 Roderick Mac Farquhar)、柯文（Paul A. Cohen）、毕仰高(Lucien Bianco)等，他们后来用"中国中心说"取代了费正清的"挑战回应""历史循环"等理论。费正清和他的学生们强调以多学科、多角度来考察中国，就中国这一社会整体的特殊性展开研究，成果斐然。

1949年以来，美国关于中共及其领袖人物的研究经历了这么几个阶段：

第一个阶段是从50年代末到60年代末。这个时期，美国对中共及其领袖人物的关注点有两个：如何看待新中国的性质；新政权对当代中国有何影响。研究的主要机构有太平洋学会、哈佛燕京学社、国会图书馆中国部等。这一时期，在政府及各种基金会的支持下，在哈佛大学、哥伦比亚大学、密歇根大学和斯坦福大学等高校先后建立了中国研究中心，成为日后研究中共及其领袖人物的学术重镇。

这一时期具有代表性的学者及其研究成果包括：

史华慈(Benjamin I. Schwartz)和他的《中国的共产主义和毛的崛起》。史华慈是美国研究中共及其领袖人物最具声望的学者之一，该书是他在自己的博士论文基础上修改后于1951年出版的，也是美国国内较早研究中国问题的著作。该书的核心议题是如何看待中国共产主义与世界共产主义运动的关系。在作者看来，中国的共产主义运动是一场它自己的革命，是中国自身历史的产物，而不是苏联强加于中国共产党的。这是美国学者第一次从背景和本质上来解释中国共产主义的兴起。

鲍大可（Barnett Arthur Doak）和他的《共产主义中国和亚洲：对美国政策的挑战》。鲍大可出生于中国上海，毕业于耶鲁大学，是一位著作等身、桃李遍天下的知名学者，同时还活跃在美国对华决策的圈子里。他主张美国的对华政策应当是"遏制而不孤立"。鲍大可是这一时期美国研究中国问题的领军人物，其在学术界的地位并不亚于费正清。这本书出版于1960年，主要目的是向美国公众介绍、分析中国共产党，主张美国应当基于中国的政治经济形势、中共领导人的性格特点、中共的外交政策和哲学动机等情况综合分析后制定对华政策。

此外还有傅高义的《共产党统治下的广州：省会的计划与政治》，以及邹谠（Tsou Tang）的《美国在中国的失败（1941—1950）》。邹谠是美国著名华裔学者，国民党元老邹鲁之子。

这一时期开启了美国关于中共及其领袖人物研究的潮流，受各种档案文献资料的限制，这一时期的研究成果综述性的偏多，个案分析较少。就研究的方法而言，概念分析多于具体分析。

第二个阶段是从60年代末到70年代末。这十年是美国关于中共及其领袖人物研究迅速发展的阶段，研究队伍和成果的数量迅速增加。研究向更全面、更具体的方向发展，概括起来主要有三个方面：一是专题研究，包括对不同领域的党的政策的具体研究（教育、农业、知青）和地方史的研究；二是对民众运动史的研究；三是对"文化大革命"的研究。

这一时期，美国学者发表了一批研究毛泽东的专著，其内容涉及毛泽东的各个方面。主要有三种类型：一类是研究毛泽东思想演变和发展历史，如弗雷德里克·魏克曼（Frederic Evans Wakeman）的《历史与意志：毛泽东思想的哲学透视》；一类是把毛泽东作为政治领袖和理论家来研究的，如《继续革命：毛的政治思想》；还有一类主要是从心理、文化因素方面研究毛泽东的，如理查德·所罗门（Richard H. Solomon）的《毛的革命和中国的政治文化》。对毛泽东进行全面研究的代表是莫里斯·迈斯纳（Meisner Maurice），对毛泽东晚年失误及其在社会主义问题上的空想观念进行了探讨，如《列宁主义和毛主义：中国马克思列宁主义的某些民粹观点》《毛主义的遗产与中国社会主义》。

在1976到1977年间，美国的学者还就毛泽东思想与马克思主义的关系发生过一次深刻的争论。以史华慈、迈纳斯和施拉姆（Wilbur Schram）为代表的一方，认为"毛主义"是同"旧教义的真正背离"，是在新的历史条件下的丰富和发展；以理查德·佩弗（Richard Peffer）和马克·塞尔登（Mark Selden）为代表的一派则认为毛泽东思想是一种发展了的马克思主义，是在中国实现马克思目标的革命发展战略。

这一时期，还有不少美国学者对中国共产党的群众路线给予了高度评价。如迈纳斯在《大寨：实践中的群众路线》一文中认为："群众路线是中国在理论上和实践上最具威力的创造，在中国革命过程中采用群众路线，乃是马克思主义中国化的一个核心问题。"马克·塞尔登在《革命中国的延安道路》一书中指出，延安道路的精髓是群众路线。他认为，人民群众是创造历史的动力，领导工作基于这一信念而形成的党的群众路线，是毛泽东终生所奉行的革命战略的核心。詹姆斯·哈里森（James Harrison P）在《夺取政权的长征：中共党史（1921—1972）》一书中把群众路线称作是"中国共产主义运动的一大支柱"。

这一时期，美国关于中共及其领袖人物的研究非常注重文献资料的收集，截至1975年，美国95家图书馆收藏的中文图书达4亿册。其中，哈佛大学中文资料达40万册，斯坦福大学胡佛研究所几乎收集了20世纪中期世界各国出版的重要的中文文献资料。此外，美国学者还以香港为中心，收集了大量红卫兵组织出版的非官方印刷品，编辑出版了近30卷的红卫兵资料。

这一阶段美国关于中共及其领袖人物的研究主要有这样几个特点，从政治角度进行研究，重视比较研究，出现了跨学科的研究，同时受"文化大革命"材料的影响非常大。

第三阶段是从 70 年代末到 80 年代末。这一时期，美国关于中共及其领袖人物的研究进程开始放缓，受研究经费萎缩的影响，不少研究计划得不到资助，研究人员也在逐步减少，失去了上一个阶段欣欣向荣的研究局面。研究的重点转向社会主义时期的中国。导致这一系列变化的主要原因是中美关系的新变化，美国政府需要更多的人来研究现实问题，以解决中美两国关系出现的新问题。

这一时期研究成果的代表作是费正清和麦克法夸尔的《剑桥中华人民共和国史 1949—1965》《剑桥中华人民共和国史 1966—1982》，麦克法夸尔的《文化大革命的起源》（第 1、2 卷），以及哈里·索尔兹伯里（Harrison Evans Salisbury）的《长征：前所未闻的故事》。

毛泽东依旧是美国学者关注的热点，如斯图尔特·施拉姆（Stuart Reynolds Schram）的作品《毛泽东的思想》《毛泽东》《对毛泽东的初步评价》先后出版。布兰特利·沃马克（Brantlly Womack）的《毛泽东政治思想的基础（1917—1935）》在美国学术界引起了强烈反响。此外还有格雷厄姆·杨（Graham Young）的《论群众路线》等著作。

这一时期，美国关于中共及其领袖人物的研究，就其研究领域而言，逐步从近代转向当代，从较为抽象的理论和概念，转向中国改革开放的现实，研究队伍开始新老交替，从综合性研究转向个案分析，研究进程放缓。

第四个阶段是从 80 年代末至 90 年代末。这一时期，随着苏东剧变，中国成为当时世界上最大的社会主义国家和发展中国家。美国学者的研究重点，更加转向对中国现实问题的研究，大部头的综合性研究的著作较少，一般性、具有很强时政色彩的论著相对较多，但总体数量也没有 80 年代多。研究的重点，也从政治领域逐步转向经济社会等各个方面。哈里·哈丁、孔华润等新一批中青年学者填补了鲍大可等谢世后留下的空间，一大批在美国留学的华裔学者加入了研究队伍，显示出独特的研究风格。

这一时期的代表性成果有麦克法夸尔的《中国政治的起源——毛邓时代》，史华慈的《中国其他问题》，黄宗智的《中国革命再思考概论》，爱德华·弗里德曼（Edward Friedman）的《社会主义中国的民族意识和民主前景》等。

在毛泽东的研究方面，有施拉姆主持编译的《通向权力的道路——毛泽东革命文稿（1912—1949）》。此外，邓小平、江泽民等领导人也进入美国学者的视野，如莫里斯·迈纳斯的《邓小平时代》，杨炳章的《邓小平传》，齐锡生的《觉醒的政治——邓小平领导下中国共产党》，以及布鲁斯·吉利（Bruce Gillev）的《江泽民与中国的新精英》等。

进入21世纪以来，中共及其领袖人物依然是美国最受关注的研究领域。随着中国的迅速发展，这些研究也悄悄发生了变化。

就研究机构而言，形成了政府机构、智库和高等学校三足鼎立的局面。政府机构主要是国务院、中央情报局以及国防部等政府机构，他们的研究直接服务于政府决策。在美国几千个智库中，至少有8所智库对中共及其领袖人物的研究成果比较突出，值得关注。它们分别是：布鲁金斯学会（The Brookings Institution）（中国大陆问题和台湾问题）、卡内基国际和平基金会（Carnegie Endowment for International Peace）（中国国内问题和对外关系）、对外关系委员会（Council on Foreign Relations）（中国国内转型和对外关系）、国际战略研究中心（Center for Strategic and International Studies）（中国政治和中美关系）、彼得森国际经济研究所（Institute for International Economics）（中国经济社会发展）、兰德公司（RAND）（中国军事与安全）、赫德森研究所（The Hudson Institute）（中国内政和台湾问题）、卡特中心（The Carter Center）（中国农村问题）；高校中，哈佛大学、哥伦比亚大学、斯坦福大学、华盛顿大学等依旧是关于中共及其领袖人物研究的主要机构。这三种不同类型的研究机构，加上美国独特的"旋转门"机制，为美国学者开展中共及其领袖人物的研究提供了丰富的平台。

就研究人员而言，当前美国拥有世界上人数最多的中共及其领袖人物研究学者队伍。这支队伍主要有三种类型：一是以前国务卿基辛格（Henry Alfred Kissinger）、赖斯（Susan Rice）等政界高官为代表的学者，他们有丰富的阅历和高级别的资料收集权限，往往以历史见证人和国家政策解读者的身份出现。二是一批具有国际影响的学者。老一辈的学者或已离世,或者体弱多病,只有莫里斯·迈斯纳等少数人还有成果问世。现有的 50 至 70 岁的学者中,成果斐然的裴宜理(Elizabeth J. Perry)等中青年学者逐渐显露头角。以毛泽东研究为例,具有代表性的是亚历山大·库克(Alexander Cook)、克里斯托弗·莱斯顿(Christopher Leithton)、阿曼达·史密斯(Amanda Smith)、丹尼尔·莱瑟(Daniel Leese)等。三是一些华裔学者陆续出现。他们有美国和中国学习的双重教育背景,一方面有助于他们与美国本土学者在学术思想、研究范式等方面的交流、碰撞、融合;另一方面,也在一定程度上对美国的中国研究融入中国元素产生影响和作用。

就研究成果而言,带有越来越强的实用性。通过上文的分析可以看出,在 20 世纪 50 至 90 年代,美国关于中共及其领袖人物的研究是以冷战背景下了解中国为主要目的。新世纪以来的 10 多年,这种研究则是以分析判断中国发展现状和发展趋势为目的。当前的美国学者的研究领域从原有的对中国近现代政治、经济的研究,逐渐转向对当代中国政治、经济、社会同步开展的,带有强烈时政色彩的研究。而且他们可以与华裔学者或国内的研究机构合作,开展各种形式的研究,取得的成果越来越丰富。

据统计,从 2000 年至 2010 年,斯坦福大学、加利福尼亚大学伯克利分校和旧金山大学三所大学的图书馆收藏的关于中共及其领袖人物的英文图书 1700 余册。这些图书的内容侧重于中国共产党的指导思想、中国政治体制、改革开放、外交和军事等领域,有关毛泽东、"文化大革命"、中国外交政策等研究内容数量较多。关于党的领袖人物的研究中,毛泽东研究仍是重点,邓小平研究趋于弱化,江泽民和胡锦涛的研究间或有之。近十年,有三部著作在美国学术界受到普遍重视,分别是:马丁·雅克的《当中国统治世界》,詹姆斯·王(James C. F. Wang)主编的《当代中国政治概览》(*Contemporary Chinese Politics, An Introduction*)和金德芳(June Teufel Dreyer)的《中国的政治体制:现代化与传统》(*China's Political System, Modernization and Tradition*)。值得一提的是《当代中国政治概览》一书，这部作品由 97 位专家共同完成，在美国 7 次再版。

展望未来，美国关于中共及其领袖人物的研究是美国区域研究中最具特色的领域之一。随着国际局势的新变化，美国关于中共及其领袖人物的研究还会发生新的变化，可以预见关于中国领导层变更及其政策调整以及中美关系的研究将会陆续增加。

2. 加拿大

加拿大关于中共及其领袖人物的研究始于 20 世纪 60 年代中期，随着中加交往的日益加深，特别是大量华人移民加拿大，一批关于中共及其领袖人物研究的机构纷纷成立，研究队伍也慢慢扩大，研究的重点是中国当代问题。

研究机构主要有不列颠哥伦比亚大学的亚洲研究所，这是加拿大高校中最具特色的中共及其领袖人物研究机构，其主要关注中国农村问题；加拿大多伦多大学，是汇集中共及其领袖人物研究学者最多的机构，其研究重点是中国的对外政策；加拿大亚洲研究协会是一个非营利的机构，其下设的东亚理事会组织的论坛是加拿大学者展示自己研究中共及其领袖人物成果的重要平台。

主要的刊物有：不列颠哥伦比亚大学亚洲研究所主办的《太平洋事务》（*Pacific Affairs*）。该刊是加拿大知名的亚洲研究刊物，在国际上也享有盛誉。它设置的"中国与内亚"专栏，是刊登中共及其领袖人物研究成果的重要平台。

加拿大关于中共及其领袖人物研究的学者及其成果有：陈志让（Jerome Chen）和他的《毛泽东与中国革命》《毛泽东论文集》，切斯特·朗宁（Chaester Ronning）和他的《中国革命回忆录》，贝淡宁（Daniel A. Bell）和他的《自由民主之外：东亚背景下的政治思考》，贝淡宁长期在新加坡、美国、香港等地从事教学和研究，后在清华大学、山东大学任教。

总体来看，加拿大关于中共及其领袖人物研究的前提是亚洲区域研究，研究选题受现实影响大，且比较分散，专题研究少，宏观的综合性研究成果几乎没有。

（二）欧洲（英、法、德、俄等）

在欧洲，关于中共及其领袖人物的研究很早就开展了。20世纪90年代以后，随着中国改革开放的深入发展，引起了欧洲各国的研究人员对中共及其领袖人物的持续关注。基于不同的地理位置、文化传统和学术传统，英国、法国、德国、俄罗斯等国关于中共及其领袖人物的研究各有千秋。

1. 英国

英国关于中共及其领袖人物的研究在欧洲各国中一直是比较突出的。20世纪60年代，英国学术界逐步完成了从传统的汉学研究向中共及其领袖人物研究的转变。到了90年代中后期，英国政府对这一研究领域越发重视，在人才培养和资金方面都给予了很大支持。当前，英国关于中共及其领袖人物的研究，有以下几个特点：

从研究机构来看，从事中共及其领袖人物研究的机构主要包括三种类型：一是政府机构，包括与政府关系密切的智库。如英国皇家国际事务研究所（The Royal Institute of International Affairs Chatham House）（中国政治与文化），伦敦国际战略研究所（International Institute for Strategic Studies）（中国军事发展和社会转型）等。二是研究型高校。研究中国问题的高校又可以分为两类：一类是在二战之前就已建立的汉学基础上传承和发展起来的，如剑桥大学、牛津大学和伦敦大学东方与非洲学院；一类是20世纪60年代之后陆续建立的专门研究中共及其领袖人物的研究中心，比如1962年成立的利兹大学中国研究系。三是全国性的研究机构，如英国皇家亚洲学会、英国汉学会。在中共及其领袖人物的研究上水平比较高、成果比较显著的是伦敦大学东方与非洲学院和利兹大学中国研究系。

就研究队伍来看，英国从事中共及其领袖人物研究的学者主要有拉铁摩尔（Owen Lattimore）、施拉姆、戴维·威尔逊（David Wilson）、迪克·威尔逊（Dick Wilson）和布莱恩·胡克（Brain Hook）。其中以施拉姆最为知名。他曾长期担任英国伦敦大学东方与非洲学院中国研究所的所长，长期从事毛泽东生平和思想研究，发表了大量研究毛泽东的书籍和论文。近年来比较活跃的学者还有沈大伟（David Shambaugh），他曾于20世纪90年代中期担任《中国季刊》的主编，他研究的领域主要是中共及其领袖人物、中美关系和中国的对外政策。1995年，他将在《中国季刊》发表过的、影响较好的研究邓小平的文章汇集成文集出版，这就是《邓小平：中国政治家的形象》一书。该书是国外研究邓小平思想生平比较有影响力的著作之一。英国的研究人员与美国交流比较多，比如，施拉姆是美国人，长期在英国从事研究；沈大伟是美国人，却担任《中国季刊》主编一职长达7年；麦克法夸尔是英国人，也长期在美国从事中共及其领袖人物研究。

1960年，《中国季刊》在英国创刊，这是一本国外研究中共及其领袖人物最重要的学术刊物。麦克法夸尔是第一任主编，它的编委除了英国本土的学者之外，还有美国、加拿大、荷兰、香港等国家和地区的研究人员。它刊登世界范围内研究1949年之后中国的文章、调研报告和书评，所刊载的文章能够代表国外关于这一领域研究的最新成果。

《中国季刊》在20世纪90年代之后出版了一批专辑，如《从历史来衡量毛泽东》《邓小平专辑》《中共领导者与革命权威》等，这些专辑既有宏观研究，也有具体的个案分析。近年来，《中国季刊》非常关注中共领导人的更替及其政策调整。此外，利兹大学的《太平洋季刊》也是英国研究中共及其领袖人物的重要刊物。

新世纪以来，英国在中共及其领袖人物的研究上取得了一定的成绩，尽管与美国相比有很大的差距，却也有着非常鲜明的特点：在选题上日益重视现实性非常强的课题，越来越接近政策研究的层面；在研究中注重多学科研究、跨领域研究；能够比较好地将历史研究与现实研究结合起来，尽管在规模和机制上还不如美国成熟；在人才培养过程中，不同的研究机构发挥着不同的作用：高校重在提供语言和最基本的学术训练，全国性的机构重在组织协调研究人员进行交流，政府机构和智库则把相关研究成果转化为决策的资源。

2. 德国

德国的汉学研究历史悠久。早在1909年，德国汉堡殖民学院（汉堡大学的前身）就创办了东亚语言与历史研究所，并设立专职的中文教授。二战结束，两德分立。民主德国的洪堡大学是研究中共及其领袖人物的中心，研究的重点是20世纪中德关系和中国的外交政策。联邦德国的萨尔大学侧重研究1949年之后的中共和中共高层人物。

与英美等国不同的是，德国关于中共及其领袖人物的研究起源于其悠久的汉学研究，至今也没有脱离其大的汉学背景。主要表现为：研究机构大多源于大学里的汉学研究机构，多冠以东亚所或者亚洲所等名称；大学里开设的中国问题研究的专业也多是从德国的汉学研究中游离出来的，或是寄存在汉学系里面，或是与临近专业合并；老一辈的研究人员大多从事传统的汉学研究，比较重视从文化和意识形态的角度研究中国问题。

20世纪90年代两德统一后，德国关于中共及其领袖人物的研究在重新整合资源的基础上有了新的发展。受中国改革开放影响，德国学者正在从对传统的中国文化、哲学、中国史、语言为重点的汉学研究，转向传统汉学与中国现实问题的双轨研究。总体来说，德国关于中共及其领袖人物的研究还处于这样的一个过渡时期。

目前德国主要研究中共及其领袖人物的机构有：汉堡亚洲研究所、柏林自由大学东亚所、洪堡大学等。其中，在德国中共及其领袖人物的研究上真正挑大梁的是汉堡亚洲研究所（Hamburg Institute of Asian Studies），号称德国的"中国观察家"，出版有《当代中国事务》杂志。近年来，德国还先后设立了一些新的机构，专门从事中国当代问题的研究。比如，2013年德国墨卡托基金会出资成立了墨卡托中国研究所（Mercator Institute for China Studies），计划把该所建成欧洲最大的中国问题研究中心，探讨中国发展对德国乃至欧洲的机遇和挑战。

德国从事中共及其领袖人物研究的专家及其代表作有：郭恒钰（Kuo Hneg-yu）和他的《毛的"文化大革命"》、王海（Heberer Thomas）和他的《党和群众的辩证法——中国共产党群众路线的发展》、柯兰君（Bettina Gransow）和她的《毛泽东思想的遗产和当代中大陆的发展》、方伟纳（Werner Pfening）和他的《中国共产党八十年代的意图和问题》等。

德国学者的研究重点主要有两个方面：一是中德关系；二是中国的政治人物，尤其是中国共产党的领袖人物。1993 年德国专门召开了纪念毛泽东诞辰 100 周年的学术研讨会，并出版了论文集《毛泽东》。

目前，德国关于中共及其领袖人物的研究，在中国不断发展壮大以及中德关系不断发展的前提下，能够不断地调整自己的研究选题。德国在这一研究领域也存在不少的问题，主要表现为：研究中共及其领袖人物与研究中国历史，尤其是哲学、宗教和文化传统的人员分属于两套机构，相互之间缺乏足够的交流，也没有稳定的协作机制。特别是随着一些老教授的先后退休和离世，新的研究人员还不能很好承担起中国问题研究的重任，研究进程放缓。

3. 法国

法国的中共及其领袖人物研究始于 20 世纪 50 年代。1953 年，著名学者纪业马（Guillermaz Jacques）在法国社会科学高等研究院创立了当代中国研究和资料中心，标志着法国的中共及其领袖人物研究到了一个新的阶段。纪业马也成为法国中共及其领袖人物研究的开拓者。在此后近 30 年的时间里，法国学者在这一领域的建树主要体现在两个方面：一是对中文的资料和书籍的收集；二是对中国社会运动的研究。1978 年之后，随着中国实力的逐步增强，法国学者也加强了对当代中国政治、社会和经济的研究。

当前，研究中共及其领袖人物的机构主要是法国近现代中国研究中心。该研究中心由 1958 年成立的当代中国文献与研究中心和 1985 年成立的华人世界比较研究中心合并而成。其宗旨是根据社会科学高等学院的要求提供教学，开展有关中国的社会科学研究，主要涉及的领域包括毛泽东思想和生平、中国共产党在中国的执政现状和发展趋势。该研究中心前身是法国最大的现代中国的资料中心，也汇集了法国关于中共及其领袖人物研究的主要专家。2007 年法国近现代中国研究中心曾举办过"历史的对象——毛泽东"国际研讨会，邀请中央文献研究室专家参加。

法国研究中共及其领袖人物的学者们分散在许多研究机构而不是大

学里。代表人物及其成果有：纪业马和他的《中国共产党历史（1927—1949）》《执政的中国共产党历史（1949—1978）》，谢诺(Chesneaux Jean)和他的《中国：人民共和国（1949—1976）》，毕仰高和他的《中国革命的起源》，白夏(Jean Philippe Beja)和他的《中国共产党执政的60年：逝去的幻想》，鲁林(Alain Roux)和他的《人民中国》《1949—1985年的中国》等。

法国比较有影响力的关于中共及其领袖人物研究的刊物是法国汉学会的《中国研究》(半年刊)和法国近现代中国研究中心的《汉学书目杂志》（*Revue bibliographique de Sinologie*）。

总体上看，法国的中共及其领袖人物研究，更侧重于综合性研究和专题研究。学者的选题比较随意，纯粹的知识兴趣是他们开展相关研究的重要动力。

4. 俄罗斯

俄罗斯的中共及其领袖人物研究始于20世纪20年代，基于意识形态和中苏、中俄关系的原因，俄罗斯关于中共及其领袖人物的研究，与世界其他国家有很大的不同。他们曾经有比较专门的研究机构和一支稳定的研究队伍，他们的研究领域，无论从历史时期的划分，研究主题的确定，乃至学科性质的定位，都更接近国内的党史研究。

当前，俄罗斯的中共及其领袖人物研究大多集中在俄罗斯科学院系统，主要是远东研究所、世界经济和国际关系研究所。

远东研究所成立于1966年，是俄罗斯综合研究中国的主要机构，也是俄罗斯关于中国问题研究的最大的科研中心和人才培养基地，对俄罗斯政府制定对华政策起着重要的助手和顾问作用，肩负着全面研究中国的党、政、社会、经济、外交、意识形态的重要职责。该所创办的《远东问题》期刊，以发表关于中国问题研究的政论性文章见长。近20多年，远东研究所几乎每年都举办一次题为"中国、中国文明与世界：历史、现在与前景"的国际会议，邀请世界各地的专家学者就中国问题进行研讨。当前，该所关注的重点有：中国经济政治和国际活动、中俄关系和中国的国际地位及发展前景等。

俄罗斯的中共及其领袖人物研究专家及其代表性著作有：齐赫文斯基和他的《中国历史和现代》《我心目中的中国30年代—90年代》，季塔连科和他的《中国：文明与改革》《中国的现代化与改革》《俄罗斯和中国：战略伙伴与时代挑战》。

当前，俄罗斯的中共及其领袖人物研究面临这样几个问题：一是学者年龄太大，对中国正在发生的变化了解不够。20世纪80年代来中国留学的研究人员，本应成为这个阶段研究的主力，实际情况是，他们中的大多数人就职于俄罗斯外交部这类政府机构，或石油天然气公司这样收入较高的部门；二是俄罗斯的中共及其领袖人物研究与世界其他国家的交流较少，研究人员对英美等国的研究现状了解不够。

5. 北欧及其他欧洲国家

北欧的中共及其领袖人物研究始于20世纪60年代，瑞典著名汉学家高本汉（Bernhard Karlgren）起到了重要的奠基性作用。当前，北欧的瑞典、丹麦等国的中共及其领袖人物研究做得很不错。虽然国家、大学都很小，但有大量的投资，研究的质量很高。

主要的研究机构有：瑞典的斯德哥尔摩大学亚洲及太平洋研究中心和隆德大学东亚和东南亚研究中心；丹麦的哥本哈根大学亚洲研究系等。

主要的学者和成果有：马悦然（Goran Malmqvist）（瑞典）和他的《毛泽东诗词》（译著），罗多弼（Torbjorn Loden）（瑞典）和他的《从毛泽东到财神：现代中国的思想与政治》，郝德馨（Thomas G. Hart）（瑞典）和他的《革命动力学：一种关于现代社会革命动力的控制理论及中国革命的意识形态变化和组织动力研究》，沈迈克（Michael Schoenhals）（瑞典）和他的《中国的"文化大革命"，1966—1969：不是请客吃饭》；柏思德（Kjeld Erik Brodsgaard）（丹麦）和他的《中国经济的调整与改革：1953—1986》等。

主要的学术刊物有瑞典斯德哥尔摩大学主办的《东方研究》和《斯德哥尔摩东亚研究杂志》。

北欧有着比较悠久的汉学研究传统，这个地区的中共及其领袖人物研究也滥觞于此。20世纪90年代以来，随着新一代学者的崛起，该地区的中共及其领袖人物的研究加快了与国内有关机构的合作，发展很快。该地区的中共及其领袖人物的研究存在的问题是，无论是研究学术范式还是研究的领域，都具有非常明显的"美国化"的特征。

此外，西班牙加利西亚国际研究所的胡里奥·里奥斯（Xulio Lios），一直致力于对中国社会的政治、经济、文化等问题的深入研究，著有《中国——21世纪的超级大国？》。奥地利维也纳大学的学者魏格林（Weiglin-Schwiedrizik Susanne）主要从事中共党史的研究。

（三）亚太（澳大利亚、新加坡、日本等）

亚太地区的中共及其领袖人物研究主要分布在澳大利亚、新加坡和日本等国。一个明显的趋势是，澳大利亚的研究有后来居上之势，日本的研究水平有所下滑，新加坡在东南亚各国中关于中共及其领袖人物的研究，无论是研究实力还是研究成果的影响力，都明显高于其他国家。

1. 澳大利亚

澳大利亚关于中共及其领袖人物研究的兴起始于20世纪70年代。二战后，随着澳大利亚与英国的传统联系逐渐削弱之后，澳大利亚认识到应该更多地融入到亚洲地区的政治、经济与社会发展，进而为本国的经济发展创造机会。在这种国际环境和国家利益的驱动下，澳大利亚的中共及其领袖人物研究从20世纪70年代开始，有了快速发展。20世纪90年代以来，以费子智（C.P.Fitzgerald）、弗雷德里克·泰韦斯（Frederick C.Teiwes）、奈特·尼克（Knight Nick）为代表的研究人员十分活跃，不断带动澳大利亚的中国问题研究向专业化、规模化发展。

澳大利亚的中共及其领袖人物研究有两个重点：一个是中国共产党领导的革命和建设事业；一个是关于毛泽东的研究。

澳大利亚的中共及其领袖人物研究机构主要有两类：一类是全国性的研究机构，如澳大利亚亚洲研究协会和澳大利亚中国研究协会，这类机构的职责是统筹协调澳大利亚的中共及其领袖人物研究；一类是高校，具有代表性的是澳大利亚国立大学的远东历史系和现代中国研究中心，格里菲斯大学近代亚洲研究所，阿德莱德大学亚洲中心，悉尼大学中国研究中心等。这些机构承担了相关的教学和研究工作，一大批知名学者也分散在这些机构里。

澳大利亚研究中国现当代的问题的刊物主要是《远东历史论丛》和《中国研究》。《远东历史论丛》是澳大利亚国立大学远东历史系于1970年创办的，图文并茂，主要刊登与东亚主题相关的论文。《中国研究》是由澳大利亚国立大学当代中国研究中心于1979年创办的，关注的重点是毛泽东思想和生平、中国经济改革、农村问题以及对外政策等，比较集中地反映了澳大利亚学者对中共及其领袖人物研究的进展和最新动态，享有很高的国际声望。

澳大利亚研究中共及其领袖人物的学者及其代表作有：费子智和他的《共产党接管中国》，古德曼（David.S.G）和他的《邓小平政治评传》，泰维斯和他的《中国的政治与整顿》，昂格尔（Jonathan Unger）和他的《中国政治的特点：从毛泽东到江泽民》，奈特·尼克和他的《毛泽东的马克思主义中国化的形成》。

关于毛泽东以及毛泽东思想的研究，是澳大利亚中共及其领袖人物研究成果最为突出的。自1976年毛泽东逝世，澳大利亚的媒体和学术界即开始了毛泽东这一主题的持续关注。在1981年、1986年和1993年分别掀起了关于毛泽东研究的高潮。围绕毛泽东思想和生平的研究，澳大利亚的学者曾有过两次比较深入的研究论战。第一次是在《远东史》，论战的主题是毛泽东思想产生的心理因素。第二次是在《中国研究》上，论战的主题是如何区分毛泽东的正确和错误。一个不争的事实是，20世纪80年代以来，国外毛泽东思想和生平研究的中心已经逐步从欧美转移到了澳大利亚。澳大利亚毛泽东思想和生平研究的代表人物是尼克·奈特。

相对其他国家来说，澳大利亚的中共及其领袖人物研究起步较晚，但后来居上。尽管研究领域相对较窄，但是研究队伍比较整齐，全国性的指导和统筹工作也比较好。20世纪以来，无论是研究队伍的规模还是研究领域的拓展，一直保持着发展的势头。

2. 日本

日本对中国的研究，可谓历史悠久。二战之前的中国研究，主要服务于日本的侵华战争。二战之后，日本的中国问题研究受国际政治格局、中日关系以及中国发展的影响，在每一个历史时期都呈现不同的特点。

在中日关系正常化之前，日本的中国问题研究存在亲华研究和反华研究相对立的局面，而且政治立场和思想认识与中国国内的研究分歧都很大。中日关系正常化之后，日本学者将研究的重点转向中国的发展趋势，而且受美国研究方法，特别是实证主义的研究方法影响很大。

20世纪80年代，日本学者更多的是把中国作为一个发展中国家的样本来看待，研究的重点是中国发展模式。90年代以来，随着日本经济的持续低迷和中国经济的快速增长，日本的中共及其领袖人物研究更加注重从比较的角度看待中国现代化道路的特点，以及中国的崛起对周边国家的影响。

日本学者关于中共及其领袖人物研究的领域之广，远非其他国家可比。几乎涉及了综合性研究和专题研究以及个案研究的方方面面。既有宏观的综合性的选题，也不乏新颖独到的具体选题。在1949年之后发生在中国的重大事件，如新中国的成立、抗美援朝、土地改革、中共八大、反右斗争、中苏关系、"大跃进"运动、"文化大革命"、中共十一届三中全会、邓小平"南方讲话"、中日关系以及中共党的领袖人物等方面，均有不同程度的涉猎，成果丰富。

比如，关于毛泽东的研究，如果从20世纪20年代末算起，至今已有90余年的历史了，已经形成了一个独特的研究体系。日本国内关于毛泽东思想和生平研究的著作不下百余种，研究领域主要涉及这样几个方面：毛泽东历史地位的评价、毛泽东的军事思想研究、毛泽东哲学思想研究、毛泽东诗词研究等。日本国内研究毛泽东的专家及其代表作有：竹内实和他的《毛泽东集》《毛泽东集补卷》等，井上清和他的《毛泽东思想过时了吗？》，德田教之和他的《毛泽东——毛和他的中国革命》等等。

此外，日本也是国外对周恩来研究比较集中的国家。代表性的学者和著作有：松野谷夫和他的《中国的领导人——周恩来及其时代》，宇野重昭和他的《从中共党史的角度研究周恩来》，柴田穗和她的《周恩来之谜》等。此外，日本学者也比较擅长对中共领袖人物进行比较研究。

除了上述研究人员之外，村田忠禧、矢吹晋、国分良成、毛里和子、天儿慧等等，都是当前日本中共及其领袖人物研究的知名专家。

日本从事中共及其领袖人物研究的研究所、研究会和学会等机构组织遍布日本全国，数量众多，主要分为两类，一类是历史较长、规模较大的全国性研究机构，如中国研究所、现代中国研究会、日本中国学会、亚洲政经学会等；一类是各个高校，如早稻田大学、东京大学、爱知大学、庆应大学等等。上述专家主要分散在这些机构内进行工作。

总体而言，日本的中共及其领袖人物研究的水平有所下降，一个重要的原因是老一辈研究人员（主要是各种学会和研究会的学者）先后退出，后继无人，或者新人（以高校为主）的研究领域过于狭窄和功利，缺乏影响力。此外，日本的中共及其领袖人物研究还有一个特点，就是虽然成果丰富，但是与国内的研究观点有较大差别。尽管如此，日本学者选题的角度独到和新颖，对文献资料的掌握和利用能力，以及注重实证主义的研究方法，是值得国内研究者借鉴的。

3. 新加坡及其他亚洲国家

新加坡是东南亚各国较早开展中国问题研究的国家。新加坡国立大学东亚研究所是东南亚最著名的中国问题研究机构。

东亚研究所主要研究中国问题，现实性较强。目前东亚研究所所长是郑永年，主要研究中国政治经济及其对外关系。东亚研究所的宗旨是推动对东亚地区学术和政策层面的研究，特别是对当代中国（包括港台地区）的政治、经济和社会发展，中国与世界迅速发展的经济一体化态势及其在该地区的政治和安全问题有特别关注。东亚研究所的研究有三个特点：一是为政府官员提供政策分析报告；二是从事学术研究；三是所内的学者几乎都来自中国。当前，有很多海外的汉学博士到那里去作研究，而且来自美国、欧洲、澳大利亚、韩国和中国两岸三地的一些学者也常去短暂访学或进修，从而使得新加坡的学者们能够经常与世界各地的学者交流，不断提高学术水平。

此外，新加坡国立大学公共政策研究所、南洋理工大学拉惹勒南国际关系学院也有研究中国问题的机构和学者，但他们从事的大多是对策性研究，不如东亚研究所的综合性强。

亚洲其他国家研究中共及其领袖人物的机构还有：

印度的中国研究所（社会、政治、经济、外交、军事）及其创办的刊物《中国述评》（China Report）。这是南亚地区关于中国问题研究的唯一刊物，发行范围覆盖全世界，在国际汉学界享有较高声誉。

越南社会科学院的中国研究所，是目前越南最大的中国问题研究机构，研究侧重于中国改革开放以来政治和经济变化的研究，是越南目前研究力量最为雄厚、研究范围最为广泛的研究机构。

二、国外学者关于中共及其领袖人物研究的总体情况

总体来看，国外学者关于中共及其领袖人物研究的关注点不断扩展，研究日趋全面深化，总体呈上升和扩展之势。

一是研究条件大为改善。主要体现为研究资料日益丰富，学术交流越来越频繁。在改革开放之前，国外的研究人员很难接触到关于中国政治经济社会发展的第一手材料，他们主要依赖中国大陆公开出版的有限的官方文献，如《人民日报》《光明日报》等，利用这些资料进行有限的课题研究，客观性受到很大的影响。改革开放之后，一方面，书籍、报纸、杂志公开发表，为国外学者提供了极大的方便。近年来，随着互联网在世界范围内的普及，当前国外学者几乎可以同步了解中国发生的变化。另一方面，国外学者非常注意对中文文献的收集、编译和整理，编纂和出版了一些工具书。比如，美国和日本的学者在整理和出版毛泽东文集方面做了很大的努力，他们编辑的某些成果被别国的学者广泛利用。此外，大批留学生和长期驻华人员进行研究工作的机会增多，使国外的学者可以非常方便地来到中国，能够在中国长期开展实地研究。这一系列变化，使得国外学者研究中共及其领袖人

物的条件大为改善。

比如,《当中国统治世界：中国的崛起和西方世界的衰落》(When China Rules the World)是当前关于中国问题比较有影响力的著作。作者马丁·雅克(Martin Jacques)是一位英国学者,在他看来,"中国绝对不会走上西方民主化的道路,只会选择一条不同于西方世界的发展模式;中国的崛起将改变的不仅仅是世界经济格局,还将彻底动摇我们的思维和生活方式。"他坦陈,自己在日本、中国香港、中国台湾、新加坡、中国人民大学任教的经历,与诸多中国知名学者进行研讨,对他撰写《当中国统治世界》一书有非常大的帮助。

类似的学者还有很多,比如美国哈佛大学费正清中心前主任傅高义,经常来中国进行学术访问;再比如,美国当前最著名的中国问题专家之一沈大伟,曾先后在北京大学、南开大学和复旦大学求学,还在中国社会科学院担任高级访问学者。可以说,丰富的研究资料、日益频繁的学术交流,大大改善了海外学者的研究条件,也是当前国外关于中共及其领袖人物研究的一个特点。

二是研究队伍迅速壮大。中国的快速发展,使世界各国对中国感兴趣的人也越来越多,无论是西方还是非西方的国家,都意识到了加强对日益崛起的中国研究的重要性,加大了对中国问题研究的投入。这两种因素结合起来,促使国外研究中国问题的研究队伍迅速扩大。首先来自各国政府对相关人才的培养,主要表现为对汉语教学的重视。一方面,加大了对华留学生的派遣,另一方面,通过对高校等教育机构的直接投资,加大对汉语人才的培养。现在,在英美等国,几乎稍有名气的大学都设有关于中国问题的教授席位。另一个表现就是研究队伍的结构也发生了很大的变化,一些出生于中国、在海外受教育的华人学者加入到国外关于中国问题研究的队伍中,并在西方重点大学的研究和管理层中占有一席之地。

以美国为例。目前在美国大学和智库中约有3000人研究中国问题,研究政治、经济、社会的华人或华裔学者不少于300人。其中有些人已逐渐崭露头角,成为美国研究中国问题的知名专家。如布鲁金斯学会的李成、卡内基国际和平基金会的裴敏欣、卡特中心的李亚伟、芝加哥大学的杨大力、哥伦比亚大学的吕晓波、杜克大学的史天健、麻省理工学院的黄亚生、丹佛大学的赵穗生等。

再以新加坡为例。新加坡国立大学东亚研究所的研究人员几乎全部来自中国内地。所长郑永年在北京大学接受了本科和硕士教育,是美国普林斯顿大学的博士;南洋理工大学拉惹勒南国际关系学院中国项目主任李明江,大学毕业于外交学院,是美国波士顿大学的博士。在许多国外学者看来,世界性的当代中国研究,如果没有中国的学者参与恐怕很难取得理想成果。

华人和华裔学者的加入,在一定程度上促进并影响了国外关于中共及其领袖人物教学和研究的发展及其方向,促进了国外学者对中共及其领袖人物的认知和理解。

三是研究领域不断扩展。研究资料的丰富,研究队伍的壮大,促进了国外关于中共及其领袖人物研究领域的不断扩展。以对党的领袖人物的研究而言,从原来关注的毛泽东、周恩来等人,逐步扩展到对邓小平、江泽民、胡锦涛、习近平等党的领导人的研究。在研究中,国外学者更加注重对党的领导人及其性格、背景、人脉、派别的分析,从领导人的调整变化来分析党内不同派别和主张的力量消长、政局走向、政策走向等;习惯于从派别斗争的角度来看待和分析党和国家重大方针政策的调整变化。这种思维模式和分析方法在西方学者中长期存在,难以自禁。

随着时代的发展,国外学者的研究领域也不再局限于意识形态,而更多地基于现实的需要,逐步扩展到中国的政治体制、发展模式、军事问题、外交战略等领域。而这种扩展,往往也是中国国内政治生活产生周期性变化的结果,进而呈现出很强的时段性特征。比如,围绕着党的中央委员会和中央政府换届,以及中央全会、全国人大和政协会议等热点,国外的研究机构和研究人员也往往根据关注点的变化,不断调整自己的研究范围。

当前,国外关于中共及其领袖人物的研究主要集中在四个方面:一是党的领导人的思想生平及党的领导集体的更替。如对毛泽东、周恩来、邓小平、江泽民、胡锦涛、习近平等领导人生平及其思想的研究，对党的重大战略思想及其变化、党的方针政策的研究。二是中国共产党的性质、发展变化及面临的挑战。如党在国家政治生活中的地位和作用，党的民主化，党面临的经济社会发展、国际格局变动、腐败和环境问题等挑战。三是中国特色社会主义道路。如中国特色社会主义道路的基本经验，中国模式的主要特点等。四是中国的崛起对世界的影响。如党的发展与国家发展的关系，中国发展的前景等。党的十八大以来，国外不少研究机构和专家学者开始把研究的视角转向新一届党的中央领导集体，对他们的思想生平、执政理念给予了较多的关注，如美国、俄罗斯、西班牙等国不少学者开始研究中国梦以及新一届中央领导集体关于外交政策和国际关系的有关论述。

当前，跨学科、多学科、综合研究，已经成为国外关于中共及其领袖人物研究的重要趋势。

四是研究成果迅速增多。主要表现在三个方面：一是综合性的研究成果迅速增多。以日本为例，20世纪70年代有关中国问题研究的出版物为3000余册，80年代为5000余册，90年代为7000余册，而2001年到2005年，就有近5000册。另外，据统计，仅2003年到2004年年度，国外研究中国问题的、具有较高价值的就有1700余篇论文和1400余部专题著作。二是有关学术研究刊物的影响力持续增大。英国的《中国季刊》（China Quarterly）、澳大利亚的《中国研究》（The China Journal）等是国外刊登关于中共及其领袖人物研究的论文、书评、专题报告以及其他研究信息的主要学术刊物。1960年，《中国季刊》在英国诞生，首任主编是当时还不算有名的马若德。虽然《中国季刊》只是一份地区性的研究性刊物，却成为《经济学家》《国际先驱论坛报》《金融时报》《纽约时报》等报刊引用得最广泛的刊物之一，在学术界享有很高的声誉，是当前国外关于中共及其领袖人物研究的最权威的刊物。《中国研究》是澳大利亚研究当代中国问题的主要刊物，它所刊登的文章涉及中国的政治、经济、文化教育、军事、外交诸方面，比较集中地反映了澳大利亚学者对当代中国研究的进展及最新动态，是关于中国问题研究的知名的国际性刊物。三是大批个性鲜明的作品不断涌现。除了早期的一批学者和他们的研究成果之外，如，费正清（John King Fairbrank）的《伟大的中国革命（1800—1985）》，史华慈（Benjamin I. Schwartz）的《中国共产主义和毛泽东的崛起》，马若德（Roderick MacFarquhar）的《"文化大革命"的起源》，施拉姆(Wilbur Schram)的《毛泽东》等等。近年来，一大批新的著作不断涌现，如傅高义（Ezra F. Vogel）的《邓小平时代》、基辛格（Henry Alfred Kissinger）的《论中国》、马丁·雅克的《当中国统治世界》、沈大伟的《中国共产党：收缩与调适》等等。这些新的成果客观性不断增强，体现了当前国外关于中国问题研究达到的新阶段。

当前，国外关于中共及其领袖人物的研究也存在一些问题，主要有以下三个方面：

第一，缺乏专门的研究队伍和稳定的研究领域。大多数从事中共及其领袖人物研究的人员专业背景复杂，他们可能是历史学、政治学、社会学或者国际问题专家，他们关注和研究的主题往往也变动不居。这就往往导致他们的研究成果缺乏系统性，观点和看法往往显得零碎分散。与费正清、施拉姆、竹内实等老一辈学者相比，年轻一代的研究人员表现得更为突出。

第二，受媒体和研究范式的影响，国外关于中国问题研究的选题日趋微观。对于中国这样一个很大并且国情复杂的国家，不少国外研究人员的选题却越来越小。按照美国学者沈大伟的说法：十年前他们研究一个县，五年前研究一个社区，现在他们研究一个巷子或者道路，五年以后他们将研究房子，研究的对象越来越小。一个明显的例子就是，进入21世纪之后，美国学者越来越不重视对中共指导思想和高层变化的研究。显然，这种一叶障目的研究方法，无疑会降低研究的客观性和前瞻性。

第三，研究的理论和方法上还存在不少问题。如：不少学者往往拘泥于学科学术上的"金科玉律"，对研究的理论和方法看得重，讲得多，而且对中国的历史和现实了解不够，从而导致"削足适履"的情形，研究的客观性较差。

三、几点启示

近20年来，国外关于中共及其领袖人物的研究更加活跃。通过对当今世界各国关于这一领域的研究进行分析，我们可以得出以下几点启示：

第一，改革开放以来中国经济的快速发展，特别是中国整体的崛起，是推动世界各国关于中共及其领袖人物研究的主要动力。总体来看，20世纪70年代末至90年代末，国外关于中共及其领袖人物的研究比较低迷。近20年来，国外对中国共产党的研究趋于热门。中共十九大之后，则是研究成果的集中爆发期。利益，尤其是伴随着"一带一路"倡议的实施，经济利益、安全利益等成为推动各国、各研究机构甚至是学者加强对中共及其领袖人物研究的主要动因。这一时期，国外关于这一领域的研究呈现出明显的跨学科特征，主要聚焦在政治转型、治理体系，并逐渐形成了相对稳定的研究范式。加上互联网、社交媒体的快速发展，也在不断推动这一领域的研究向着更广、更深的维度发展。

第二，研究机构和研究队伍的发展越来越快。国外从事中共及其领袖人物研究机构的发展，除了体现为数量上的增多之外，另一个重要体现，就是不同类型研究机构的分工越来越明确。如全国性的学术机构越来越倾向于做好全国范围研究工作的理论指导、统筹协调和学术交流，提供资金支持等，如英国的汉学会，加拿大的亚洲研究协会；大学及其附属的研究机构则提供语言培训和学术规范训练，为对策性研究机构提供人才和选题的储备；政府部门的研究机构则直接服务于国家政策决策，同时也为高校等部门提供必要的实践平台和资料储备。因此，研究队伍的快速发展，除了数量上的增加之外，还体现为其角色定位的多变性、研究领域的多样性。对于大多数的研究人员而言，学术研究、政策研究和理论研究之间的边界日趋模糊。

第三，大多数国家的中共及其领袖人物研究，多从传统的汉学研究转变而来，受其影响很大。汉学研究的一个重要特点就是现实针对性较弱，知识性诉求较强。具体来说，欧洲的一些国家，特别是法国和德国，在这一领域的研究，受其汉学研究的传统较大，更多注重其知识性和文化属性。美国和英国，则更多的是对策性研究。就美国而言，与老一辈学者，特别像费正清等中国通相比，当前学者的研究政策性倾向非常明显，而美国独有的"旋转门"机制则不断强化了这一趋势。总体上来看，汉学传统的积累，研究队伍的连续性，政府支持的力度，与中国利害攸关的程度，都是推动这些国家关于中共及其领袖人物研究发展的重要因素。一定时期内，这个转变过程中涉及的研究队伍的新老更替、学术传统的继承性等问题，将决定国家及其领袖人物研究的后劲和发展水平。

第四，无论是纯粹知识性的汉学研究，还是具有很强时政色彩的对策性研究，就其现在所取得的成果而言，都还不足以客观地反映中共及其领袖人物。欧洲的汉学传统历史悠久，美国的对策性研究实力很强，这两个地区的中共及其领袖人物研究特点非常鲜明。但是，这两种趋势的极端化，或者说，无论是汉学研究还是对策性研究，都无法使国外真正了解当前的中国，客观地阐释中国的发展。这两种趋势在一个国家、一个地区，乃至在世界范围内互动的消长，在某种程度影响了国外关于中共及其领袖人物研究的水平和研究成果的客观性，这关系到西方能否客观认识日益崛起的中国。

第五，研究秩序的国际化趋势不断加快。随着中国改革开放的不断深入，中共及其领袖人物研究的国际化趋势越来越明显。外国与外国之间的交流，中国与外国之间的交流，无论是在人员的往来，机构的合作，乃至研究选题的合作，都有了很大的提高。我们应该看到，国外中共及其领袖人物研究的快速发展以及所取得的成就，既是对中国改革开放成就的一种反映，也代表了国外对中国当前发展的复杂认知。为此，我们应该加强中外学术交流，拓宽交流渠道，增进对话和理解，打造有效的互动平台，这不仅有助于我们扩大学术视野，更好地了解、有效把握这些认知，为我们更好地做好对外宣传工作具有重要意义。

第六，积极跟踪国外中共及其领袖人物研究，了解他们关注的领域、研究的方法以及研究成果，可以为我们更好地开展对外学术交流提供有效的参考。一个不争的事实是，国外从事中共及其领袖人物研究的机构、人员和研究成果越来越多，但研究成果的质量参差不齐，甚至有些研究成果缺乏应有的客观性。导致这一现状的原因，可能是研究主体主观上的偏见，也可能是研究主体受限于研究资料。如果我们能够及时有效地掌握这些原因，就可以通过有针对性的学术交流，通过对话或研讨来增进双方的了解，从而达到增信释疑的效果。

（张长江，中央党史和文献研究院副研究员）

20世纪50年代至60年代中期《实践论》和《矛盾论》在日本的影响

▼

毛泽东著作在日本的传播始于1929年日本南满洲铁道株式会社庶务部调查课编写的《满铁调查资料第105编：支那国民革命中的农民运动》收录的《湖南农民运动考察报告》。迄今为止，毛泽东著作在日本的传播已经过近90年的历程，体现出鲜明的时代特征。20世纪50年代至60年代中期，《实践论》和《矛盾论》（以下简称"两论"）在日本广泛传播并产生了重要的社会影响力。目前国内学界关于这一时期的具体传播史实和文本尚缺乏翔实的考察，本文力图挖掘传播史实和传播文本，探究"两论"在日本传播的社会影响。

一、传播背景

20世纪50年代到60年代中期，日本战后经济经历恢复、起飞阶段，自1955年进入"高度成长时期"，成为当时世界上经济增长最快的国家之一。尽管经济发展迅速，但是国内政治力量在国际定位及对外政策方面陷入激烈斗争。以吉田茂为首的保守阵营认为接受美军驻扎、从属于美国主导的安全网之下是日本的最好选择。鸠山一郎、三木武夫等人则反对从属于美国，主张开展自主外交，要求与苏联实现外交正常化，与中国建立经济关系。进步力量也分为左派与右派。左派要求实行革命，改变资本主义社会，反对《旧金山对日和平条约》和《日美完全保障条约》。右派则主张接受不完整的和约，反对驻兵。这一时期日本共产党由盛转衰，但是仍然得到知识分子阶层的大力支持。这一时期最重要的社会运动是和平运动，除了日本工会总评议会、社会党以及日本共产党外，各色各样的公民、妇女以及学生团体，先后举起战后和平运动的大旗，核心议题是反对日美安保条约及美军在日设立军事基地。1960年新《日美安全保障条约》签订后，反对运动达到高潮。

二、传播历程及各类文本

（一）《实践论》的早期传播及单行本

1950年12月29日，《人民日报》公开发表《实践论》后，第二天日本三大报纸之一《读卖新闻》随即作了报道。《读卖新闻》在1950年12月30日的晚刊上，刊发了一则题为《毛泽东发表实践论》的报道，具体内容是，"北京的《人民日报》在12月29日在头版刊发了毛泽东主席在1937年7月7日写的一篇文章，文章的题目是《实践论》，从马克思主义的观点论述了认识和实践的关系，知和行的关系，这是该文章首次发表。"① 在1950年，《读卖新闻》如此快速及时地刊发关于《实践论》的报道，体现出日本的舆论界时刻关注着毛泽东著作出版的动向。

1951年4月日本的《前卫》杂志第57期全文刊登了《实践论》的日文译文。同年，日本出版了两种译文单行本，分别是1951年尾崎庄太郎编译、中国资料社出版的《实践论及其学习》②和1951年6月社会科学研究会编译、三一书房出版的《实践论》。

尾崎庄太郎编译的《实践论及其学习》于1951年5月5日发行第一版，同年9月5日发行了修订版。除了《实践论》，该书还收录了五篇解读文章，分别是《人民日报》社论《学习毛泽东同志的〈实践论〉》（1950年1月29日）、艾思奇《毛泽东同志发展了真理论》（1951年10月期）、郑昌《不学习就无法前进》（1951年1月22日）、《人民日报》社论《"实践论"开辟了我们学术革命的思想道路》（1951年2月26日）和《文艺报》评论《在实践中不断开创认识真理的道路》。关于翻译目的，译

---

① 《毛主席、実践論を公表》，《読売新聞》夕刊，1950年12月30日。
② 毛沢東：《実践論とその学習》，尾崎庄太郎訳編，中国資料社1951年版。

者在"前言"中指出,"毛泽东的《实践论》不仅通俗易懂地阐明了马克思主义的实践哲学,而且进一步发展了马克思主义,无论从哲学角度还是实践角度,都是一篇价值很高的的文章。……所有的实践家、马克思主义者如果不能够透彻熟读《实践论》,就无法使之成为实践活动的指南。不仅如此,《实践论》阐述了辩证法唯物论、历史唯物论,会使广大劳动者产生相关的自觉,鼓起勇气,产生相关的自觉。"① 可以看出,尾崎庄太郎认为《实践论》发展了马克思主义,能够成为马克思主义者实践活动的指南,为普通民众给予方法论的指导,希望日本民众把它作为生活实践的指导和勇气来源。

从时间顺序上而言,第二个单行本是1951年6月社会科学研究会编译、三一书房出版的《实践论》。该书还在附录中收录了五篇关于《实践论》的相关研究,具体包括苏联《真理报》编辑部刊发的《关于毛泽东的〈实践论〉》(载《人民日报》1950年12月30日译介),《人民日报》社论《学习毛泽东同志的〈实践论〉》(1951年1月29日),李达发表的《"实践论"——毛泽东思想的哲学基础》(《人民日报》1951年2月1日),王学文《由"实践论"说到经济工作——学习"实践论"笔记》(《人民日报》1951年2月16日),何其芳发表的《"实践论"与文艺创作》(《人民文学》1951年3月号卷头文)。《实践论》的译者是细川郭真。在"后记"中编者指出,毛泽东的《实践论》发表以来,不仅在中国而且在世界范围内引起了很大反响,希望通过出版该译文的单行本使日本的民众了解该书的哲学思想。

(二)《矛盾论》的公开发表和日本的报道

1952年4月1日,《矛盾论》公开发表。第二天,《读卖新闻》在晚刊第一版刊发了一则短消息,题目是《毛泽东完成〈矛盾论〉》②,原文是:"根据昨天北京新华社的消息,毛泽东最近完成了一篇哲学论文《矛盾论》,全文共计2万6千字。"这则新闻里面存在一个较大错误,

---

① 毛沢東:《実践論とその学習》,尾崎庄太郎訳編,中国资料社1951年版,第1—3页。
② 《毛沢東〈矛盾論〉完成》,《読売新聞》夕刊,1952年4月2日。

认为《矛盾论》是毛泽东最近（1952年）完成的。不过这则新闻的刊发仍然表明，《矛盾论》同《实践论》一样，一经发表就受到了日本舆论界的密切关注。

（三）"两论"全译本的单行本

《矛盾论》发表以后，日本出版的译文单行本往往是与《实践论》一起发行。截至20世纪60年代中期日本一共出现了九种"两论"的单行本，分别是：

1. 1952年，尾崎庄太郎译《实践论·矛盾论》，国民文库本；

2. 1954年，日本毛泽东选集刊行会编译《实践论·矛盾论》，青木文库本；

3. 1955年，尾崎庄太郎新译《实践论·矛盾论》，国民文库本；

4. 1956年，芝池靖夫译注《矛盾论》，江南书院；

5. 1957年，松村一人、竹内实译《实践论·矛盾论》，岩波文库本；

6. 1958年，宇作美译注《实践论》，大学书林；

7. 1961年，尾崎庄太郎、浅川谦次译《实践论、矛盾论、新民主主义论、人民民主专政》，河出书房新社；

8. 1965年，安藤彦太郎译《实践论·矛盾论其他二篇——毛泽东哲学论文选》，角川文库本；

9. 1967年，浅川谦次、中共中央毛泽东选集出版委员会译《毛泽东问题选集3：哲学四篇》，东方书店。

《矛盾论》《实践论》的单行本多采用了文库本的形式，有国民文库本、青木文库本、角川文库本、岩波文库本。文库本是日本的一种图书出版形式，一般出版的内容是预计有大量读者购买的小型平装丛书。文库本多是A6大小，105mm×148mm的版面，价格也低于市面上同样大小的书籍。以文库本形式出版的作品，多是曾经以精装本形式出版过的书籍，便于携带，有助于普及。

1952年，尾崎庄太郎翻译的《实践论·矛盾论》[①]所选蓝本是人

[①] 尾崎庄太郎訳《実践論·矛盾論》（新訳国民文庫），国民文库社1955年版，124-125页。

民出版社的《毛泽东选集》（1951—1952 年版）收入的《实践论》（第一卷）和《矛盾论》（第二卷）。在"解说"部分，尾崎庄太郎介绍了"两论"的写作背景，具体包括中国共产党所处的国内外环境，党内的各种倾向性社会思潮，分析了"两论"的意义和中心内容。译者指出，"由多数人构成的集体意识是非常重要的。因为个人认识发生变革不会推进革命的进展，只有集体意识发生变革才能推动革命这个伟大的社会实践。"①"《矛盾论》是非常锐利的理论武器，我们首先应该正确学习毛泽东的观点。仅仅是对某一部分囫囵吞枣，然后迫不及待地应用在日本的现实问题上，是不正确的学习方法。"②"日本在战败以后转变为独立国家。日本与过去的中国相同，存在一对根本的矛盾。首先必须明确这一个根本矛盾。其次，这个过程又规定了现阶段的主要矛盾。要找出目前所处的主要矛盾。为此，我们必须按照《实践论》中所指出的，从我们自身的感性认识出发，分析具体事实。视野狭窄往往会造成错误判断，为了避免这一点，我们必须广泛讨论……《实践论》《矛盾论》是马克思列宁主义哲学的进一步发展，虽然是形成于抗日战争时期的中国革命运动中，但是对于当今日本国民进行理论武装是具有极其重要的意义。"③可以看出，译者的意图在于用《实践论》《矛盾论》的方法论来解决日本左翼运动面临的问题，用"两论"武装日本国民实现集体意识的变革，从而推动社会实践，解决社会矛盾。

1954 年，日本毛泽东选集刊行会编译《实践论・矛盾论》的青木文库本所选蓝本是人民出版社的《毛泽东选集》（1951—1952 年版）收入的《实践论》（第一卷）和《矛盾论》（第二卷）。在"编译者后记"中，该文库本没有具体解说"两论"的具体内容，而是介绍了"两论"产生的时代背景。除了个别的短句、用词方面的修改之外，译文基本与国民文库版一致。

1955 年，尾崎庄太郎新译《实践论・矛盾论》以国民文库本出版。

---

① 尾崎庄太郎訳《実践論・矛盾論》（新訳国民文庫），国民文庫社 1955 年版，第 124—125 頁。
② 尾崎庄太郎訳《実践論・矛盾論》（新訳国民文庫），国民文庫社 1955 年版，第 133 頁。
③ 尾崎庄太郎訳《実践論・矛盾論》（新訳国民文庫），国民文庫社 1955 年版，第 133 頁。

这一版是以1952年的国民文库本为基础进行改译的。"解说"指出，1952年10月国民文库本出版发行以来，每次印刷都会进行部分修订。1955年，重新对照各国译文，进行了整体修订。"解说"再次强调："《实践论》《矛盾论》是马克思列宁主义哲学的具体应用，形成于抗日战争时期，丰富了马克思列宁哲学的内容。对于当今日本国民进行理论武装具有极其重要的意义。"①

1957年，松村一人、竹内实译《实践论·矛盾论》的岩波文库本②出版。根据笔者能够查到的数据，与其他译本相比，该文库本是印刷次数最多的。截至1977年已经印刷了24次。该译本"凡例"中指出，译本的底本是1952年7月中国出版的单行本《实践论》以及《矛盾论》的第二版。翻译的时候主要参考三一书房译的《毛泽东选集》第二卷和当时在中国的日本人翻译的《实践论》，还参考了俄语、英语和德语译本。松村一人在"解说"③关于"两论"的写作背景着墨不多，而是详细分析了"两论"的内容构成、每一部分的中心观点、各个部分之间的逻辑关系。"解说"部分有助于读者对"两论"的中心内容进行归纳总结和深入理解。比较可贵的是，松村一人还阐述了"两论"的重要观点在毛泽东其他著作中的体现。

1965年，安藤彦太郎翻译的《实践论·矛盾论其他二篇——毛泽东哲学论文选》的角川文库本出版。其底本是1964年11月人民出版社出版的《毛泽东的四篇哲学论文》。除了"两论"之外，还有《关于正确处理人民内部矛盾的问题》和《人的正确思想是从哪里来的》。译者指出："'两论'的注释是与《毛泽东著作选读》甲种本（上）的注相同。因为《毛泽东著作选读》甲种本（上）的注比《毛泽东选集》的注多很多。《关于正确处理人民内部矛盾的问题》也是采用了《毛泽东著作选读》甲种本（上）里的注释。"④《人的正确思想是从哪里来的》的注

---

① 尾崎庄太郎訳《実践論·矛盾論》（新訳国民文庫），国民文庫社1955年版，第133—136页。
② 《実践論·矛盾論》（岩波文庫），松村一人、竹内実訳，岩波書店1957年版。
③ 《実践論·矛盾論》（岩波文庫），松村一人、竹内実訳，岩波書店1957年版，第89页。
④ 尾崎庄太郎訳《実践論·矛盾論》（新訳国民文庫），国民文庫社1955年版，第133页。

释选自《毛泽东著作选读》乙种本。"解说"指出："《矛盾论》提出的把握和处理矛盾的方法在《关于正确处理人民内部矛盾的问题》中得到进一步具化和细化。"①"目前中国各地都兴起了活学活用毛泽东思想的运动。其重要的学习文本就包括本书翻译的四篇哲学论文。我们通过阅读这四篇文章既可以学习理论本身，也更容易把握中国的思想动态。本书翻译的时候参考了多种日语译本、外文出版社的英语译本和俄语译本，特别是中国民族出版社发行的朝鲜语译本。尤其在翻译《矛盾论》时，译者较多参照了朝鲜民主主义人民共和国朝鲜劳动党出版社的译本（1953版）。因为行文方面朝鲜语与日语很像，朝鲜语译本有助于理解原文。"②该文库本的影响范围也很可观。1965年11月出版发行，截至1974年8月，已经发行了15版。

1967年，浅川谦次、中共中央毛泽东选集出版委员会译《毛泽东问题选集3：哲学四篇》出版。除了"两论"之外，该书还包含《关于正确处理人民内部矛盾的问题》和《人的正确思想是从哪里来的》，不过没有附"凡例"和"解说"。

（四）"两论"的节译本和解说本

除了上述单行本之外，日本还出版了"两论"的节译本和解说本，这一时期共有以下七种：

1. 斋藤秋男、新岛淳良编《毛泽东教育论》，青木文库，1957年；
2. 寺泽恒信《毛泽东的实践论解说本》，理论社，1954年；
3. 寺泽恒信《毛泽东的矛盾论解说本》，理论社，1954年；
4. 尾崎庄太郎《实践论·矛盾论入门》，青木书店，1963年；
5. 富永义秀《读毛泽东〈实践论矛盾论〉》，《教育史研究》，教育史研究会编，东洋馆出版社，1956年2月；
6. 毛泽东《毛泽东基础理论的说明》，中国问题研究会译，三浦勉编，青春出版社，1958年；

---

① 尾崎庄太郎訳《実践論·矛盾論》（新訳国民文庫），国民文庫社1955年版，第163页。
② 尾崎庄太郎訳《実践論·矛盾論》（新訳国民文庫），国民文庫社1955年版，第133页。

7. 斋藤秋男、新岛淳良编《毛泽东教育论续》，1966年。

(五)关于"两论"的研究

"两论"发表之后，除了大量的翻译本、解说本之外，日本学者也从学术角度对"两论"进行了研究，主要研究者以马克思主义学者为主，此外也有外交界人士、经济界人士通过"两论"来分析中国的对内、对外政策等。这一时期，日本学界关于"两论"研究主要围绕以下四个问题展开：毛泽东的哲学思想与马克思主义哲学的关系、矛盾论与中国传统哲学的关系、主观能动性问题和《矛盾论》原型。下面介绍这四个问题的代表性观点。

关于毛泽东的哲学思想与马克思主义哲学的关系，这一时期日本左翼哲学家大多认同毛泽东的《矛盾论》是唯物辩证法在东方的革命性发展。松村一人的观点具有代表性，他认为："《矛盾论》是马克思主义哲学的进步，毛泽东的矛盾辩证法不仅符合复杂的客观世界，而且克服了教条主义和一切形式主义。"①

关于矛盾论与中国传统哲学的关系，冈田武彦在《毛泽东试论》中指出："探索毛泽东哲学的秘密不仅仅要研究马克思主义，而且要思考其同中国古代思想的关系，对两者进行比较，否则就无法把握毛泽东主义的精髓，无法预测毛泽东政权的将来的变化。"②他指出毛泽东的《矛盾论》与《易经》的阴阳二元论不同。中国传统的阴阳二元论认为事物运动的动力是外因，事物运动不是向上发展，而只是循环和协调，是形而上的机械论、教条主义，是理想主义、协调主义的世界观。他认为毛泽东的《矛盾论》体现了现实主义，是斗争主义的世界观。

关于主观能动性，竹内实在《毛泽东思想——关于"主观能动性"》一文中指出，"自觉的能动性"是毛泽东哲学思想的核心之一。竹内实

---

① 松村一人：《〈矛盾论〉的主要功绩》，《辩证法的发展：以毛泽东的〈矛盾论〉为中心》，岩波书店1955年版，第19页。
② 冈田武彦：《毛沢東試論》，《九州中國學會報 = Studies in Chinese language, literature and philosophy》，九州中国学会编，九州中國學會，1968年第5期。

通过阐述"自觉的能动性"在毛泽东整个思想历程中的演变过程，将"自觉的能动性"归结为毛泽东思想的核心观念。竹内实着眼于历史分析，将毛泽东思想分为前马克思主义者时期和马克思主义者时期两个阶段。他又把毛泽东的前马克思主义者时期分为两个阶段，阐述了其在这两个阶段的思想演变，他提出这个时期的毛泽东还不是完全的马克思主义者。直到1941年毛泽东写《改造我们的学习》这一时期，思想才成熟起来，毛泽东由此成为一名真正的马克思主义者。竹内实又运用比较研究法将毛泽东思想中的"自觉的能动性"特点和马克思主义中人的主体意识进行横向比较，一分为二地看待毛泽东思想中的"自觉的能动性"。他认为："如果强调实践的特点，毛泽东的'自觉的能动性'观念是与马克思主义一致的"，"不过，这种观念还来自与马克思主义学说体系并无关联的源流"。他认为在毛泽东思想中的"自觉的能动性"观念来源于两个方面：一个是马克思主义理论；一个是中国传统文化以及毛泽东在长期实践中总结的经验。

　　竹内实在《关于〈矛盾论〉的原型》[①]一文中提出，《矛盾论》是毛泽东哲学著作中最重要的部分。经过相关研究分析，他推测《辩证法唯物论（讲授提纲）》和艾思奇所著的《研究提纲》深刻地影响了《实践论》和《矛盾论》的写作。从哲学思想来源上看，竹内实认为毛泽东的《矛盾论》的思想来源于艾思奇引介的苏联哲学思想，同时又认为《辩证法唯物论（讲授提纲）》《辩证法唯物论》和《研究提纲》这三篇文章风格大体一致。根据竹内实的考证，1935—1936年间，上海的进步势力发行的《平民大学》杂志曾连载过《辩证法唯物论（讲授提纲）》的内容，不过标题是《辩证法唯物论》，署名"毛泽东"。他据此提出："从文献的总体状况来分析，认定《矛盾论》大约受影响于《辩证法唯物论（讲授提纲）》和艾思奇的译书及其著作。"[②] 总之，竹内实认为《辩证法唯物论（讲授提纲）》是在众多马克思主义参考书的框架下编纂而成的。他还认为，毛泽东思想除了受到了马克

---

① 竹内实：《关于毛泽东〈矛盾论〉的原型》，《思想》，岩波书店1969年版，第55—82页。
② 竹内实：《关于毛泽东〈矛盾论〉的原型》，《思想》，岩波书店1969年版，第55—82页。

思主义尤其是苏联马克思主义哲学家的影响之外，还受到了马克思主义日译读物的影响。

三、传播目的

20世纪50年代至60年代中期，以左翼人士为中心的马克思主义学者积极翻译和传播毛泽东著作，主要有以下三个方面的目的。

（一）"两论"为日本的和平运动等各类社会运动提供新的理论资源

大东文化大学东洋文化研究所前所长土井章在《毛泽东的矛盾论及其政策的展开》中指出："我们能够从日本和中国共产党、中国人民的斗争中吸取很多教训，并且进一步吸取所有方面的教训。如何动员广大人民大众，如何根据具体情况、核心课题和任务的变化实现发展等，中共和中国人民在这些方面具有丰富的经验。本书特别收入了中国共产党如何贯彻大众路线的相关著作。""现在日本人民的斗争已经到了非常重要的时期""政党和大众团体都迎来了重要的转换期""《实践论》《矛盾论》是马克思列宁主义哲学的进一步发展，虽然是形成于抗日战争时期的中国革命运动中，但是对于当今的日本国民进行理论武装是具有极其重要的意义。"[1]

20世纪50年代至60年代中期，"两论"在日本广泛传播，译介者的出发点不再是为了了解中国革命、了解毛泽东思想，而转变成了用毛泽东的哲学理论指导日本的社会运动。这与以往毛泽东著作在日本的传播目的不同。当时，日本的左翼团体、日本共产党以及众多主张和平的团体，因为《旧金山对日和约》《日美安全保障条约》的签订问题与政府的关系日益紧张。"两论"发表之后，日本的左翼势力、团体希望把"两论"作为指导反对片面媾和、反对美军基地等与政府对抗活动的指导理论。

---

[1] 尾崎庄太郎訳《実践論・矛盾論》(新訳国民文庫)，国民文庫社1955年版，第133页。

（二）通过"两论"思考中国共产党的内政外交政策

土井章在《毛泽东的矛盾论和其政策的展开》①中用《矛盾论》中的分析方法分析中国在 20 世纪 60 年代实施的内外政策。新财政研究会事务局长、池田勇人总理大臣秘书官伊藤昌哉在《中央公论》上发表了《毛泽东对日原则》②中指出应该通过矛盾论的方法论思考中国的对日外交策略。他认为，毛泽东的对日策略形成于抗日战争时期，在《关于反对日本帝国主义的战术》《中国游击战的战略问题》《中国革命战争的战略问题》中已经萌芽，首先区分敌我，然后把敌我双方作为对立统一的矛盾，通过情报侦察和思考来认识敌我状况，变劣势为优势，并且充分利用人民这一条件，在日本有进步倾向时则采取团结的政策，在日本有反动倾向时则采取斗争的政策。他认为，"中间地带论"是毛泽东基于《矛盾论》对当代世界状况的认识，是今后中共开展的"国际共产主义运动的总路线"的前提。他强调，毛泽东的战略不仅对于革新政党，对于保守政党同样重要。

（三）用"两论"作为日本企业经营、个人生活的方法论指导

日共系的马列主义研究者寺泽恒信③在 1954 年出版了《毛泽东的实践论解说本》④和《毛泽东的矛盾论解说本》⑤。在"著者前言"中指出了写作目的，"为了世界和平，为了争取日本独立的斗争实践发挥作用，希望更多人特别是工人阶层了解学习《实践论》"⑥。他指出毛泽东的著作通俗易懂，这是大多数毛泽东著作的特点。但"两论"不是所有人都容易理解，因为很多日本民众不了解其中的名词，也不了解中国革命

---

① 土井章：《毛沢東の矛盾論とその政策の展開》，《月刊共産圏問題》1968 年第 1 期。
② 伊藤昌哉：《毛沢東の対日原則》，《中央公論》1965 年 7 月号。
③ 寺沢恒信(1919—1998)，毕业于东京帝国大学，昭和晚期平成时代的哲学家，都立大学教授，后任东京电机大学教授。站在唯物论的角度上研究黑格尔、马克思主义哲学。也介绍一些苏联哲学。著作有《辩证法的理论学试论》《意识论》等。
④ 寺沢恒信解説：《毛沢東の実践論》(必読文献解説読本)，理論社 1954 年版。
⑤ 寺沢恒信解説：《毛沢東の矛盾論》(必読文献解説読本)，理論社 1954 年版。
⑥ 寺沢恒信解説：《毛沢東の実践論》(必読文献解説読本)，理論社 1954 年版，第 1 頁。

的实际情况。因此，作者针对《实践论》的前言、序论、关于认识、关于认识和实践的关系四部分进行了解说。对各部分进行解释时分为"注意""概念解释""内容解说""主旨总结""研究""文献参考"六部分。寺泽恒信的著作对于普通民众读懂"两论"有很大的帮助作用，有利于毛泽东哲学著作的普及。

松田武彦、野田一夫、武山泰雄所编辑的《明天的经营》一书中，指出要把"两论"应用在企业经营中。"对于未来的经营者而言，在思考环境和主体、思想和行动、成功和错误的时候，《矛盾论》《实践论》都可以成为思考未来经营的重要指南。"①

四、结语

20世纪50年代之前，毛泽东著作在日本往往作为情报资料在政府机构传播，在民间虽然有所传播，但是传播范围有限。20世纪50年代至60年代中期，日本的左翼社会势力相信中国的发展方向和理论经验能够为解决日本的社会问题提供理论资源。在这种情况下，"两论"以各种译本的形式，在不同阶层之间广泛、大量地传播。各种文库本作为便携的书本形式，具有较大的普及作用。可以说"两论"的传播是毛泽东著作在日本社会广泛传播的契机和开端。"两论"的传播促使日本学术界从思想价值的层面看待毛泽东思想。"两论"研究是日本关于毛泽东思想研究的真正开端，日本的毛泽东著作研究逐渐突破了情报资料的框架，毛泽东著作中蕴含的思想价值得到日本学术界的重视。

（孙道凤，天津理工大学语言文化学院讲师）

本文系天津市教委科研计划项目成果（项目编号：2017SK131）"毛泽东著作在日本的传播以文本研究"。

---

① 松田武彦、野田一夫、武山泰雄编：《毛沢東の〈実践論・矛盾論〉に学ぶ》，《明日の経営》1966年第7期。

海外周恩来研究新趋势

近年来围绕周恩来总理诞辰120周年，国内外掀起了研究和宣传周恩来的一个新高潮。2018年10月，南开大学举办了第五届周恩来研究国际学术研讨会，共有来自美国、俄罗斯、日本、韩国、加拿大、意大利、缅甸和中国海峡两岸的120多名周恩来研究的专家学者参加了这届代表当今世界周恩来研究最高水平的国际学术会议。其中，中国大陆以外有7个国家和地区的16篇论文入选。通过评论和分析提交会议的海外论文，我们不仅可以看到一些国外学者利用新史料对周恩来与中外关系、周恩来外交思想等问题进行了新的探讨，取得了一些新的进展，还可以大致分析出当今海外周恩来研究的新趋势。

一、对周恩来的研究和评价更趋向于客观公正

与20世纪八九十年代相比，新世纪以来海外周恩来研究的热度有所降温，主要是研究的人员和出版的论著都有所减少。但是，仍有一些国家和地区的学者一直坚持从事这方面的研究，而且近年来取得了一批新成果。特别是2018年恰逢周恩来诞辰120周年，国内外又掀起了一股周恩来研究热潮。在南开大学主办的第五届周恩来研究国际学术研讨会上，一些国外境外学者通过文献分析、媒体报道和采访等方式描绘了他们心中的周恩来，使得周总理的形象在境外各界人士心目中更加清晰和丰满。如来自俄罗斯圣彼得堡理工大学的博格金教授（S.N Pogodin）从中俄史学文献对比角度研究了周恩来政治活动，客观评价了其历史地位。他认为在俄罗斯虽然以

前关注周恩来个人事迹的研究较少，对他的研究散落在一些对中国近现代史研究的论文中。但随着时间的推移，逐渐有学者开始研究周恩来的外交活动和个人品格。博格金教授认为，这些数量不多的研究文献却足以表达俄国学者心中的真实情感，他们都认为周恩来不愧为"中华民族的好儿子"，"我们国家的好朋友"。对比了中俄两国的周恩来研究，他认为中国的研究文献丰富，成果众多，但侧重在以史为鉴，歌颂周恩来的功绩和优点，以求达到资政育人的效果；而俄罗斯的研究则侧重对于其生平事迹的真实还原，以便国人能更好地了解这位中国的领袖人物。①

意大利罗马智慧大学的萨拉·比利亚(Sara Pilia)博士研究了欧洲20世纪80年代起对周恩来研究的情况，她指出在英国和法国，周恩来的研究并不多见，只因其曾在法国勤工俭学，所以在法国的一些历史书中有很少的一点记述。而波兰对于周恩来的研究或可代表一部分欧洲国家的状态。他们更关注周恩来与毛泽东等领袖人物的政治关系，研究周恩来如何在复杂的政治局面中始终在"不公开反驳毛泽东决定的同时又能巧妙地对其错误决定造成的后果加以弥补"。该学者认为欧洲的周恩来研究之所以成果不多，在于文献的翻译不足，其实欧洲不少学者都有研究周恩来的兴趣，苦于语言和资料的限制，无法真实地对周的生平进行详细的了解。或许未来周恩来研究可成为欧洲学者的一个努力方向。②

韩国学者以前对周恩来专门研究较少，这次提交了两篇文章，各有特色，也各具新意。韩国世宗大学的朴宣泠(Sunyoung Park)教授以《朝鲜日报》的报道为中心陈述了冷战时期韩国对周恩来的认识，也为传统的研究贡献了一些新视野。研究者通过详细分析《朝鲜日报》所登载的周恩来的内政外交言行，不仅展现了中韩在当时政治立场的差异，也说

---

① 〔俄〕谢·尼·博格金：《中俄史学文献视角的周恩来政治活动研究》，参见《第五届周恩来研究国际学术研讨会论文集》（内部交流版）。
② 〔意〕萨拉·比利亚：《二十世纪八十年代以来欧洲的周恩来研究评述》，参见《第五届周恩来研究国际学术研讨会论文集》（内部交流版）。

明了《朝鲜日报》为什么会给周恩来作出"共产主义革命家""和平的推销员""外交谋士""行政家"这样的历史评价。我们看韩国学者的研究结论：无论是现在还是冷战时期，无论中韩两国关系如何，韩国媒体对于周恩来的评价一直是相当高的。他们认为判断周恩来的活动就是研究现代中国史的一部分。韩国学者认为《朝鲜日报》这种评价或许可看作是"冷战中的温暖"。这与我们现在说的周恩来的一生是中国共产党革命和建设历史的一个缩影有异曲同工之妙。①

来自祖国宝岛台湾的学者，研究了60年来台湾媒体对周恩来的印象的变化。作者认为台湾民众在1949年两岸对峙戒严时期，对周恩来认知印象相当有限，随着时代改变，信息发达，逐渐开始有了具体完整的纪实接触，对周恩来的印象也逐渐发生变化。过去台湾普遍认为周恩来仅仅是一位明哲保身的政治家，随着两岸交流的增多，越来越多的台湾民众逐渐认识到了其优秀的个人品格、出色的政治才能。研究者认为周恩来对中华民族做出了深远的贡献，他高瞻远瞩的格局和不凡的政治风范，令人钦佩。部分国外传媒总强调他在晚年的际遇。也许在当时政治气氛下从一种角度可以这样评判，但不应用三言两语及片面观去评断或揣测。②

二、周恩来外交思想和中外关系仍是研究的热点

周恩来是位杰出的外交家，其外交思想、外交风格、外交业绩等历来是中外学者研究的热点和重点。这次入选的这方面文章20篇，其中外国学者的文章占一半以上，既有周恩来外交思想总论，也有对中外关系的具体研究。

在周恩来外交思想总论方面，美国奥本大学翟强(Qiang Zhai)教授

---

① [韩]朴宣泠：《冷战时期韩国对周恩来的认识：以〈朝鲜日报〉事例为中心》，参见《第五届周恩来研究国际学术研讨会论文集》（内部交流版）。
② 高光德：《试析60年来台湾媒体对周恩来的印象》，参见《第五届周恩来研究国际学术研讨会论文集》（内部交流版）。

用大量档案史料研究了周恩来在万隆会议上如何争取中立国家。其得出的结论是：周恩来在万隆会议期间和各国代表团广泛接触，频繁互动，化解矛盾，增信释疑。实际上，他不仅尽力争取和团结中立国家，和一些中立国家的领导人（比如柬埔寨的西哈努克亲王）建立了良好的关系，还努力改变非中立的、同美国结盟的国家（比如巴基斯坦）对中国的态度和看法，化敌为友，减少美国的反华帮手，从而孤立美国，化解美国对中国的遏制战略。可以说，周恩来在万隆会议期间成功地运用了中共传统策略中的统一战线法宝，为中国外交打开了新局面，为中国和亚非国家关系的进一步发展创造了条件。[1] 来自日本的学者，则从亚洲国际秩序重建的视角聚焦50年代周恩来和平共处五项原则和相关外交实践，考察当时周恩来的国际秩序观与对美和对周边外交的互动的外交思想，同时结合中印、中缅关系案例，从历史的角度探讨新中国成立初期外交理念与外交实践上的经验，并探讨对当前中国崛起的背景下的外交理念创新的启示意义。[2] 还有日本教授从周恩来旅日事情的思想变化和日本大禹信仰角度考察了周恩来人民外交思想的形成要素。[3]

关于周恩来与中外关系研究方面，不仅涉及的国家有所增多，观点上也有许多创新之处。中国与周边国家的外交也成为大家讨论的热点。这次入选论文涉及中苏关系、中美关系、中日关系、中缅关系，以及中国和亚非国家关系。来自俄罗斯科学院远东所的两位资深研究员玛玛耶娃（Mayeva Natalia Leonidovna）和维尔琴科（Aravicenko），查阅了大量的苏联一手档案材料，从不同角度研究了周恩来与中苏关系的发展，对周恩来的外交成效给予了很高评价。他们的共同认知是：周恩来在中国与苏联的关系方面充当着重要的角色，在多个场合下他参加了重要的外交协

---

[1] 翟强：《争取中立国家：周恩来的万隆外交》，参见《第五届周恩来研究国际学术研讨会论文集》（内部交流版）。
[2] 张云：《周恩来和平共处五项原则外交思想与战后亚洲新国际秩序探索》，参见《第五届周恩来研究国际学术研讨会论文集》（内部交流版）。
[3] 王敏：《周恩来的岚山考察与日本的大禹信仰——浅析人民外交思想的形成要素》，参见《第五届周恩来研究国际学术研讨会论文集》（内部交流版）。

商活动,扮演着捍卫中国国家利益的斡旋者的角色。苏联领导人对周恩来给予了恰当的尊重并将其视为杰出的政治家。他的名声和毛泽东一并在苏联广为流传。①20 世纪 50 年代,在周恩来等人的外交努力下,苏联与中国在经济领域的合作与互助体系得以形成。俄国学者高度评价说:在中苏黄金十年期间,周恩来展现了符合他名声与威望的应有的素质:他对于经济状况综合分析的杰出能力;发现主要问题的天赋;确保国家现代化的成功,聚集各种因素和资源加快以重工业为基础的经济公共部门的发展,理解中国经济薄弱环节的能力。同时,俄国学者也强调了苏联对 50 年代中国经济建设的作用。他们列举了信贷援助;规划和设计;地质工作;提供设备;组织专家援助;中苏标准的统一化,提供技术资料;组织操作设备并投入生产、创办一些公司等等。他们认为在中国经济复兴的伙伴和助手方面,周恩来做了大量苏联方面的工作。周恩来直接领导了中国 156 项工业建设项目,他与苏联国家规划委员会派来的专家关系亲密。周恩来把中国对苏联经验、技术和经济方面的援助看成是"中国未来建设能够成功的决定性因素"。②这个片面强调苏联作用的观点是许多中国学者不能完全接受的。因为毛泽东等第一代领导人一贯强调自力更生为主,争取外援为辅的方针。

缅甸战略与国际研究院主席乌特曼格辛 (U Nyunt Maung Shein),曾任缅甸政府驻韩国和德国大使,是政府官员兼学者,他从周恩来与特定外交重大事件的角度切入,研究了自 1948 年至今的中缅关系,这是过往研究中较少涉及的范畴。他认为缅甸虽然是个小国,但依据的是和平共处五项原则和中立原则推行其外交政策。在中国共产党强有力的领导人中,周恩来总理热情地与历届缅甸领导人交往(主要是乌努总理和总统奈温将军),两国成功缔结了关于友好条约、边界条约、技术和经济合作协议等条约。缅甸和中国最成功的外交谈判之一是缅甸联邦政府和

---

① 阿拉·维尔琴科:《周恩来和新中国的外交建设(苏联方面)》,参见《第五届周恩来研究国际学术研讨会论文集》(内部交流版)。
②〔俄〕玛玛耶娃·娜塔莉亚·列奥尼多夫娜:《周恩来及苏联与中国在经济领域的合作与互助体系的形成(20 世纪 50 年代)》,参见《第五届周恩来研究国际学术研讨会论文集》(内部交流版)。

中华人民共和国政府就两国边界问题达成的协议。周恩来曾经9次访问缅甸，奈温12次访华。两国的关系正是在这种互访中得到加强。他认为当然在两国的交往当中也存在过一些猜疑和不信任，但中缅关系通过在20世纪90年代中期从中国向缅甸运送神圣的佛牙寺而变得友好。通过周恩来总理与乌努总理的个人密切关系使得双边关系长期保持友好。①

美国康奈尔大学的陈兼（Jian Chen）教授以一些较新的中外档案及文献资料为基础，详细考察了周恩来在抗美援朝战争决策中做的大量工作，研究了他在各类谈判的过程中，如何坚决执行中央的决定，并随时对情况进行正确的分析判断，以便毛泽东根据形势作出下一步指示。对若干重要问题，提出了新解释和新看法。②

日本横滨国立大学的村田忠禧（Murata Tada）教授分析了中日两国建交时周恩来处理领土争端问题的思考和方法。他研究了周恩来在中日领土问题交涉中提出"搁置争议，共同开发"倡议的原委。他认为1972年日中邦交正常化谈判时，没有涉及钓鱼岛归属这样的敏感问题，而是推动当时面临的最重要课题，建立邦交以及缔结和平友好条约。这是周恩来一贯重视大局的"求同存异"方针的体现。③

三、研究领域不断拓宽，在某些方面有新的亮点

与以往海外研究集中于周恩来的外交风范不同，这次国际研讨会，有一些海外学者开始关注周恩来与抗日战争中的国际反法西斯统一战线问题、周恩来与中共除毛泽东外的其他领导人关系问题等，说明海外周

---

① 〔缅甸〕乌特曼格辛：《周恩来与中缅关系——基于特定外交重大事件的角度（1948年至今）》，参见《第五届周恩来研究国际学术研讨会论文集》（内部交流版）。
② 〔美〕陈兼：《周恩来和朝鲜战争（1950—1953年）——〈周恩来和他的时代〉书稿选摘》，参见《第五届周恩来研究国际学术研讨会论文集》（内部交流版）。
③ 〔日〕村田忠禧：《周恩来在日中恢复邦交交涉中对领土问题的处理——回顾"搁置争议，共同开发"倡议的原委》，参见《第五届周恩来研究国际学术研讨会论文集》（内部交流版）。

恩来研究的领域不断拓宽，而且有新的亮点出现。在这方面，最具有代表性的文章有两篇。

关于周恩来与抗日战争时期国际反法西斯统一战线问题。本次会议上来自韩国的金正贤（Kim Jeonghyun）研究员所提交的论文，专门研究了在重庆时期周恩来与韩国独立运动家的问题。作者引用了大量中韩两国史料，记述了周恩来当年如何支持1938年成立朝鲜义勇队，亲自参加朝鲜义勇队烈士追悼会等事实。作者提出周恩来与韩籍青年的关系一直延续到朝鲜义勇队华北支队和延安抗日根据地活动。韩国学者考证了第二次国共合作时期，周恩来作为中国共产党代表参加大韩民国临时政府在重庆召开的韩国光复军成立大会，中韩文化协会的时候任名誉理事，1945年以八路军重庆办事处的名义设宴欢送大韩民国临时政府回国等史实。研究者得出的新结论是：周恩来为巩固和扩大国际反法西斯统一战线，对韩国独立运动有着特别的理解，给予了不少支持。抗日战争中，周恩来对韩国独立运动的支持以及与其连带的各种活动，对于探讨中国共产党当时的对外政策和抗日民族统一战线的内涵是不可缺少的一部分。为了扩大和推进周恩来与国际反法西斯统一战线的研究，有必要保存和管理好周恩来对韩国独立运动的支援和与其连带活动的记录，深化周恩来与韩国独立运动的关系的研究。①

关于周恩来与中国其他政治人物的研究。这次有新意的一篇论文来自祖国宝岛台湾的学者，他深入地研究了周恩来与胡耀邦的政治关系，细致地回顾了两人关系的发展历程，该学者认为，周恩来与胡耀邦在中共党史上乃属于不同时期的重要领导人。他考证两人在20世纪30年代中期左右就有初步接触，但是在中共1949年建政以前，两人的政治地位相差悬殊，直接的工作往来也不多。1952年周恩来提议把胡耀邦从川北调往北京，周最初的想法是让胡负责筹组建筑工程部，毛泽东最后决定胡耀邦担任共青团领导。虽事未遂愿，但可表明周恩

---

① 〔韩〕金正贤：《国共合作时期周恩来与韩国独立运动家》，参见《第五届周恩来研究国际学术研讨会论文集》（内部交流版）。

来对胡耀邦有一定的了解和欣赏。台湾学者认为周恩来对胡耀邦在"文革"前的工作是支持和肯定的。"文革"期间，周恩来在力能所及的范围内保护胡耀邦的人身安全，以及提供政治方面的支持，包括"文革"后期周恩来重病在身，胡耀邦在科学院协助邓小平做工作，周恩来与胡耀邦之间应该有一种默契。胡耀邦担任中共中央主要领导人后，经常提出以周恩来为楷模，受到了周恩来精神的影响。[①] 台湾学者的这种研究，是以大量的史实为依据得出的结论，不偏激，不揣测，比较公正客观。

四、小结

综上所述，目前海外对周恩来研究取得了一些新成果，一些学者挖掘了新的史料，研究得比较扎实深入，对周恩来的某些事迹，对周恩来和中国与一些国家的关系作了细致的考证和研究，比较真实地还原了历史。多数学者的论文，观点正确、公允、客观。某些学者的研究一定程度上弥补了过去研究的空白。

我们通过分析上述国外和港台学者的研究可以看出，当前国际周恩来研究的一个重要特点和趋势是，海外周恩来的研究一直在持续，虽然国内热度略减，但海外近年来有所升温，对其历史地位的评价持续升高。2018年3月1日习近平总书记《在纪念周恩来诞辰120周年大会上的讲话》中高度评价周恩来，称他是我们党的一面不朽旗帜，他的崇高精神风范值得我们永远学习。这次会议上，海外学者对周恩来都有较高的评价。周恩来的个人形象、历史地位，他对中国和世界和平做出的杰出贡献被越来越多的各国学者和各界人士所认可和肯定。

再一个研究趋势是海外对周恩来研究研究得越来越细化，研究的领域越来越宽，他们从不同的视角研究周恩来在中国共产党中的地位、

---

① 钟延麟：《周恩来与胡耀邦政治关系之研究》，参见《第五届周恩来研究国际学术研讨会论文集》（内部交流版）。

评价其在国际舞台上的形象、分析周恩来的人际世界等，为我们国内学者提供了新的视野。海外学者的研究，由于视角新颖、涉及范围广泛、查找历史档案有一定便利条件等，他们能在传统领域中，深入细化地挖掘，也能开发新的研究领域，不仅有助于更好地还原历史真相，使我们对周恩来有更深的了解和认识，也启发了我们的思考方式和研究方法。通过国际会议的学术交流，可让传统的研究结出新的成果，也可启示和开辟新的研究视角，这必将对未来中外周恩来研究起到推动和促进作用。

习近平总书记曾明确指出，"周恩来同志半个多世纪奋斗的人生历程是中国共产党不忘初心、牢记使命历史的一个生动缩影，是新中国孕育、诞生、成长和取得崇高国际威望历史的一个生动缩影，是中国人民在自己选择的革命和建设道路上艰辛探索、不断开拓、凯歌行进历史的一个生动缩影。周恩来同志是近代以来中华民族的一颗璀璨巨星，是中国共产党人的一面不朽旗帜。"[①] 离开对周恩来的研究，中国近现代史、中共党史以及现代中国政治、中国外交、中国社会中许多重要问题很难阐述清楚。继续深入研究周恩来的生平事迹和深邃思想，对于我们今天做好各项社会主义建设工作，都是大有裨益的。这更需要中外研究者们更加深入地挖掘新的史料，推出新的研究成果，同时也需要更多地加强中外学者的沟通和交流，形成合力，共同推进周恩来研究不断向纵深发展。

未来，我们若想将周恩来的研究不断引向深入，必须不断扩大同海外学者的学术交流，积极联合海外学者一起对周恩来的生平、思想及其深远影响进行深入研究，对世界伟大的政治家周恩来作出公正客观的历史评价。为了将这件非常有现实意义和学术意义的事业深入开展下去，努力做出成绩，一方面要加强对新史料特别是档案资料的挖掘、交流和利用，一方面要在坚持主旋律、坚持实事求是的前提下，更好、

---

① 习近平：《在纪念周恩来同志诞辰120周年座谈会上的讲话》，新华网 http://www.xinhuanet.com//politics/2018-03/01/c_1122473470.htm。

更多地借鉴各国学者的新方法，开辟新的研究视角和领域，把周恩来的研究与 21 世纪中国学术的进步和发展、中国与世界学术的交流和繁荣这个大目标联系起来，积极引进和利用海外的新成果，坚持以我为主，为我所用，紧跟国际学术发展的新潮流新趋势，推动周恩来研究不断取得新的硕果。

（徐行，南开大学周恩来研究中心主任，教授；陈晓辰，南开大学周恩来政府管理学院博士研究生）

四十年改革开放

视·野

改革开放以来中国共产党执政规律

▼

改革开放以来，中国共产党短时间内领导中国取得举世瞩目的经济发展成就，海外学者开始更加关注中国共产党，试图寻找中国共产党成功的密码，为此开展了多方位的研究，出现了一些代表性的学者和成果，由此也带动了国内学界对这一现象的再研究，形成了国内外学者围绕中国共产党的治国理政实践进行互动研究的局面。国内学者逐步开始把这一研究趋势概括为海外中国共产党研究或国际（海外）中共学，这一专业方向称谓甚至进入了复旦大学2019年党建专业硕士博士招生的专业目录，北京联合大学海外中国学研究中心还专门聚焦于这一领域的研究并形成研究特色，这一研究在学术界的认同度也不断提升。这种趋势体现了学界对中国共产党执政规律性的重视和把握，这类研究作为一门党建类的学科值得高度重视，同时对实践也有很强的指导作用。因此，我们要深入研究中国共产党在改革开放以来的执政规律，不仅要眼睛向内，总结自己的经验，同时也要不断开拓国际视野，从海外学者的研究中得到教益，以实现相互启发和借鉴。实践证明，这样的思路既有益于深化我们已有的研究，也有助于我们在建设一个强大政党的过程中吸取国际经验，扩大中国共产党自身建设和执政经验的国际影响，更好地为世界提供中国智慧和中国方案。

一、中国共产党执政规律是改革开放以来海外学者进行中共研究的主线

改革开放以来，海外学者日益关注中国共产党作为一个执政党所遇

到的问题与挑战、采取的对策及成效、党自身的建设与发展等，研究呈现出渐进式、多视角、多方位的态势，虽然研究历程曲折，研究问题广泛，但是对执政规律的关注和研究是共通之处。

从研究的历程看，改革开放以来海外学者对中国共产党的研究呈现出阶段性特征，多数学者把它分为五个阶段：第一阶段为研究兴起阶段，时间为20世纪70年代末到80年代末；第二阶段为研究消退阶段，时间为20世纪80年代末至90年代初；第三阶段为回升阶段，时间为1992至1997年；第四阶段为深入研究阶段，时间为1997年到2012年。[①]2012年党的十八大至今也可以算作第五阶段，是研究进一步升级阶段。总的来说，随着中国共产党在领导改革开放中不断取得阶段性成就，研究也日益受到重视，研究成果不断涌现。相反，当中国改革发展受到各种因素影响处于困难阶段时，研究也陷于低谷。比如，改革开放初期，国外学者对改革开放在短时间内取得巨大成功充满好奇，因而出现了对改革开放总设计师邓小平同志的研究热潮，在欧美国家甚至兴起了一股强烈的"邓小平热"，如英国培格曼出版公司1984年出版了英文版《邓小平文集》，英国记者纳维亚撰写的《邓小平传》、法国学者诺拉·亚（Norah）撰写的《邓小平：法国岁月》等相继出版，美籍华人学者邹谠（Tsou Tang）在他的《历史性转变和过去的连续性》（《中国季刊》1984年6月第98期）一文中，也比较客观地分析了邓小平在实现中国的历史性转变中的决策作用。大家普遍认为邓小平是当代最成功的改革家。美国学者白鲁恂（Lucian Pye）认为："邓小平是处在中国转折时期的伟人，他使中国从一个时代走向一个新时代，走向现代化。"还有一位学者写道："邓小平是政府行政首脑、外交家；但最为重要的还是他第三次复出后，成为伟大的经济改革家。"[②]当然，这是对中国改革的充分肯定，由此也带动了对改革开放、对中国共产党研究的升温。与之相反，随着苏东

---

① 韩强：《国外对中国共产党建设的研究述评》，《马克思主义研究》，2012年第9期。
② 武市红：《国外关于邓小平的研究》，人民网，2006年8月17日。

剧变，多国共产党纷纷失去执政地位，不少学者认为中国共产党也会重蹈苏东国家共产党的覆辙，因此研究热度一度消退，但随着中国共产党成功走出苏东剧变的阴影，执政地位日益巩固，改革发展趋于平稳，对中国共产党的研究又重新受到重视。从这样的历程看，海外学者对中国共产党的研究受执政进程的直接影响，与执政成就息息相关。

  从研究的主题看，改革开放以来海外学者对中国共产党的研究涉及领域比较广泛，主要包括对党的主要领导人的研究，如对邓小平、江泽民、胡锦涛、习近平等的思想、领导风格、个人从政经历等的研究，这也是西方研究的传统。如日本渡边利夫、小岛朋之等合编的《毛泽东与邓小平》，矢吹晋的《中国的权力体系——后江泽民的权力游戏》，小岛朋之的《富强大国的中国——从江泽民到胡锦涛》，美国白鲁恂的《江泽民的治理风格：追求稳定、集中权力，满足于有限的效力》，约瑟夫·菲史密斯的《精英政治的新形式》，罗伯特·劳伦斯·库恩的《他改变了中国——江泽民传》等。近年来，随着《习近平谈治国理政》等作品在世界上被翻译成多种文字出版发行，西方学者对习近平总书记著作、思想的研究明显增多，并纷纷给予极高评价。法国前总理让·皮埃尔·拉法兰说："我建议大家都读一下这本书，从中可以了解中国领导人的治国理念和中国的战略思维。"美国新闻周刊《主管策略评论》华盛顿站总编辑威廉·琼斯认为："习近平主席不仅是一位伟大的政治家和领导人，也是一位有着儒学和中国哲学思想根底的博学多才的学者。"同时建议"美国官员都应该读读《习近平谈治国理政》"。对中国共产党面临问题与挑战的研究也是其中的一个重点。比如关于市场经济对中国共产党的性质、执政地位和自身组织的影响，一些学者认为，经济改革在很大程度上削弱了党的控制力。美国学者魏昂德（Andrew Walder）认为，共产党的权力和权威基于对生产资料的事实占有之上。对生产资料的事实占有使得党不仅控制了资源和机会，而且得以对社会的方方面面进行渗透、控制和监管。在此基础上，他认为，对中央计划经济的抛弃实际上瓦解了党的权力和特权的基础,尽管这种结果通常都不是有意为之的。倪志伟(Victor Nee)在对福建省30个自然村的624户农户进行调查之后也认为,经济改革导致国家社会主义体制再分配能力的下降以及党的控制力的下降。在农村,经济改革更是直接导致党的干部的权力的下降。阎云翔在研究中也提出:"在很多方面,改革打破了地方干部对资源和收入机会的垄断,因而侵蚀了干部原先的权力和特权。改革使得积累个人财富远比地方官员施舍的政治好处更有吸引力。地方干部在农村社会的政治角色已经从原先的'土皇帝'变为国家和乡村社会之间的协调人。"[①]还有对中国共产党自身组织的研究,包括对党内民主问题、决策制度、干部制度、队伍建设、干部选拔、干部教育、党校工作等,涉及领域也比较广泛。比如,陈玲、巴瑞·诺顿在《政治权威和共识的形成:中国高层领导小组的运行机制及演变》[②]一文中,从中国国家管理体制和政策制定过程两个角度研究了中国高层领导小组的运行机制。指出,领导小组的功能和机制是一种嵌入式的,它通常附属于国家行政结构和管理体制当中。当实施某一项指定计划时,这些领导小组会实行新的行政程序和责任模式。领导小组是一个执行系统,它体现出适应性的管理体制和集体决议型的政策制定方式。此外,对中国共产党执政前景的研究也是海外学者研究中国共产党时非常注意的方面,虽然不乏"中共崩溃论"等臆测,但是其着眼点主要在于中国共产党能否长期执政,并进行了多角度的分析。

总的来说,中国共产党执政的理念、经验、规律等研究领域一直受到海外学者的关注,不管相关研究处于高潮还是低潮,不管是人物研究还是专题研究,不管是带有政治背景的研究还是客观的学术研究,海外学者们都可以从特定问题或现象找到角度切入,并进行分析挖掘,这些研究成果也大都可以体现海外学者学术研究特色。

[①] 参考闫健:《海外对改革开放以来中国共产党的研究》,《国外理论动态》,2012年第8期。
[②] 参考韩强主编:《海外中国学研究》(第三辑),知识产权出版社2016年版,第78页。

二、海外学者对改革开放以来中国共产党执政规律研究提出的主要观点

如果说改革开放之前海外学者进行中共研究的重点在于对历史问题的关注,那么改革开放以来,海外学者把目光更多地聚焦在中国共产党面临的现实问题上,这也是海外中国学研究日益兴起的重要标志。2011 年 6 月,中央编译局吕增奎研究员曾编辑整理了《改革开放以来海外中国共产党研究文献(英文)》[①]目录,其中收录了海外出版社 1978—2008 年间出版的专著共 35 部,包括《中国共产党:萎缩与调整》(David Shambaugh,China's Communist Party:Atrophy and Adaptation, Washington, D.C. and Berkeley, CA:Woodrow Wilson Center Press and University of California Press, 2008.)、《改革中的中国共产党》(Kjeld Erik Brodsgaard and Zheng Yongnian ed., The Chinese Communist Party in Reform, Routledge, 2006.)、《中国共产党与艺术:新的文化政治》(Richard Curt Kraus, The Party and the Arty in China :The New Politics of Culture, Rowman Littlefield Publishers, 2004.)等专著均收录其中,同时列出了海外杂志发表的论文 153 篇,包括《中国共产党:制度化的进程》(Trong R. Chai, The Communist Party of China:The Process of Institutionalization, Asian Affairs, Vol.11, No.1, 1980, pp.43—54.)、《中国共产党与国家的改革》(Tony Saich, Party and State Reforms in the People's Republic of China, Third World Quarterly, Vol.5, No.3, 1983, pp.627—639.)、《中国共产党省委的改革:以浙江省为例》(Keith Forster, The Reform of Provincial Party Committees in China:The Case of Zhejiang, Asian Survey, Vol.24, No.6, 1984, pp.618—636.)等。从这些成果以及其他各种报道、评论、谈话中,我们不难看出海外学者研究中国共产党时主要关注的领

---

① 中央编译局编辑整理:《改革开放以来海外中国共产党研究文献(英文)》,中央编译局网站,2011 年 6 月 17 日。

域和提出的观点。

第一,中国发展离不开中国共产党的领导。我们常说,办好中国的事情,关键在党,关键在党的领导。海外学者对党的领导集体的稳定性、领导核心的作用、党能否做出正确的决策等往往给予特别关注。他们从中国共产党领导改革开放取得的巨大成就中形成了对中国共产党领导的积极评价。2012年底至2013年初时,外媒曾普遍认为中国急需一个充满改革决心和智慧的新领导集体。而通过习近平、李克强等中共新一代领导人执政几个月来的表现,到了2013年两会圆满完成领导层交接时,外界普遍认为中国已经找到了它所需要的领导者。①美国学者沈大伟认为,中国共产党在过去90年里战胜种种艰难险阻,取得非凡成就,令世界为之惊叹。在世界历史上,没有哪个国家能像中国一样用这样短的时间取得如此巨大的发展成就,这既要归功于勤劳智慧的中国人民,也是中国共产党正确领导的结果。②英国诺丁汉大学中国政策研究所副所长王正绪于2012年11月20日在香港《南华早报》撰文提出,中国共产党并不是一个只在选举期间努力争取人们的政治捐款和选票的组织松散的政党,尽管由于某些地方政府存在失职和滥权,群众存在一定不满情绪,但普通民众对共产党推动国家前进的能力仍相对有信心,共产党仍然有着相当高的公众支持率。这主要得益于中国共产党的政党制度,在于制度对各级党组织负责人员招募、思想教育、表现评估和分析、提拔、调任、审议、决策、纪律要求以及党内生活的其他方面的规范与执行,党的全国代表大会本身的一个重要功能就是使党在政策思考与导向方面取得统一,并更新最高领导机构。③美国耶鲁大学教授、摩根士丹利前亚洲区主席斯蒂芬·罗奇在2012年指出,虽然现在对中国新领导人的治理风格和方向进行判断还为时尚早,但中国新的最高领导人都受过良好教育,是深思熟虑的思想家,新一代领导集体拥有完成这一使

---

① 谢来、窦晨:《十八大之后这一年》,《国际先驱导报》,2013年11月20日。
② 参考孔根红:《全球视野中的中国共产党》,《求是》,2013年第19期。
③ 王正绪:《共产党精心设计的成功执政路线》,香港《南华早报》,2012年11月20日。

命的正确技能和经验。①新加坡《联合早报》2012年11月7日文章指出，中国当今的治国体制已经是现代化的创新，中国共产党是中国未来的希望，只要中共领导头脑清醒，胆大心细，勇往直前，前途应该是光明的。②

党的十九大的胜利召开给海外学者认识党的领导提供了又一个契机，俄共主席久加诺夫表示："我们应当效仿中国，中国正在转变成一个主要的金融、经济和工业中心……中共十九大有关资料提出未来数十年建设社会主义的计划。我们必须学习中国制定长期规划。"③十九大召开后，美国探索频道（Discovery Channel）连续三天播出三集纪录片《习近平治国方略：中国这五年》（China：Time of Xi），深入挖掘习近平领导下的中国，探索到底是什么在改变着这个国家，这个国家独特的经验能给世界带来什么，以及习近平本人的动力之源又是什么。这是国际主流媒体首次播出全面、系统解读习近平治国理政思想的节目。④总体上看，海外学者认为，中国共产党的领导地位有较好的社会基础和制度保障，能够在未来继续担当领导者的角色。

第二，改革开放是中国共产党执政成功的关键一招。中国共产党之所以能取得今天的成功，最关键的是在20世纪70年代末正确实行了改革开放政策，而且在实施这一政策上一以贯之，接续奋斗，促进了生产力的解放和发展，为经济快速健康发展打下了坚实基础。特别是党的十八大以来，以习近平同志为核心的党中央坚持全面深化改革，进一步扩大开放，不断提高经济发展的质量，满足人民美好生活需要，使中国特色社会主义事业发展进入新时代。邓小平作为改革开放总设计师和开创者，其作用功不可没，对此，海外学者高度认同，并掀起了研究邓小平的热潮，对邓小平在实现中国的历史性转变中的作用给予高度评价。1985年，美国《时代周刊》把邓小平评为"1985年新闻人物"，当选理由是"因为他在中国实行了十亿人生产力的全面经济

---

① 《外媒：中国的新领导人是思想家将引领中国崛起》，新华网，2012年11月30日。
② 《新加坡〈联合早报〉：中共是中国未来的希望》，《参考消息》，2012年11月9日。
③ 陈尚文、王迪、张朋辉等：《习近平引领中国新时代》，《环球时报》，2017年10月25日。
④ 《西方主流媒体首次系统解读习近平治国方略》，《中国日报》，2017年10月27日。

改革"。同年 12 月,美国《成功》月刊也宣布将邓小平选为 1985 年的"成功者"。1988 年,邓小平当选为美国《世界报》评选的"十年风云人物"。海外学者对改革开放政策的不断推进也充分关注,尤其重视十八大以来发生的变化,对习近平总书记进一步深化改革、扩大开放评价极高。美国布鲁金斯学会约翰·桑顿中国中心资深研究员李成认为,十八届三中全会提出以全面深化改革为理念,加强包括经济、政治、社会和文化各方面的改革,这些举措令人鼓舞。21 世纪理事会创始人尼古拉斯·贝格鲁恩也认为:"中国几十年来真正有成就的就是变革。中国有变革和适应的能力。"[①] 今天,中国改革开放的新举措更是引起了广泛的兴趣,新加坡《联合早报》网站 2017 年 10 月 22 日称,中国的成功故事令渴望发展的国家深感兴趣。中国拓展了发展中国家走向现代化的途径,为其他国家提供了"全新的选择","为解决人类问题贡献了中国智慧和中国方案"。英国著名学者马丁·雅克也认为,中国的发展经验值得西方学习。[②] 巴基斯坦中国问题专家苏尔坦·哈利认为,十九大报告中提出,中国特色社会主义已经进入新时代,始终坚持中国特色社会主义发展道路的中国,也给广大发展中国家提供了一种可学习的走向现代化的发展路径。埃塞俄比亚总理海尔马里亚姆认为,中国进入了中国特色社会主义新时代,这是适应中国发展的道路。中国是全球经济和社会发展的典范,很多发展中国家都可以从中国的发展道路中学习。中国的发展向来是以人为本的,注重开发人的潜力,充分发挥人民的创造力,创造有利环境来充分发展经济。这是中国政府、中国共产党和中国人民能够快速摆脱贫困的原因。[③] 越来越多的学者和政治家把中国的改革开放和党的执政、和中国特色社会主义结合起来看待,从而深化了对中国共产党、对中国当今发展道

[①] 谢来、窦晨:《十八大之后这一年》,《国际先驱导报》,2013 年 11 月 20 日。
[②] 韩晓明、周翰博、纪双成等:《十九大同世界分享"中国方案"》,《环球时报》,2017 年 10 月 23 日。
[③] 《十九大闭幕,外国政要、学者如何评价?》,央视网,http://news.cctv.com/2017/10/28/ARTI3ANDf6vojbvi8m5BU6jx171028shtml,2017 年 10 月 28 日。

路的认识。

第三,全面从严治党、注重加强党的自身建设是成功执政的根本前提。治国必先治党,治党务必从严。中国共产党作为中国特色社会主义的领导核心,如果不严格要求、严格管理,势必难以经受住一系列考验,而党内查处腐败案件数量的增长、级别的提高、一些不正之风的屡禁不止也表明了全面从严治党的重要性和紧迫性。特别是党的十八大以来,从严治党朝着体系化、全面化方向迈进,通过严格执行八项规定,深化党的建设制度改革,落实管党治党责任,开展全党教育,强化专项巡视等举措,党的建设中的一些"四风"等问题有所缓解,党的先进性、纯洁性进一步增强,执政公信力得到提升,为党的长期执政奠定了基础。对此,海外学者也给予了充分关注。面对十八大后习近平总书记提出"打铁还需自身硬","要坚持'老虎''苍蝇'一起打",俄罗斯《报纸报》评价说:"这不是做表面文章。"随着反腐力度的不断加大,一些省部级高官陆续被查处,一些外媒认为:"中共领导层希望通过行动彰显中共打击猖獗的官员腐败的决心。"网络监督在反腐中日益发挥作用,也让西方媒体看到,"中共新一届领导人上台后,在加大对官员腐败问题审查的同时,对民众参与的微博反腐行动也表现出宽容甚至支持"[①]。对于在治国理政中高度重视党的建设的做法,也有学者深刻认识到,中共将党建放在其他发展之前,是基于将党建视为实现中国长远发展目标的利器,是中国实现必要改革的驱动力。按照这个思路,中国改革与发展的先决条件就是中共发挥作用,习近平不认为反腐,确保党的相对纯洁与有效是"不可能任务",而是必须达成的目标。[②] 应该说,这个认识是非常中肯的,也体现了治国必先治党,必须有一个先进、强大的执政党的基本思路。

第四,不断提高执政能力是成功执政、长期执政的关键。改革开

[①] 谢来、窦晨:《十八大之后这一年》,《国际先驱导报》,2013 年 11 月 20 日。
[②] 《新加坡〈联合早报〉:"习式执政"进入新阶段》,中国网(北京),2014 年 10 月 11 日。

放以来,中国共产党日益深刻地认识到,作为一个执政党,必须把不断提高执政能力作为成功执政的关键,为此,中国共产党的十六大报告中第一次提出要提高党员领导干部科学判断形势、驾驭市场经济、应对复杂局面、依法执政、总揽全局五种基本能力。在 2004 年党的十六届四中全会通过的《中共中央关于加强党的执政能力建设的决定》中,进一步要求全党不断提高驾驭社会主义市场经济的能力、发展社会主义民主政治的能力、建设社会主义先进文化的能力、构建社会主义和谐社会的能力、应对国际局势和处理国际事务的能力。党的十九大则强调要增强八项执政本领,包括增强学习本领、政治领导本领、改革创新本领、科学发展本领、依法执政本领、群众工作本领、狠抓落实本领、驾驭风险本领。把执政能力作为成功执政的关键,体现了我们党对执政规律的深刻把握,通过实践锻炼和经验总结及不断学习,也促进了全党执政能力的提高。海外学者在研究中也看到了这一决策的正确性和有效性。美国学者李侃如表示,"中国有 13 亿人口,比美国、加拿大、西欧和原来组成苏联的 15 个国家加在一起的人口还要多",治理"有着如此规模和如此多样性的发展中国家",显示了中共"令人惊叹的强大行政能力"。塞尔维亚社会党副主席武科马诺维奇认为,"中共是世界上最具领导力的政党之一",中共"创造了世界发展史上的奇迹,显示出中共超强的执政能力"。伊拉克巴格达大学政治学教授易卜拉欣·阿梅里说,"中国能取得这样的成功,离不开中共明智且高超的执政能力。"中共的执政能力在治国理政能力、执行能力、凝聚人民力量的能力、科学决策能力、丰富的执政经验和宽广的世界眼光等方面都得到了充分体现。[1]正是由于有了执政能力的不断提升,所以中国共产党才能在世界舞台上逐步起到引领者的作用,为世界政党执政不断贡献中国智慧和中国方案。

第五,中国共产党提出的一系列重大创新举措拓展了党执政的前景。改革开放以来,我们党基于形势任务的变化,立足世情国情

---

[1] 孔根红:《全球视野中的中国共产党》,《求是》,2013 年第 19 期。

党情，在内政外交国防等各方面做出了一系列重大创新性决策，如设立经济特区，进行西部开发，建立现代企业制度，进行教育、医疗、住房制度改革等。党的十八大以后，这种创新的速度、力度、程度更是前所未有，如提出深化供给侧结构性改革，加快建设创新型国家，实施乡村振兴战略，实施区域协调发展战略，提出"五大建设"总体布局、"四个全面"战略布局，推进全面从严治党等。特别是在外交方面的创新举措更是层出不穷，包括实施共建"一带一路"倡议，发起创办亚洲基础设施投资银行，设立丝路基金，举办首届"一带一路"国际合作高峰论坛、亚太经合组织领导人非正式会议、二十国集团领导人杭州峰会、金砖国家领导人厦门会晤、亚信峰会、世界政党高层论坛，倡导构建人类命运共同体，促进全球治理体系变革等。这些举措有效拓展了党执政的基础和前景，产生了积极的国内国际影响。特别是于2018年开始举办的中国国际进口博览会更是赢得了国际社会的交口称赞。2018年11月8日，俄新社在发表的题为《中俄关系发展进入新阶段》的文章中说，进博会展现了中国经济发展中开放、包容、合作的理念，对于经济全球化和贸易自由化有着促进作用。哈萨克斯坦《共青团真理报》也在报道中指出，中国扩大外国商品进口的举措使更多国家在中国经济发展的进程中受益，进博会的召开推动了中国经济向更开放、更有活力的方向快速前进，同时也向世界展示了中国坚定支持贸易自由化和经济全球化的决心。① 正是这些重大举措的提出实施以及得到世界的积极响应，使中国共产党的执政理念得到了国际社会的广泛认同，也促进了党长期执政的自信和执政地位的巩固。

当然，海外学者在研究中国共产党执政问题时涉及的问题要远多于以上方面，而且不乏在经济、政治、文化、社会等问题上的真知灼见，但是就研究的领域和观点而言，以上五个方面无疑更具有代表性。

---

① 《国外多家媒体高度评价首届中国国际进口博览会》，央视网，2018年11月09日。

三、对海外学者研究改革开放以来中国共产党执政规律的评价

海外学者对改革开放以来中国共产党执政规律的研究毕竟是基于其政治背景和政治理论框架作出的分析,与我们的传统研究有所不同,但是具有一定的互补性是显而易见的,值得我们重视和参考。总体而言,我们对于这些研究要辩证看待,既要看到值得肯定之处,也要正确认识其不足。

对于值得肯定之处,笔者在 2012 年发表的《国外对中国共产党建设的研究述评》一文中作了三个初步判断:第一,能够客观地看待中国共产党所采取的加强自身建设的举措;第二,注重对中国共产党执政和发展前景的研究;第三,不同观点之间既相互碰撞又和谐共存。[①] 在 2017 年发表的《辩证认识海外对中国共产党研究的价值与不足》一文中则进一步归纳了值得肯定的四点:一是展示了西方学者进行中国共产党研究的视角;二是提供了一些新的研究范式;三是形成了一些特色研究领域;四是提出了一些真知灼见。[②] 这种判断虽然是从海外中国共产党研究的总体上作出的,但也同样适用于对海外学者关于党的执政规律的研究。

除此之外,从执政规律研究的视角看,今天看来,如下两个方面值得我们高度重视。一是对中国共产党执政面临挑战的分析。众所周知,中国共产党今天面临众多挑战,具体而言,面临执政考验、改革开放考验、市场经济考验、外部环境考验。其中执政的考验又涉及执政理念、执政基础、执政方略、执政体制、执政方式、执政资源、执政环境等各个方面。海外学者在研究中国共产党的执政面临的挑战时,特别思考了经济改革与市场经济对党的控制力的影响问题,提出了"党的控制力的稀释"这一概念,认为经济改革在很大程度上削弱了党的控制

---

① 韩强:《国外对中国共产党建设的研究述评》,《马克思主义研究》,2012 年第 9 期。
② 韩强、牛晴苇:《辩证认识海外对中国共产党研究的价值与不足》,《南京政治学院学报》,2017 年第 4 期。

力,这主要表现在经济改革对于党的经济权力、意识形态和组织纪律的影响上。其中对意识形态的影响是巨大而深远的,美国学者裴宜理(Elizabeth Perry)认为,"改革意味着执政者承认自己的体系出现了问题。因此,它们带来了广泛的幻灭。这对于共产主义体系而言是令人不安的,因为意识形态的真理在共产主义体系中居于核心位置。"①丁学良也认为改革开放政策导致中共意识形态体系的衰落,"经济改革会削弱党的控制力"。②同时,经济改革也导致党内组织纪律的涣散。一些海外学者认为,改革开放后党内腐败现象的猖獗,表明党失去了对某些成员的有效控制。黎安友(Andrew Nathan)指出了党的意识形态衰落与腐败增加之间的联系,"合法的和非法的经济和社会行为之间的界线逐渐模糊了,社会中逐渐出现了一种日益明显的失范感"。③墨宁(Melanie Manion)也认为,改革开放以来的分权化趋势使得对党的干部的监管更为困难,"一方面,分权改革为地方干部带来了更多的自由裁量权;另一方面,分权化也使得发现和惩罚滥用权力的行为变得更为困难"。④此外,政策制定及执行过程中官僚体系对于中央决策也具有一定的"稀释"作用,在党同立法机构和司法机构关系的制度化上党的控制力也有"稀释"现象。可以说,控制力是执政的一个重要前提,也是执政的重要指标,但是在这一问题上我们还缺乏关注,而海外学者的研究给我们提供了有益的借鉴。

二是对中共执政前景的研究。中共执政前景如何一直是海外学者研究中国共产党时争论的热点问题,也形成了悲观论和乐观论两

---

①Elizabeth Perry, " Intellectuals and Tiananmen: Historical Perspective on an Aborted Revolution," in The Crisis of Leninism and the Decline of the Left: The Revolutions of 1989, edited by D. Chirot, Seattle: University of Washington Press, 1991,p. 142—143. 参考闫健《海外对改革开放以来中国共产党的研究》,《国外理论动态》,2012 年第 8 期。
②Ding Xueliang, The Decline of Communism in China : Legitimacy Crisis, 1977—1989, London:Cambridge University Press, 1994, p. 199.
③Andrew Nathan, China's Crisis, New York: Columbia University Press, 1990, p. 103.
④Melanie Manion, Corruption By Design : Building Clean Government in Mainland China and Hong Kong, Cambridge : Harvard University Press,2004, p. 96.

种主要观点。持悲观论的学者认为，虽然中国共产党改革开放以来取得了伟大成就，但是仍然面临贫富差距扩大、环境恶化等问题。例如，裴敏欣认为，市场化改革导致中国在某些领域出现治理危机，需要引起执政党的高度重视。① 而乐观派则认为，中国共产党正在放眼全世界的各种政治体制，学习可能对中国有用的东西。因此，中国的政治体制正在逐渐变成一种统一的混合体制，将东亚新专制主义、欧洲社会民主、拉美社团主义等要素与拥有中国传统文化特征的列宁主义政治体制相结合。② 中国共产党如果通过正确调适更好地应对外部风险和挑战，那么中国共产党在可以预见的将来其执政地位仍是稳固的。

当然，我们也要看到海外学者研究的不足之处，笔者在《国外对中国共产党建设的研究述评》一文中也曾分析了海外学者研究的不足之处：一是缺乏分析的新框架；二是缺乏研究的实质性的新资料，制约了研究的科学性；三是对中国共产党的未来发展存在主观臆测的成分，没有充分看到中国共产党的特殊性。③ 在《辩证认识海外对中国共产党研究的价值与不足》一文中则进一步归纳为五个方面：一是缺乏马克思主义的基本视野，容易犯历史唯心主义、主观主义的错误；二是因其所持的西方资产阶级政治立场，容易以此评判中国共产党而得出怀疑甚至否定的结论；三是以西方话语体系表述中国共产党，难免会以偏概全；四是研究资料的选用时常有明显的主观性、随意性，致使结论往往有失公允；五是学者观点与民众认知契合不够，致使研究的代表性不足。④ 在执政规律的研究中，海外学者往往适用的是西方的话语体系，套用的是西方的政治标准，其分析和结论不完全符合中国共产党的执政，这实际是必然的。因此，也需要国内研究者们注意。

---

① Minxin Pei," China's Governance Crisis," Foreign Affairs, Vol. 81, No. 5,2002, pp. 94—109.
② 梁怡、王爱云：《西方学者视野中的国外中国问题研究——访华盛顿大学教授沈大伟》，《中共党史研究》，2010 年第 4 期。
③ 韩强：《国外对中国共产党建设的研究述评》，《马克思主义研究》，2018 年第 9 期。
④ 韩强、牛晴苇：《辩证认识海外对中国共产党研究的价值与不足》，《南京政治学院学报》，2017 年第 4 期。

总之，海外学者对于改革开放以来中国共产党的执政问题从不同角度进行了研究，也初步揭示了其中的一些规律，有些是我们所不曾重视和了解的，也有的是我们忽视和回避的，因此他们的研究值得我们重视和借鉴。只要我们立足自身，采取辩证的实事求是的态度，积极研究，正确判断，海外学者的研究就可以更好地为我所用，为我们在新时代进一步科学认识和把握党的执政规律提供有益的帮助。

（韩强，北京联合大学海外中国学研究中心首席专家、二级教授）

改革开放以来海外中国经济研究

一、引言

"改革开放这场中国的第二次革命,不仅深刻改变了中国,也深刻影响了世界。"习近平总书记2018年4月10日在博鳌亚洲论坛上的这一重要论断,恰恰反映了海外学者研究改革开放以来中国经济发展的一个重要切入点。1979年至2017年间,中国的实际GDP年均增长率超过9.5%(图1),这是有史以来世界上大型经济体实现的最快持续增速,同时期人均实际GDP年均增长率则达到8.5%(图2)。按照每人每年纯收入2300元(2010年不变价)的现行农村贫困标准计算,1978年农村居民贫困发生率为97.5%,绝对贫困人口规模达7.7亿;到了2017年,贫困发生率降至3.1%,贫困人口规模为3046万(图3),39年间7.4亿人脱贫,为全球减贫事业及实现千年发展目标做出重要贡献。中国作为全球第二大经济体[①],在发展进程和全球经济中日益发挥重要影响力,中国是2008年全球金融危机以来对世界经济贡献最大的国家[②]。中国改革开放以来所取得的举世瞩目的经济发展成就被冠以"奇迹",中国的发展经验被概括为"中国模式""北京共识",21世纪被称为"中国世

[①] 根据国际货币基金组织(IMF)世界经济展望(World Economic Outlook)的估计,按购买力平价(Purchasing Power Parity, PPP)计算,中国GDP已经于2014年超过美国,成为世界头号经济体,参见http://www.imf.org/external/pubs/ft/weo/2014/02/weodata/index.aspx(访问日期2018年7月5日)。但若按现价或不变价计算,中国GDP总量仍然落后于美国。因此,学界一般认为美国仍是当今世界第一大经济体。

[②] 世界银行网站http://www.worldbank.org/en/country/china/overview(访问时期2018年7月5日)。

纪"。①

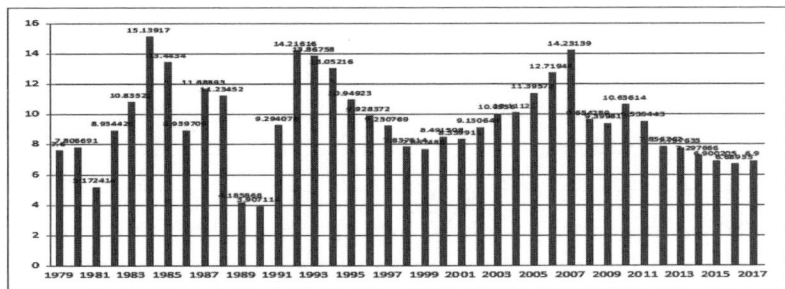

图 1　中国实际 GDP 增长率：1979—2017

数据来源：2017 年数据来自国家统计局《2017 年国民经济和社会发展统计公报》，其他来源于世界银行世界发展指数（World Development Indicators）。

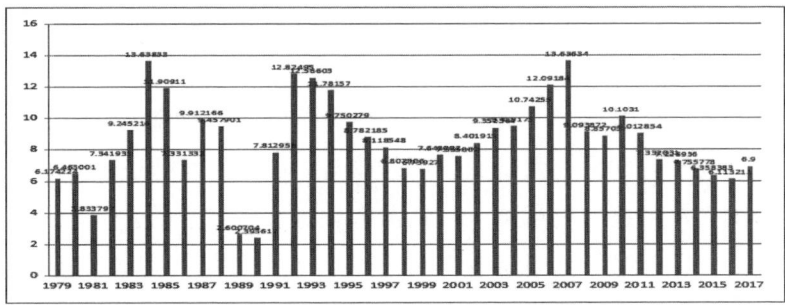

图 2　中国实际人均 GDP 增长率：1979—2017

数据来源：2017 年数据来自国家统计局《2017 年国民经济和社会发展统计公报》，其他来源于世界银行世界发展指数（World Development Indicators）。

---

① "中国奇迹"参看 Lin, Justin Yifu; Fang Cai & Zhou Li. 1996. *The China Miracle: Development Strategy and Economic Reform.* Hong Kong: The Chinese University Press. 以及 Naughton, Barry & Kellee S. Tsai. 2015. *State Capitalism, Institutional Adaptation, and the Chinese Miracle.* New York: Cambridge University Press. "中国模式"参看 Bell, Daniel A. 2015. *The China Model: Political Meritocracy and the Limits of Democracy.* Princeton, NJ: Princeton University Press. 以及 Zhao, Suisheng. 2010. "The China Model: Can It Replace the Western Model of Modernization?" *Journal of Contemporary China*, 19(65), 419–436. "北京共识"由现任基辛格顾问公司共同首席执行官的约书亚·库珀·拉莫于 2004 年提出，参看 Ramo, Joshua Cooper. 2004. The Beijing Consensus. London: Foreign Policy Centre. 以及 Halper, Stefan. 2010. *The Beijing Consensus: How China's Authoritarian Model Will Dominate the Twenty-First Century.* New York: Basic Books. "中国世纪"参看 Fishman, Ted C. 2004. "The Chinese Century," *New York Times Magazine*. 以及 Stiglitz, Joseph E. 2015. "The Chinese Century," *Vanity Fair*.

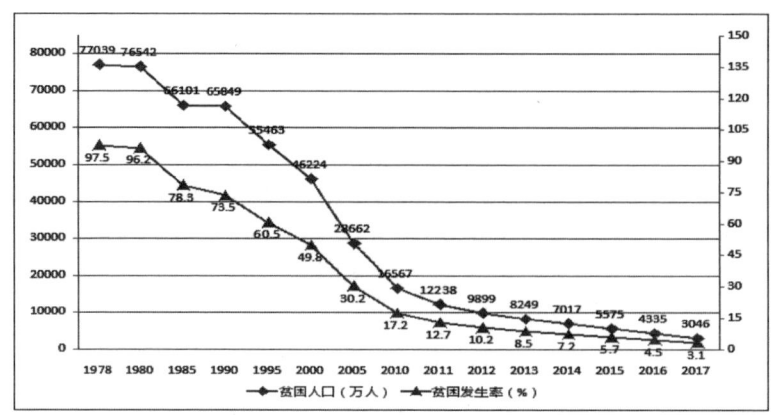

图 3　按现行农村贫困标准衡量的农村贫困人口与贫困发生率变化情况

数据来源：2016 年和 2017 年数据来自国家统计局《2017 年国民经济和社会发展统计公报》，其他来自《中国农村贫困监测报告 2016》①。

海外大学、智库、政府机构、媒体等所属的研究者基于经济学、政治学、社会学等学科视角研究改革开放与中国经济运行逻辑，大量关于当代中国经济的研究与解读，包括课堂教材、研究手册、学术论文、咨询报告、通俗读物、媒体评论不断涌现。本文概括评述改革开放 40 年来海外中国经济研究的理论与动态，涉及美国、日本和欧洲的主流学者、平台、叙事与趋势等。②换言之，下文将探讨的主要话题包括：这些代

---

① 国家统计局住户调查办公室：《中国农村贫困监测报告 2016》，中国统计出版社 2016 年版。
② 由于这一领域涉及的学者众多，因而本文的介绍在国别、学者范围与文献上将不可避免具有很强的选择性。同时，由于作者能力所限，主要聚焦于英文文献，也可能并不能反映官方语言并非英文的国家中国相关研究的最新情况。另外，本文以当代中国经济研究为切入点，而并非旨在反映一国或地区中国研究全貌，后者已有许多著作作了尝试，如关于日本中国研究可参看李庆：《日本汉学史》，上海人民出版社 2016 年版。北美中国研究可参看张海惠：《北美中国学：研究概述与文献资源》，中华书局 2010 年版。关于欧洲中国学研究参看黄长著、孙越生、王祖望：《欧洲中国学》，社会科学文献出版社 2005 年版。香港中文大学的中国研究服务中心出版了一系列海外学者研究中国的著作，例如可参看熊景明、关信基《中外名学者论 21 世纪初的中国》，中文大學出版社 2009 年版。关于海外中国学的研究方法，参看黄宗智：《中国研究的范式问题讨论》，社会科学文献出版社 2003 年版。美国学者对海外中国学研究情况的简要介绍还可参看朱政惠. 2011.《美国学者对中国学研究的回顾与反思》，江海学刊, (3)，149—59；以及梁怡、王爱云. 2010.《西方学者视野中的国外中国问题研究——访美国乔治·华盛顿大学教授沈大伟》，中共党史研究, (4), 86—93。日本当代中国学研究的概况可参看天儿慧. 2013.《通过"现代中国地区研究"项目看日本的中国学》，中国社会科学报, (498)。

表性国家和地区中谁在研究中国经济？主要研究什么议题以及持有什么观点？改革开放以来在学术共同体构建、话语叙事上有什么变化和趋势？

本文结构如下：第二部分概论海外中国经济研究兴起的政治经济学背景。第三至五部分述评在美国、日本和欧洲从事中国经济研究的学者和学术团体情况。第六部分总结新时代海外中国经济研究的演化特点，提出以中国经济实践引领国际经济叙事的思考与建议。

二、改革开放以来海外学者中国经济研究的兴起脉络

中国坚持改革开放，反对单边主义与贸易保护主义，倡导和平共处，推动构建人类命运共同体，在国际政治经济中发挥越来越重要的积极作用。中国经济成为世界经济增长的引擎，吸引了大量外商直接投资，同时中国投资也走向世界各地。全球越来越多的消费者从中国经济发展中获益，中国话题进入更多国家的经济叙事和公共话语中，自然引起了对中国相关知识与信息的需求增加，而提供这些知识信息和相关分析正是中国专家的比较优势。

从学理角度来看，西方学者提出诸多理论，试图解开中国持续高速增长之谜。[1] 随着中外学术合作交流越来越多，海外公共研究机构、智库和相关媒体研究中国经济或与之相关话题的学者数量近年来呈增长趋势，一些原本主要研究兴趣不是中国的学者也开始关注中国经济问题。在实践中，俄罗斯的"休克疗法"以失败告终，实施"华盛顿共识"政策的国家，基本上都会遭遇通货膨胀、外债大增、产出下降等严重的经济问题。中国经济发展被不同背景的研究者、观察家分别描绘成国家与市场、公平与效率、制度与创新、计划与分权等不同关系与学说的理论试验场。海外学者普遍认为，中国经济改革的伟大实践丰富发展了政治

---

[1] Nolan, Peter. 1994. "The China Puzzle: 'Touching Stones to Cross the River'." *Challenge*, 37(1), 25—33.

经济学理论。①

梳理海外学者的研究脉络可以发现，海外学者对于中国经济的研究经历了从质疑到释疑的转变。作为社会主义国家，中国自改革开放以来，年均 GDP 以接近两位数增长。这对于声称资本主义代表"历史的终结"的西方学者来说，似乎是有些难以接受的现实。直到 20 世纪 90 年代初，仍然有一些西方学者采取一系列话语叙事来质疑甚至否认我国取得的经济成就。一是认为中国的工农业增长数据不可靠，换言之，中国的经济增长是统计假象。二是认为中国经济各部门运行在"生产可能性边界"以内，远达不到资本主义资源配置下的经济效率，换言之，中国经济虽然增长达到了两位数，但在资本主义运行系统中有可能达到更高的增长率。第三种就是质疑中国经济增长具有持续性，换言之，当前由于要素积累和有利的初始条件带来的增长是不可能持续的，只有在资本主义制度下才能通过不断创新提高全要素生产率，实现持续增长。第四种认为名义上由政府所属的企业，实际上是按照私人企业的竞争规则来运营的，同时外商直接投资和国际贸易是增长的重要引擎，这些都表明国家干预基本没有发挥作用，还是看不见的手在起作用。②不过，自 20 世纪 90 年代中期以来，这些直接的质疑之声渐渐消失，取而代之的是海外学者正视中国经济发展成就，尝试从中国自身的改革实践中发掘中国特色和中国经验。

改革开放以来许多海外经济学家曾通过来访、授课等形式积极在自己的专业领域建言献策。改革初期，美国著名经济学家米尔顿·弗里德曼（Milton Friedman）就曾应邀来华访问。③ 1981 年在大来佐武郎

---

① Chow, Gregory C. 2010. "Important Lessons from Studying the Chinese Economy." *The Singapore Economic Review*, 55(03), 419—434, Heston, Alan & Terry Sicular. 2008. "China and Development Economics," L. Brandt and T. G. Rawski, *China's Great Economic Transformation*. New York: Cambridge University Press, 27—67. Jefferson, Gary H. 2008. "How Has China's Economic Emergence Contributed to the Field of Economics?" *Comparative Economic Studies,* 50(2), 167—209.
② Bramall, Chris. 2000.*Sources of Chinese Economic Growth*, 1978—1996. New York: Oxford University Press.
③ Friedman, Milton & Rose D. Friedman. 1998. *Two Lucky People*: *Memoirs*. Chicago, IL: University of Chicago Press.

（Saburo Okita）等人的推动下成立了中日经济知识交流会，延续至今已举办 36 届。1985 年 9 月在长江一艘邮轮上召开的"宏观经济管理国际研讨会"（"巴山轮会议"）被称为探索经济体制改革和加强宏观经济管理的一次高级研讨班，参加会议的包括牛津大学的波兰裔经济学家弗拉基米尔·布鲁斯（Wlodzimierz Brus）、英国的阿莱克·凯恩克劳斯爵士（Sir Alec Cairncross）、匈牙利的亚诺什·科尔奈（Janos Kornai）、美国的詹姆斯·托宾（James Tobin）、日本的小林实以及联邦德国和法国著名企业家等。①1993 年 6 月在大连召开的"中国经济发展与改革国际研讨会"（"大连会议"）重点讨论了应对国内经济过热与通胀问题，也邀请了许多海外经济专家参会，包括克里斯托弗·阿索普（Christopher Allsopp）、阿塔尔·侯赛因（Athar Hussain）、尼古拉斯·拉迪（Nicholas Lardy）、刘遵义（Lawrence Lau）、李国鼎（Li Kwoh Ting）、林至人（Cyril Lin）、弗兰科·莫迪利安尼（Franco Modigliani）和尼古拉斯·斯特恩（Nicholas Stern）等。1994 年 8 月在北京京伦饭店召开的"中国经济体制下一步的改革国际研讨会"（"京伦会议"）就企业改革、公司治理等话题展开讨论，与会海外学者包括奥立弗·哈特（Oliver Hart）、本特·霍姆斯特朗（Bengt Holmstrom）、保罗·米尔格罗姆（Paul Milgrom）、青木昌彦（Masahiko Aoki）、罗纳德·麦金农（Ronald McKinnon）、刘遵义、罗伊·波尔（Roy Bahl）和黄佩华（Christine Wong）等。② 此外，1985 至 1995 年由著名华裔经济学家邹至庄推动，在中国人民大学、复旦大学开办的经济学培训项目，对于中国现代经济学教育产生了重要影响。③1997 年和 2013 年世界银行分别出版了《中国 2020 年》和《中国 2030》研究报告，后者是世界银行与国务院发展研究中心合作出版的首份综合性经济研究报告，主要聚焦于实现和谐与可持续发展以及如何避

---

① 赵人伟. 2008.《1985 年"巴山轮会议"的回顾与思考》. 经济研究,（12）, 17—28.
② 吴敬琏. 2004.《经济学家、经济学与中国改革》. 经济研究，（2）, 8–16. 钱颖一. 2017.《合同理论的中国意义》. 中国改革,（1）.
③ Perkins, Dwight H. 2016. "Preface for Special Issue Honoring Gregory Chow." *Frontiers of Economics in China*, 11(1), 1—6.

免"中等收入陷阱"，两份报告都产生了广泛的影响。①

中国学者关注海外中国经济研究由来已久，已经有多部著作专门探讨海外学者对中国经济发展的看法。②为什么要关注海外学者对于中国经济的研究？首先，"他山之石，可以攻玉"，海外社会科学有益的研究成果可以为我所用，研究方法可以借鉴。其次，海外中国研究与对华经济政策具有一定的相关性，收集相关研究信息有助于研判多方反应，提前提出应对策略。第三，海外中国研究的主流是反映事实和学理导向的，但包含误解和偏见或迎合特定利益集团的唱衰论、威胁论等话语以不同形式存在，需要及时关注识别，并采取相应措施。最后，从长期来看，关注研究者成果，加强海内外相关人文交流有利于求同存异，营造有利的国际政治经济语境，形塑中国特色大国经济叙事。

因而，我国要在坚持用马克思主义政治经济学分析问题的基础上，批判审视海外学者的中国经济研究。正如习近平同志指出："西方经济学关于金融、价格、货币、市场、竞争、贸易、汇率、产业、企业、增长、管理等方面的知识，有反映社会化大生产和市场经济一般规律的一面，要注意借鉴。同时，对国外特别是西方经济学，我们要坚持去粗取精、去伪存真，坚持以我为主、为我所用，对其中反映资本主义制度属性、价值观念的内容，对其中具有西方意识形态色彩的内容，

---

① World Bank. 1997. *China 2020: Development Challenges in the New Century*. Washington D.C.: World Bank, World Bank and Development Research Center of the State Council. 2013. *China 2030:Building a Modern, Harmonious, and Creative High-Income Society*. Washington D.C.: World Bank.

② 俞可平:《海外学者论中国经济改革》，中央编译出版社1997年版。周艳辉:《增长的迷思：海外学者论中国经济发展》，中央编译出版社2011年版。王新颖:《奇迹的建构：海外学者论中国模式》，中央编译出版社2011年版。近期有学者分析海外中国经济教材的状况，认为海外中国经济研究面临人才等方面的困境，参看刘杉、胡丹菲、孙欢.《从海外中国经济教材现状看当代中国研究的困境》，国外社会科学，2017(4), 17—23. 为了更全面反映海外各种观点，本文所称的海外学者涵义比较宽泛，主要包括生活工作在海外或暂时工作居住在中国的从事学术研究工作或公共政策分析的外国研究人员，也包括在海外大学、智库、国际组织等任职的华人学者。

不能照抄照搬。"①

海外学者自身也在积极总结归纳本国中国经济专家的研究成果，包括关注中国经济的经济学家与其他社会科学家的研究。这方面美国学者走在前列。早在20世纪90年代初，沈大伟（David Shambaugh）就主编过《美国当代中国研究》一书，该书从美国当代中国研究的演变、不同学科的发展、美国中国研究学术网络及语言训练、图书馆资源、学术交流、研究资金等视角回顾了新中国成立以来美国的当代中国研究，其中现任佐治亚州立大学中国研究中心主任的彭洛普·B.普赖姆（Penelope B. Prime）撰写了关于美国中国经济研究的情况。②

乔治·华盛顿大学席格尔亚洲研究中心狄忠蒲（Bruce J. Dickson）于1999年主编了一本会议文集《中国观察的趋势：新中国五十年评论》，所收裴宜理（Elizabeth J. Perry）、何汉理（Harry Harding）等人的文章虽非针对中国经济而论，但对中国研究出现"中年危机"、中国专家对公共话语的影响下降等问题的探讨充满思辨色彩，所提建议同样适用于中国经济研究的开展。③ 这一时期广为人知的中国研究学者均为典型的中国问题专家，熟悉中国文化历史以及经济改革，且相当一部分会讲中文。

2007年英国的罗伯特·阿什（Robert Ash）、美国的沈大伟和日本的高木诚一郎（Seiichiro Takagi）联合主编了《中国观察：来自欧洲、日本和美国的视角》一书，邀请了三地中国问题专家评述中国经济、政治、外交和安全政策的研究现状，其中阿什、大桥英夫（Hideo Ohashi）和

---

① 中共中央党史和文献研究院：《十八大以来重要文献选编（下）》，中央文献出版社2018年版。
② Prime, Penelope B. 1993. "The Study of the Chinese Economy," D. Shambaugh, *American Studies of Contemporary China*. Washington D.C. and Armonk, N.Y. : Woodrow Wilson Center Press and M.E. Sharpe, 82—119. Shambaugh, David ed. 1993. *American Studies of Contemporary China*. Washington D.C. and Armonk, N.Y.: Woodrow Wilson Center Press and M.E. Sharpe.
③ Dickson, Bruce ed. 1999. *Trends in China Watching: Observing the Prc at 50*. Washington D.C.:Sigur Center for Asian Studies. 狄忠蒲将美国中国研究学者分为多面手（functional generalist）和领域专家（area specialist），前者指对中国文化不了解、一般不会讲中文的研究者，其中国研究通常是由于被任命完成某个项目，后者指欣赏中国文化、受过系统训练、以中国研究为主要学术兴趣的学者。

普赖姆三位学者分别回顾了欧洲、日本和美国三地的中国经济研究情况。① 匹兹堡大学经济学与历史学教授托马斯·G. 罗斯基（Thomas G. Rawski）2009年专门撰文介绍了北美的中国经济研究情况，概述了美国中国经济研究的代表性学者及主要议题，该文后被译为中文于2010年出版。② 丹麦学者柏思德（Kjeld Erik Brodsgaard）与日本学者毛里和子（Kazuko Mori）分别介绍了欧洲和日本中国研究的现状。③

三、美国中国经济研究注重反思、创新与话语竞争

专注中国经济研究的经济学家一般在大学或主要智库担任研究职位，研究成果非常丰富。一些关于中国经济的总体性概括性研究成果已成为西方课堂中国经济的标准教材或参考书。④ 美国学者基于其长期积累的学术话语权，对于国际上的中国经济叙事有着不可忽视的影响。

---

①Ash, Robert; David Shambaugh & Seiichiro Takagi eds. 2007. *China Watching: Perspectives from Europe, Japan and the United States*. London & New York: Routledge.
②〔美〕托马斯·罗斯基. 2010.《北美之中国经济研究》，载张海惠：《北美中国学：研究概念与文献资源》，中华书局，第369–389页.
③Brødsgaard, Kjeld Erik. 2007. "China Studies in Europe," D. Shambaugh, E. Sandschneider and H. Zhou, *China-Europe Relations: Perceptions, Policies and Prospects*. London: Routledge, 35—64, Mori, Kazuko. 2017. "Contemporary China Studies in Japan: Mainstream Approaches and Challenges." Journal of Contemporary East Asia Studies, 6(2), 153—69.
④Brandt, Loren & Thomas G. Rawski eds. 2008. China's Great Economic Transformation. New York: Cambridge University Press, Chow, Gregory C. 2015. China's Economic Transformation. Malden, MA: John Wiley & Sons, Chow, Gregory C. & Dwight H. Perkins. 2014. Routledge Handbook of the Chinese Economy. London & New York: Routledge, Fan, Shenggen; Ravi Kanbur; Shang-Jin Wei & Xiaobo Zhang eds. 2014. The Oxford Companion to the Economics of China. New York: Oxford University Press, Kroeber, Arthur R. 2016. China's Economy: What Everyone Needs to Know. New York: Oxford University Press, Naughton, Barry. 2018. The Chinese Economy: Adaptation and Growth. Cambridge, MA: MIT Press. Naughton, Barry. 1995. Growing out of the Plan: Chinese Economic Reform, 1978—1993. New York: Cambridge University Press.

（一）研究概览

美国学者的中国经济研究视角与方法多种多样，但从整体来看，其研究的一条主线是解释中国经济为什么能够实现持续增长，并以经济不同领域和部门的研究以及对外经济关系研究为学理基础。相应的，海外学者研究中国经济的主要着眼点在于关注如下三个问题：中国经济增长的源泉是什么？还面临哪些挑战？对于其他经济体有何启发意义？这三个问题紧密相关，对于增长源泉的不同解读也将直接影响对后两个问题的回答。

讨论影响中国经济增长的文献中，往往将增长核算所识别的物质资本、劳动、技术、人力资源、资源禀赋等贡献因素置于国家改革开放的制度背景中进行考察，这实际上融合了新古典增长与制度学派的合理之处。[1] 多数学者都认为，中国改革开放过程中，物质资本、基础设施、人力资本与外商投资都正向影响了中国经济增长，经济改革开放对经济增长起到重要作用。

美国学者解释中国经济增长源泉的一种视角是研究改革开放如何促进生产力解放，以及制度如何激励市场主体作出反应，并进而将改革开放分为几个时段进行分别考察。较早期的增长核算分析，如胡永泰 (Woo Wing Thye) 将 1979—1984 年作为一个阶段，这一阶段的特征是农业部门对经济增长做出重要贡献，农业和工业对产出贡献率分别为 32% 和 34%，而 1985—1993 年这个阶段，产出增加中工业占比达

---

[1] 不同时期的综述为理解改革开放与经济增长提供了很好的视角，参看 Hu, Zuliu F. & Mohsin S. Khan. 1997. "Why Is China Growing So Fast?" *IMF Staff Papers*, 44(1), 103—131, Perkins, Dwight Heald. 1988. "Reforming China's Economic System." *Journal of Economic Literature*, 26(2), 601—645, Sachs, Jeffrey D. & Wing Thye Woo. 2001. "Understanding China's Economic Performance." *The Journal of Policy Reform*, 4(1), 1—50. 也可以参看中国学者的综述，如 Xu, Chenggang. 2011. "The Fundamental Institutions of China's Reforms and Development." *Journal of Economic Literature*, 49(4), 1076–1151. 以及 Yao, Yang. 2014. "The Chinese Growth Miracle," P. Aghion and S. N. Durlauf, *Handbook of Economic Growth*. Amsterdam: Elsevier B.V., 943—1031.

57.5%，对 GDP 增长贡献最大的部门是集体所有制工业部门，占 29%。两个阶段的增长分解中，资本积累都贡献了一半以上的增长率。1979 至 1993 年间 GDP 的增长率为 9.3%，全要素生产率贡献 1.3%，且在第一阶段贡献更大。①

曾任职世界银行的郝福满（Bert Hofman）教授将中国的改革大致划分为三个阶段，即市场探寻阶段（1978 年至 1993 年）、市场建设阶段（1993 年至 2003 年前后）以及市场强化阶段（从 2003 年前后至今）。他认为，中国渐进式改革始于农村家庭联产承包责任制和乡镇企业，在难以采用西方所谓"最佳"方案的情况下，渐进式改革是一种务实的做法。党的十九大报告中明确使市场在资源配置中起到的决定性作用，新时代中国将更好平衡市场力量与公有经济，并发挥产业政策在高新技术领域的作用。②

巴瑞·诺顿（Barry Naughton）在其具有广泛影响的中国经济教科书中，将改革划分为两个阶段，1979 至 1992 年为第一阶段，1993 年以后为第二阶段。第一阶段的显著特征包括双轨制、计划外增长、增量管理改革、特殊合同（particularistic contracting）③、放松产业保护、通过计划实现宏观经济稳定、以经济特区等实现计划与市场的分离（disarticulation）、高储蓄高投资等。在第二阶段，通过财政税收改革与加入世界贸易组织等，实现了物价稳定、国有企业重组等。第一阶段的改革通过双轨制实现了经济帕累托改革，是一种没有输家的改革④，而在第二阶段的改革中一部分人的既得利益受损，但整体上经济

---

① Woo, Wing Thye. 1998. "Chinese Economic Growth: Sources and Prospects," M. Fouquin and F. Lemoine, *The Chinese Economy: Highlights and Opportunities*. London: Economica, 17—47.
② Hofman, Bert. 2018. "Reflections on Forty Years of China's Reforms." http://pubdocs.worldbank.org/en/934911517472447837/Reflections-on-40-years-of-reforms-final.pdf.
③ 这一术语来自于谢淑丽，参看 Shirk, Susan L. 1993. *The Political Logic of Economic Reform in China*. Berkeley: University of California Press.
④ 这一术语来自于刘遵义等，参看 Lau, Lawrence J.; Yingyi Qian & Gerard Roland. 2000. "Reform without Losers: An Interpretation of China's Dual Track Approach to Transition." *Journal of Political Economy*, 108(1), 120—143.

效率得到了大幅提升①。布朗大学的谢德华教授通过制度、产业发展等视角的分析认为，中国兴起并不构成威胁。②

在研究改革如何促进经济发展时，总体性研究的基础是大量关于中国经济某一领域、某一部门的专门研究，如国有企业与私人部门、财政分权与金融改革、劳动力市场与就业、教育与人力资本、宏观经济与货币政策、收入分配与减贫、人民币汇率与贸易、三农问题、增长与环境保护、经济地理与经济特区、入世与对外经济关系、发展战略等。③

西方学界不同流派与国际援助组织在为发展中国家开列经济处方时，往往笼统地强调要先建立正确的制度，或者先让经济运转起来，其前提假定是二者有其一，剩下的那个就会自然而然跟上。密歇根大学政治学副教授洪源远（Yuen Yuen Ang）详细考察了中国的脱贫轨迹，否定了这种单向线性思维。通过对1978年至2014年中国经济和制度变革的步骤进行跟踪，她认为，中国并没有盲目地引进所谓最佳做法，而是通过发挥起初所拥有的资源（包括私人关系）来促进变革。这样一种制度创新代表了一种因地制宜的非正统发展策略，所取得的巨大成就具有理论和实践上的借鉴意义。④

值得注意的是，美国社会科学学者在分析中国经济时，视资本主义制度为最佳经济实践的思维并没有消失，反而以一种吸引眼球的方式表

---

①Naughton, Barry. 2018. *The Chinese Economy: Adaptation and Growth*. Cambridge, MA: MIT Press.
②Steinfeld, Edward S. 2010. *Playing Our Game: Why China's Rise Doesn't Threaten the West*. New York: Oxford University Press.
③ 近期的研究可参看 Davies, Howard & Matevz Raskovic. 2018. *Understanding a Changing China: Key Issues for Business*. New York: Routledge, Huang, Yukon. 2017. *Cracking the China Conundrum: Why Conventional Economic Wisdom Is Often Wrong*. New York: Oxford University Press, Rudolph, Jennifer & Michael Szonyi eds. 2018. *The China Questions: Critical Insights into a Rising Power*. Cambridge, MA: Harvard University Press.
④Ang, Yuen Yuen. 2016. *How China Escaped the Poverty Trap*. Ithaca and London: Cornell University Press.

现在后续研究中。① 这些研究本质上是一种制度视角，其所论证的核心命题就是资本主义制度代表了配置资源的最优方式，尽管其分析过程中的某些洞见具有一定的启发意义，但却混淆了中国特色社会主义与资本主义的本质区别，也混淆了社会主义市场经济与资本主义生产关系的本质区别，这种倾向必须加以甄别。正如习近平同志所指出："我们是在中国共产党领导和社会主义制度的大前提下发展市场经济，什么时候都不能忘了'社会主义'这个定语。"②

美国学者还对中国经济面临的风险与挑战进行了分析解读，主要涉及的挑战包括金融改革、不平等、环境压力以及如何摆脱中等收入陷阱等。③ 例如，一些学者认为金融风险问题非常重要，中国的金融改革是实现经济再平衡的关键举措，建议进一步实现利率市场化，增加居民消费，减轻内部失衡。④ 有学者认为收入不平等将可能影响中国未来的增

---

① Naughton, Barry & Kellee S. Tsai. 2015. *State Capitalism, Institutional Adaptation, and the Chinese Miracle.* New York: Cambridge University Press, Redding, Gordon & Michael A. Witt. 2007. *The Future of Chinese Capitalism: Choices and Chances.* New York: Oxford University Press, Tsai, Kellee S. 2007. *Capitalism without Democracy: The Private Sector in Contemporary China.* Ithaca & London: Cornell University Press, Walter, Carl E. & Fraser J.T. Howie. 2012. *Red Capitalism: The Fragile Financial Foundation of China's Extraordinary Rise.* Singapore: John Wiley & Sons. 黄亚生认为，将中国经济增长归功于资本主义生产方式是不对的，参看 Huang, Yasheng. 2008. *Capitalism with Chinese Characteristics: Entrepreneurship and the State.* New York: Cambridge University Press.
② 中共中央党史和文献研究院：《十八大以来重要文献选编（下）》，中央文献出版社2018年版。
③ 对于机遇与挑战的综合讨论参看 Bergsten, C. Fred; Charles Freeman; Nicholas R. Lardy & Derek J. Mitchell. 2008. *China's Rise: Challenges and Opportunities.* Washington D.C.: Peter G. Peterson Institute for International Economics and Center for Strategic and International Studies, Pettis, Michael. 2013. *Avoiding the Fall: China's Economic Restructuring.* Washington D.C.: Carnegie Endowment for International Peace, Wolf, Charles, Jr.; K. C. Yeh; Benjamin Zycher; Nicholas Eberstadt & Sungho Lee. 2003. *Fault Lines in China's Economic Terrain.* Santa Monica, CA: RAND Corporation.
④ Hersh, Adam S. 2014. "China's Path to Financial Reform: Looking Beyond the Market." *Cener for American Progress*, https://cdn.americanprogress.org/wp-content/uploads/2014/10/ChinaFinancialReform-report.pdf, Schramm, Ronald M. 2015. *The Chinese Macroeconomy and Financial System: A Us Perspective.* New York: Routledge, Walter, Carl E. & Fraser J.T. Howie. 2012. *Red Capitalism: The Fragile Financial Foundation of China's Extraordinary Rise.* Singapore: John Wiley & Sons.

长前景。① 此外，海外学者还认为中国应防止由于收入不平等而导致中等收入陷阱。② 对于中国经济发展过程中面临的环境压力，海外学者探讨了实现环境友好型发展的路径。③

20世纪90年代，基于中国的持续增长，就不断有学者提出总结中国经验。陈抗、谢千里和殷吉星总结了六条中国经济改革的经验，分别是：确立经济的主导部门并优先发展；渐进式和局部式改革；学习相邻或文化背景相似经济体的改革模式与资源配置方式；近邻亲缘经济体作为改革模式和资源转移来源的重要性；区分中央管理的改革和自下而上的改革；改革有缺陷的制度和政策；对经济权力进行有效制衡。④ 约翰·麦克米兰（John McMillan）和巴瑞·诺顿也强调了渐进式改革的重要性。⑤ 裴文睿认为，中国发展为其他发展中国家提供了重要启示。一是发展中国家要根据自己的国情制定发展战略，而不能一味照搬西方理论如"华盛顿共识"等；二是发展中国家要继续在人力资源与制度创新上加大投入；三是加强法治建设；四是要正确应对发展中出现的不平等问题，要处理好公平与效率的关系；五是确保政治稳定；六是坚持适合本

---

① 参看 Benjamin, Dwayne; Loren Brandt & John Giles. 2005. "The Evolution of Income Inequality in Rural China."*Economic Development and Cultural Change*, 53(4), 769–824, Walder, Andrew G. 2002. "Markets and Income Inequality in Rural China: Political Advantage in an Expanding Economy."*American Sociological Review*, 231—253, Yang, Dennis Tao. 1998. "Urban-Biased Politics and Rising Income Inequality in China."*American Economic Review*, 89(2), Zhou, Xueguang. 2000. "Economic Transformation and Income Inequality in Urban China: Evidence from Panel Data."*American Journal of Sociology*, 1135—1174.
② Islam, Nazrul. 2014. "Will Inequality Lead China to the Middle Income Trap?"*Frontiers of Economics in China*, 9(3), 398—437.
③ Economy, Elizabeth C. 2007. "The Great Leap Backward-the Costs of China's Environmental Crisis."*Foreign Affairs*, 86(5), 38–60, Piovani, Chiara & Minqi Li. 2011. "One Hundred Million Jobs for the Chinese Workers! Why China's Current Model of Development Is Unsustainable and How a Progressive Economic Program Can Help the Chinese Workers, the Chinese Economy, and China's Environment."*Review of Radical Political Economics*, 43(1), 77—94.
④ Chen, Kang; Gary H. Jefferson & Inderjit Singh. 1992. "Lessons from China's Economic Reform."*Journal of comparative Economics*, 16(2), 201—225.
⑤ McMillan, John & Barry Naughton. 1992. "How to Reform a Planned Economy: Lessons from China".*Oxford Review of Economic Policy*, 8(1), 130–143.

国国情的实用主义改革方式。①

许多文献探讨了中国发展对于非洲国家的启示。② 杜大伟（David Dollar）认为，市场激励释放了私营经济发展的活力，贸易与投资开放促进了生产效率提升，建设高质量的基础设施以及促进农业和农村发展等，都为非洲发展提供了借鉴。马丁·拉瓦雷（Martin Ravallion）总结了中国扶贫对于非洲的启示，首先是依靠市场激励制度提高农业生产率，其次是在各层级上都有强有力的政府领导以及高效的公共行政系统。

（二）学术网络

随着我国改革开放的进一步深化，专注中国经济的海外经济学家越来越多地形成了各种正式或非正式的学术共同体或学术网络。这些学术网络对于推动海外中国经济研究以及海外当代中国研究起到了积极的推动作用。例如，西方学者参与筹建的"大学服务中心"（Universities Service Centre）于1963年在中国香港正式成立，1988年并入香港中文大学，1993年更名为"中国研究服务中心"（Universities Service Centre for China Studies），多年来该中心已发展成为中国研究图书资料与东西方学者交流的重镇。③

西方对于中国经济的研究也催生了一批机构的建立与出版物的创立。例如，美国许多大学与智库建立了中国研究中心，中国经济问题研究是这些中心主要或重点的关注领域。典型的如哈佛大学费正清中国研

---

① Peerenboom, Randall. 2007. *China Modernizes: Threat to the West or Model for the Rest?* New York: Oxford University Press.

② Anyanwu, John C. 2014. "Factors Affecting Economic Growth in Africa: Are There Any Lessons from China?".*African Development Review*, 26(3), 468—493, Dollar, David. 2008. "Lessons from China for Africa".*World Bank Policy Research Working Paper No.* 4531, Ravallion, Martin. 2009. "Are There Lessons for Africa from China's Success against Poverty?". *World development*, 37(2), 303—313, Zafar, Ali. 2010. "Learning from the Chinese Miracle: Development Lessons for Sub-Saharan Africa".*World Bank Policy Research Working Paper No.* 5216.

③ Vogel, Ezra F. 2016. "Milestones in the History of the Universities Service Centre for China Studies".*The China Journal*, 75, 1—8.

究中心（Fairbank Center for Chinese Studies）、布鲁金斯学会约翰·桑顿中国中心（John L. Thornton China Center）、康奈尔中国经济研究所（Cornell Institute for China Economic Research）、普林斯顿大学中国与世界项目（China and the World Program at Princeton University）、乔治·华盛顿大学中国政策项目（China Policy Program）、圣迭哥加大21世纪中国中心（21st Century China Center）、密歇根大学李侃如和罗睿弛中国研究中心（Kenneth G. Lieberthal and Richard H. Rogel Center for Chinese Studies）以及宾夕法尼亚大学、伯克利与洛杉矶加大、罗格斯、夏威夷等大学的中国研究中心等。这些机构与西方智库一道，汇集了一批多面手与领域专家，成为中国研究的知名机构，其研究报告、观点认知对于国际中国政治经济叙事产生不可忽视的影响。

创办学术杂志也是提升中国成果传播与影响的重要途径。在邹至庄教授指导下，留美中国经济学者创办了中国经济学家学会（China Economists Society），其会刊《中国经济评论》（China Economic Review）已发展成为中国经济研究成果发表的主要期刊之一。聚焦中国经济的期刊还包括《中国经济》（The Chinese Economy）[①]等。其他中国经济占据重要位置的期刊包括《比较经济学杂志》（Journal of Comparative Economics）、《当代中国杂志》（Journal of Contemporary China）以及《美国中国研究评论》（American Review of China Studies）等，《中国研究书评》（China Review International: A Journal of Reviews of Scholarly Literature in Chinese Studies）则聚焦于中国相关书籍的评论。[②]数据收集方面，密歇根大学的中国数据中心（China Data Center），以其数据的多样性知名，近年来在中国经济研究学者中具有较大影响。北卡罗莱纳大学教堂山分校维护的中国健康和营养调查（China Health and Nutrition Survey）是健康与营养领域使用最为广泛的微观数据来源之一。

[①] 1997年改为现名，1967年至1996年间为《中国经济研究》（Chinese Economic Studies）。
[②] 由澳大利亚国立大学亚太学院主办的《中国期刊》（The China Journal），由芝加哥大学出版社出版。

还有一些经济学家，研究中国经济问题并非主要学术兴趣，但在中国改革开放不断发展过程中，也不断在自己擅长的领域发表洞见。典型的是一些诺贝尔经济学奖获得者对于中国经济相关话题的观点，如阿马蒂亚·森（Amartya Sen）经常就中印经济比较发表观点①，罗伯特·蒙代尔（Robert Mundell）曾敦促在国际货币基金组织特别提款权中加入人民币②。樊胜根等编著的书中（Fan et al., 2014）收录了约瑟夫·斯蒂格利茨（Joseph Stiglitz）、罗伯特·W. 福格尔（Robert W. Fogel）、迈克尔·斯宾塞（Michael Spence）和詹姆斯·J. 赫克曼（James J. Heckman）四位得主（及合作者）的文章，分别涉及市场经济转型、中国经济增长前景、包容性增长战略以及人力资本等议题。其他如丹尼·罗德里克（Dani Rodrik）、理查德·B. 弗里曼（Richard B. Freeman）等著名经济学家也通过在中文期刊发文或媒体采访等形式对中国经济进行评论。

正如普赖姆在她的综述中所指出的那样，一些非经济学出身的社会科学家在研究中对于中国经济有关领域进行了解读，他们的成果也产生了广泛影响。如伯克利加州大学的罗德明（Lowell Dittmer）、外交关系委员会的易明（Elizabeth Economy）、杜克大学社会学系的基斯特（Lisa A. Keister）、斯坦福大学社会学系的魏昂德（Andrew Walder）和政治学系的戴慕珍（Jean C. Oi）、圣迭戈加州大学的谢淑丽（Susan Shirk）、加洲大学尔湾分校的苏黛瑞（Dorothy J. Solinger）、纽约市立大学政治学系的孙雁（Yan Sun）、霍普金斯大学政治系的蔡欣怡（Kellee Tsai）、普林斯顿大学社会学系的谢宇（Yu Xie）、乔治亚理工大学国际事务学院的王飞凌（Fei-ling Wang）、芝加哥大学政治学系的杨大利（Dali Yang）等。③

---

① 《为什么印度落后于中国》（Why India Trails China），参看纽约时报 2013 年 6 月 19 日报道 https://www.nytimes.com/2013/06/20/opinion/why-india-trails-china.html?ref=opinion。
② 香港贸发局新闻中心 2010 年 11 月 19 日报道。http://mediaroom.hktdc.com/en/pressrelease/detail/3121/Economist%20Robert%20Mundell%3A%20Add%20Renminbi%20to%20IMF%20Reserve，访问日期 2018 年 7 月 6 日。
③ 这里列举的名字仅意在为读者提供一些直观信息。

（三）叙事演变

从任职的机构来看，中国经济研究专家主要来自大学及智库。从这些学者的研究成果来看，关于中国经济的叙事也呈现不同的特点。纵向来看，更加注意公共叙事，即提供面向大众的"可消化的"经济观察与评论。何汉理在1999年的一篇演讲中，认为美国的中国专家塑造和影响公共经济叙事的角色在减弱，呼吁学者利用自身比较优势为公众提供更多通俗易懂的分析。① 自"何汉理批判"以来，在新世纪大众媒体和信息网络更加发达的情况下，来自大学、智库、政府研究机构及咨询企业的美国学者关于中国经济的声音越来越多地通过媒体传达，这整体上有利于中美两国的经济关系和经济外交。例如，许多经济学家对特朗普总统的贸易保护主义政策进行了批评。在当前民粹主义与逆全球化思潮抬头的情况下，来自中国经济专家的分析可信度更高，也更显理性。②

横向来看，来自大学的学者更加注重在同行评议的学术期刊上发表论文，或在知名出版社出版相关著述。而供职于智库、政府研究机构或咨询企业的学者则以撰写研究报告、及时分析传递政策为主，加之许多机构拥有专事宣传的人员，因而成果的传播更加广泛。从实用的角度，智库学者也更多地从实践和方法层面进行研究。例如，对于中国经济可能遇到的风险和挑战研究，很多是由智库学者完成的。学术叙事与公共叙事的区分并非绝对，许多学者同时在大学与智库担任职务，其分析可能在两种叙事上并重。

例如，海外学者对"中国模式"或"北京共识"的分析反映了这两种叙事的分野。尽管许多学术著作讨论了中国模式的涵义，但普通读

---

① Harding, Harry. 1999. "The Changing Roles of the Academic China-Watcher," B. Dickson, *Trends in China Watching: Observing the Prc at* 50. Washington D.C.: Sigur Center for Asian Studies, 65—73.
② 也有少数学者在媒体上发表不够客观理性的文章，并产生影响。

者还是从"可消化的"公共叙事中了解这一概念。① 一个更近的例子是美国 1100 多位经济学家，包括 15 位诺贝尔经济学奖获得者及前五任总统的经济顾问，联名签署公开信给特朗普总统及国会，反对加征关税及保护主义。② 这封由美国全国纳税人联合会（National Taxpayers Union）公布的公开信特别提到，由于 1930 年政府没有采纳当时由 1028 位经济学家签名的公开信的意见，通过加征关税的斯姆特—霍利关税法案（The Smoot-Hawley Tariff Act），而导致出现大萧条，呼吁不要重蹈当年覆辙。③

四、日本中国经济研究注重公共叙事与对华传播

随着中日两国经济演化，日本的当代中国研究在学术叙事与公共叙事上的分野较美国更为明显。公共叙事容易受到两国关系波动的影响，而学术叙事则保持相对多元的传统。日本学者通过构建主题学术项目，形成了跨单位的学术共同体，并积极通过翻译、合作出版等形式扩展成果传播渠道。

（一）研究概览

早稻田大学政治与经济学院教授毛里和子认为，日本中国研究学者

---

① 学术叙事参看 Chen, Ling and Barry Naughton. 2017. "A Dynamic China Model: The Co-Evolution of Economics and Politics in China".*Journal of Contemporary China*, 26(103), 18—34, Williamson, John. 2012. "Is the Beijing Consensus Now Dominant?"*Asia Policy*, (13), 1—16. 公共叙事参看 Ang, Yuen Yuen. 2018. "The Real China Model".*Foreign Affairs*. https://www.foreignaffairs.com/articles/asia/2018-06-29/real-china-model,Eichengreen,Barry.2018."China and the Future of Democracy."https://www.project-syndicate.org/commentary/china-future-of-democracy-by-barry-eichengreen-2018-05。
② https://www.ntu.org/publications/page/economists-join-ntu-to-voice-opposition-to–tariffs-protectionism，访问日期 2018 年 7 月 5 日。
③ 注意到，也有少数经济学家以联名信的方式支持川普的经济政策，参看 https://www.economistsfortrump.com/。但从支持者的数量和学术影响力来看，反对征税的经济学家都要占据优势。

长于中国历史与经济研究。① 日本学者所著的介绍中国政治经济发展的总括性著作不如美国学者那样传播广泛，这一部分是由于语言障碍的原因。1989年由东京大学出版社出版的小宫隆太郎（Ryutaro Komiya）所著《现代中国经济：日中比较研究》成为日本学界研究中国经济的重要参考书，而小宫研讨会（小宫ゼミ出身者）也影响了许多当代日本中国经济问题专家。著名经济学家矢吹晋（Susumu Yabuki）所著日语版《中国的新政治经济》被译为英文版出版后，影响较为广泛，大塚启二郎（Keijiro Otsuka）与人合著之中、英文版《中国的工业改革》也是重要参考书。② 近年来许多日本经济学家出版了关于中国经济的著作，例如中兼和津次（Katsuji Nakagane）独著或编辑的中国经济著作等。③

随着中国经济总量超过日本，日本学者也更加注重对中国经济增长源泉的探讨。不同于美国学者的是，日本学者的研究更多基于实践的考察，而较少先入为主地套用西方经济学理论。大部分日本学者还主要以日语发表研究成果，整体来看日本学者与西方学者的学术交流沟通还不普遍，虽然近年来有所增加。

日本学者注重从制度角度解释中国增长，许多学者提出了一些新的

---

① Mori, Kazuko. 2017. "Contemporary China Studies in Japan: Mainstream Approaches and Challenges".*Journal of Contemporary East Asia Studies*, 6(2), 153—169.
② Otsuka, Keijiro; Deqiang Liu & Naoki Murakami. 1998. *Industrial Reform in China: Past Performance and Future Prospects*. Oxford: Clarendon Press, Yabuki, Susumu & Stephen M. Harner. 1999. *China's New Political Economy*. Boulder, CO: Westview Press.
③ 近年以日语出版的中国经济相关著作参看：中兼和津次 ed. 2014. 中国経済はどう変わったか—改革開放以後の経済制度と政策を評価する. 東京都：国際書院,1999. 中国経済発展論. 東京都：有斐閣,2012. 開発経済学と現代中国. 名古屋：名古屋大学出版会, 丸川知雄. 2013. 現代中国経済. 東京都：有斐閣, 伊藤亜聖. 2015. 現代中国の産業集積—「世界の工場」とボトムアップ型経済発展. 名古屋：名古屋大学出版会, 加藤弘之. 2013.「曖昧な制度」としての中国型資本主義. 東京都：エヌティティ出版, 加藤弘之 and 上原一慶. 2011. 現代中国経済論. ミネルヴァ書房, 南亮進 and 牧野文夫 eds. 2016. 中国経済入門：高度成長の終焉と安定成長への途. 東京都：日本評論社, 梶谷懐 and 藤井大輔 eds. 2018. 現代中国経済論. 京都市：ミネルヴァ書房, 渡辺幸男. 2016. 現代中国産業発展の研究：製造業実態調査から得た発展論理. 東京都：慶應義塾大学出版会.

概念。例如，神户大学的加藤弘之（Hiroyuki Kato）"暧昧的制度"（暧昧な制度，或译作模棱两可制度）理论综合了黄宗智的"第三领域"、岩田昌征（Masayuki Iwata）的"协议机制"以及速水佑次郎（Yujiro Hayami）的"社区论"，强调了国家与市场以外第三领域的重要性，这实际上与毛里和子所谓"三元结构"有异曲同工之处，即论证与国家、市场并立的社区或利益团体对发展的作用，其本质仍然是一种"国家资本主义"的论调。

关满博（Mitsuhiro Seki）基于在中国的田野调查，著作涉及中国地区发展及日本对华投资战略等。梶谷怀（Kai Kajitani）则对中国的全球化下的中国财政体系与中央—地方关系进行了深入研究。牧野文夫（Fumio Makino）与南亮进（Ryoshin Minami）关于中国经济刘易斯拐点的著作分别以中、日、英文出版。佐藤宏（Hiroshi Sato）与大坂仁（Hitoshi Osaka）关注中国的收入分配，特别是前者通过与国内国际学者合作具有较大影响。其他如天儿慧（Satoshi Amako）、横井和彦（Kazuhiko Yokoi）等对中国改革开放、国企改革等都有深入研究。同志社大学的严善平专注中国区域经济发展研究。菱田雅晴（Masaharu Hishida）与园田茂人（Shiget Sonoda）主编的"当代中国经济系列丛书"也具有较大影响。

对于中国经济发展走向，日本主流学者持"谨慎乐观"态度的居多。伊藤隆敏（Takatoshi Ito）认为，中国将在2025年左右成为世界第一大经济体，人民币国际化步伐也将进一步加快。[①] 丸川知雄（Tomoo Marukawa）则认为中国经济发展为世界经济带来机遇。

在公共叙事方面，清水美和（Yoshikazu Shimizu）是日本新闻界的中国问题专家，生前以对华评论的深刻严谨著称。经济学家津上俊哉（Toshiya Tsugami）著述甚丰，近年来对中国批语之声音较多，如对于中国经济数据与"一带一路"等。

---

①Ito, Takatoshi. 2010. "China as Number One: How About the Renminbi?" *Asian Economic Policy Review*, 5(2), 249—276.

（二）学术网络

中日两国的经济信赖性不断增强，许多日本经济学家转而从中日经济关系的角度研究中国经济。日本政府所属的研究机构，如财务省的政策研究院（Policy Research Institute, PRI）、日本内阁府的智库经济社会综合研究所（Economic and Social Research Institute, ESRI）、经济产业省的经济产业研究所（Research Institute of Economy, Trade and Industry, RIETI）、日本银行的金融研究所（Institute for Monetary and Economic Studies），通过出版、研讨等方式推动中国经济研究。

政策研究院与中国学术机构，如中国社科院、中国国际经济交流中心、发展研究中心、发展改革委、财政科学研究院等建立交流机制。2011 至 2016 年间每年召开 4 次中国研究会议（China Research Conference），邀请国内外中国专家参加研讨。此外，还设有访问学者项目，接待包括中国学者在内的各国研究者驻所交流访问。[①]

日本的一些知名跨国企业也设立了自身的研究机构，中国是这些企业的重要投资国，中国经济研究也因而占据了重要地位，这些企业研究机构包括野村综合研究所（Nomura Research Institute, NRI）、三菱综研（Mitsubishi Research Institute）、日本综研（Japan Research Institute）、瑞穗综研（Mizuho Research Institute）、富士通综研（Fujitsu Research Institute）等。企业的研究机构聚集了一大批中国问题专家，这些机构中大部分都成立了专门的中国项目组。例如，瑞穗综研的亚洲研究部门专门设立了中国项目组（China Unit）。野村综合研究所出版日文和英文的研究报告，在世界各地包括我国北京、上海、大连等地都设立了分部。[②] 日本综研的调查部有 40 多位研究员，并在上海设立分部。

一些老牌的学术团体仍然活跃，如建立于 1951 年的日本现代中国学会（Japan Association for Modern China Studies）和 1953 年的日本亚洲

---

① 参看该研究所网站 https://www.mof.go.jp/english/pri/，访问日期 2018 年 7 月 10 日。
② 参看该研究所网站 https://www.nri.com/，访问日期 2018 年 7 月 10 日。

政经学会（Japan Association for Asian Studies），后者的历任会长中许多是中国经济专家，如第5任石川滋（Shigeru Ishikawa）、第14任中兼和津次、第16任天儿慧、第20任加藤弘之、第24任丸川知雄、第25任也是现任会长园田茂人。现代中国学会会刊《现代中国》，目前已出版91期。① 亚洲政经学会会刊《亚洲研究》（アジア研究），目前已出版49期。此外，该协会还不定期出版《现代中国研究丛书》（現代中国研究叢書）、《当代亚洲讲座》（講座現代アジア）、《现代亚洲研究》（現代アジア研究）等。②

21世纪初还成立了专门关注中国经济的学术团体，如日本中国经营管理协会（Japan Association for Chinese Business Management）成立于2000年；日本中国经济学会（Japan Research Association for China's Economy）成立于2002年，2014年两个学会合并，成立新的中国经济经营学会（Japanese Association for Chinese Economy and Management Studies），著名华裔经济学家严善平任首任会长，第二任也是现任会长为丸川知雄。③ 一些就职于日本的华人学者也不断出版中国经济相关研究成果，许多华人经济学家是日本中国教授协会（Society of Chinese Professors in Japan）的成员④。

日本早稻田大学现代中国研究所（Waseda Institute of Contemporary Chinese Studies）是日本中国研究的重镇，也积极推动日本中国研究成果的对华传播。2007年，以早稻田大学现代中国研究所为中心，东京大学社会科学研究所、京都大学人文科学研究所、庆应义塾大学东亚研究所、综合地球环境学研究所、东洋文库六家单位在人间文化研究机构（National Institutes for the Humanities，NIHU）支持下，创立"现代中国地区研究"项目，

---

① 参看该学会网站 http://www.genchugakkai.com/back-number.html，访问日期2018年7月10日。
② 参看该学会网站 http://www.jaas.or.jp/pages/publications/kankoubutu1.htm，访问日期2018年7月10日。
③ 参看该学会网站 http://jacem.org/top.html，访问日期2018年7月10日。
④ Ohashi, Hideo. 2007. "Studies of China's Economy in Japan". R. Ash, D. Shambaugh and S. Takagi, China Watching: Perspectives from Europe. London & New York: Routledge,

并依托该项目组建当代中国研究基地，每家单位重点关注中国研究的特定领域。该项目后又增加法政大学中国基层政治研究所、爱知大学国际中国学研究中心及神户大学社会科学系教育研究基地，一度多达9个基地。

2009年早稻田大学现代中国研究所开始编辑出版《日本当代中国研究》系列丛书，主要内容包括日本学者发表的社会科学领域的文章选录，以及对中国研究书籍的书评。2010年起该书出版相应的中文版，并由早稻田大学现代中国研究所网站提供免费下载①。该研究所还于2012年创办英文半年刊《当代中国研究》（Journal of Contemporary China Studies），2017年改名为《当代东亚研究》（Journal of Contemporary East Asia Studies）。② 一书一刊成为日本当代中国经济研究的重要展示窗口。东京大学社会科学研究所也出版了一系列中国经济研究成果，如丸川知雄等人对于中国对外投资数据作了系统收集整理。③

日本学者还积极主动通过自身努力影响公共叙事。2012年由于日本在有关钓鱼岛问题上的错误做法，中日两国关系面临重要考验。"现代中国地区研究"项目各基地的学者分别在东京、京都、名古屋、福冈等地举办面向普通民众的公开讨论会，探讨中日关系的历史发展与未来趋势，取得了积极效果。

五、欧洲中国经济研究体现汉学传统与代际传承

随着全球化与中欧经贸关系的加强，强调数量方法的社会科学尤其是经济研究，在研究议题和公共叙事上都凸显了其重要作用。西欧和北欧国家依然是主要研究中心和学术项目的所在地，但随着中国—中东欧（16+1）合作的加深，关注中国经济的中东欧学者也逐渐增加并在经济

---

① 下载网址为 https://www.waseda.jp/prj-wiccs/chinese/，访问日期2018年7月6日。
② 目前该杂志经费来源于人间文化研究机构"东北亚区域研究项目"。
③ Marukawa, Tomoo; Asei Ito and Yongqi Zhang eds. 2014. *China's Outward Foreign Direct Investment Data*. 東京：東京大学社会科学研究所.

叙事上发挥积极影响。不过，欧洲学者的汉学传统或情结依然深厚，许多知名学者倾向于以田野调查、访谈等传统人文科学研究方法进行研究，欧洲三代中国经济研究者也体现出研究方向和研究方法的传承性。①

（一）研究概览

欧洲中国经济研究包括的国家、学者、议题太过多元，这里的选择性介绍在参考罗伯特·阿什的综述基础上，补充了最近十年来的一些新内容。

在英国公认的从事中国经济研究的奠基人是肯尼思·沃尔克(Kenneth Walker)，他的研究聚焦改革开放后我国农业部门的发展。他所指导的三位博士学生，都成为中国经济专家。第一位克里斯托弗·豪(Christopher Howe)教授是伦敦大学亚非学院退休教授、英国国家学术院院士，代表作包括2003年出版的《中国的经济改革》（China's Economic Reform）及2007年出版的《中国与全球能源危机》（China and the Global Energy Crisis）等。第二位是阿什，现为伦敦大学亚非学院经济学教授，主要研究中国农业农村与食品安全问题等。第三位是现任剑桥大学发展研究中心主任的彼得·诺兰（Peter Nolan）教授，他关于中国经济的著述很多，并且多次发表过以中国经济为主题的演讲。克里斯·布拉莫尔(Chris Bramall)亦为伦敦大学亚非学院教授，已出版了多部中国经济著作，他对1978—1996年间中国的经济源泉进行专题研究发现，1978—1996年间GDP增长农业贡献率为13%，第二产业贡献率为58%，第三产业贡献为29%。② 华威大学的肖恩·布莱斯林（Shaun Breslin）关于中央地方关系以及中国对世界经济的影响相关研究具有广泛影响。③ 牛津大学跨

---

① Brødsgaard, Kjeld Erik. 2007. "China Studies in Europe". D. Shambaugh, E. Sandschneider and H. Zhou, *China-Europe Relations: Perceptions, Policies and Prospects*. London: Routledge, 35—64.

② Bramall, Chris. 2000. *Sources of Chinese Economic Growth, 1978–1996*. New York: Oxford University Press. 近期著作还包括 Bramall, Chris. 2009. *Chinese Economic Development*. New York: Routledge.

③ Breslin, Shaun. 2007. *China and the Global Political Economy*. Basingstoke: Palgrave Macmillan,1996. *China in the 1980s: Centre-Province Relations in a Reforming Socialist State*. London: Plagrave Macmillan.

学科区域研究院院长、牛津大学中国社会与发展研究中心社会学教授雷切尔·墨菲（Rachel Murphy），她对中国农民工的研究为她赢得了《中国季刊》（China Quarterly）2004 年的"戈登·怀特奖"。

在公共叙事方面，诺兰关于中国发展道路的观点经常出现在中文著述中。①2009 年英国学者马丁·雅克（Martin Jacques）的著作《当中国统治世界》甫一出版，便引来国际社会高度关注，被译为中、日、韩、越南、阿拉伯、葡萄牙、土耳其等多种语言出版。此后，雅克的观点也常见诸于关于中国经济的国内外媒体上。②

英国智库学者亦将中国经济问题作为重要研究内容。皇家国际事务研究所（Royal Institute of International Affairs）有专门的中国研究组，重点关注中国的"一带一路"的地区及国际影响，其专家评论与研究论文常得到广泛关注。③另一家智库英国皇家三军联合国防研究所（Royal United Services Institute, RUSI）学者近期出版的的著作中，将"一带一路"视为中国的"大战略"（Grand Strategy），呼吁各国以务实主义对待中国的经济影响。④

白吉尔（Marie-Claire Bergère）教授是法国较早从事中国经济研究的学者之一，关于中国"国家资本主义"等的研究主要以法文出版。吕西安·比昂科（Lucien Bianco）教授的中国农民运动研究具有国际影响。法国经济学家裴天士（Thierry Pairault）出版了有关中国民间金融的数本著作，近期主要研究中非经济关系。经济学家托马斯·皮凯蒂（Thomas Piketty）的著作《21 世纪资本论》被译为英文出版后，成为全球畅销书，并影响了一大批经济学家从事国家内部不平等及全球不平等的现象与对策研究。⑤ 习近平同志在 2016 年 5 月 17 日 "哲学社会科学工作座谈会"

---

① 例如，http://theory.people.com.cn/n1/2017/1206/c40531-29688690.html。
② Jacques, Martin. 2009. *When China Rules the World: The End of the Western World and the Birth of a New Global Order.* New York: Penguin Books.
③ https://www.chathamhouse.org/research/regions/asia-pacific/china。
④ Pantucci, Raffaello & Sarah Lain. 2017. *China's Eurasian Pivot: The Silk Road Economic Belt.* Abington, UK: Routledge.
⑤ Piketty, Thomas. 2014. *Capital in the Twenty-First Century.* Cambridge, MA: Harvard University Press.

上指出，皮凯蒂的"分析主要是从分配领域进行的，没有过多涉及更根本的所有制问题，但得出的结论值得我们沉思"。①

汉学在德国有超过一个世纪的历史。较早进行中国经济研究的德国学者包括威利·克劳斯（Willy Kraus）和沃尔夫冈·克伦纳（Wolfgang Klenner）等。一批德国社会科学家围绕中国治理能力、国家与市场关系等开展研究，虽不是专攻经济，但都是包括经济问题在内的跨学科研究，研究人员包括杜伊斯堡—埃森大学的王海（Thomas Heberer）、图宾根大学的舒耕德（Gunter Schubert）、维尔茨堡大学的安晓波（Bjorn Alpermann）以及法兰克福大学的何必（Heike Holbig）等。德国全球和区域研究中心亚洲研究所（German Institute of Global and Area Studies Institute of Asian Studies）的玛格特·施勒博士（Dr. Margot Schüller）的研究涉及中国发展前景及"一带一路"等领域。

韩博天（Sebastian Heilmann）曾担任号称欧洲最大的当代中国研究中心墨卡托中国研究中心（Mercator Institute for China Studies, MERICS）总裁。他解读中国经济治理模式所提出的"科层下的实验"（Experimentation under Hierarchy）借用弗里茨·W.沙夫（Fritz W. Scharpf）的"科层阴影"（Shadow under Hierarchy）概念，具有独到见解。他还将中国发展的经验总结为短期中密集的政策实验与长期中决定政策优先项二者的结合。②科隆大学夏乐平（Thomas Scharping）教授的中国人口研究亦具有较大影响。

此外，丹麦的柏思德关注中国经济走向及对外经济关系③、瑞典的

---

① 参看中共中央党史和文献研究院：《十八大以来重要文献选编（下）》，中央文献出版社2018年版。

② Heilmann, Sebastian. 2009. "Maximum Tinkering under Uncertainty: Unorthodox Lessons from China".*Modern China*, 35(4), 450—462, Heilmann, Sebastian. 2008. "Policy Experimentation in China's Economic Rise".*Studies in Comparative International Development*, 43(1), 1–26, Scharpf, Fritz W. 1997. *Games Real Actors Play: Actor-centered Institutionalism in Policy Research*. Boulder, CO.: Westview Press.

③ 参看 http://news.ifeng.com/a/20140701/40973666_0.shtml。

施万通（Niklas Swanstrm）关注"一带一路"①、西班牙的勒伊拉·费尔南德斯－施特布里奇（Leila Fernandez-Stembridge）关注中国劳动与就业问题等都具有一定的影响。

中东欧国家关注中国经济研究的学者并不多，匈牙利科学院的玛利亚·乔纳蒂（Maria Csanadi）较早与中国学者开展合作，近期研究包括中国经济刺激计划的长期影响等。波兰罗兹大学的梅德明（Dominik Mierzejewski）近年来频繁参加国内各种经济研讨与智库交流，观点常见诸报端。②

随着"16+1"合作的深入推进，中东欧学者对中国经济的关注越来越多。波兰华沙大学欧洲中心副主任卡米尔·扎若兹科夫斯基（Kamil Zajaczkowski）认为，中国明确支持联合国发挥积极作用与近来某些国家的做法形成鲜明对比，欧盟应该从这种对比中洞鉴动态差异并微调对华政策，包括波兰在内的中东欧国家由于政党政治与近年来国内民粹主义的抬头，政府很难正式通过这样的长期发展战略，或者制定了战略也很难得到真正的执行，而中共十九大报告对中国未来三十年的发展路径进行了科学谋划，这非常值得中东欧国家学习。③斯洛伐克外交政策协会主任杜来巴（Alexander Duleba）和匈牙利国际事务与贸易研究所副所长瓦萨（László Vasa）等认为，亚洲基础设施投资银行和丝路基金等金融机制对传统金融机制形成了有效补充，中国的投资为中东欧国家带来了难得的发展机遇。海外学者也提出了一些担心，例如，中国在中东欧地区的投资目前主要集中于少数国家，未来需要考虑如何实现投资更加均衡。多位学者表示，本国政府应该"像中国一样思考"，把中国成功的可复制的经验"拿来"为己所用。这种新"拿来主义"正是十九大报告所倡导的"文明交流""文明互鉴"的生动体现，只不过此时更多的是他国受益于中国发展的红利。

---

① 参看 http://world.people.com.cn/n1/2017/0426/c1002-29236396.html。
② 参看 http://world.people.com.cn/n1/2017/0916/c1002-29539739.html。
③ 信息基于个人访问交流。

（二）学术网络

欧洲的中国或亚洲研究机构分布广泛，英、法、德、荷、瑞典、丹麦等国都在不止一所大学建立了专事中国或亚洲研究的常设机构，自然都会涉及中国经济研究。例如，在德国，柏林自由大学、波鸿鲁尔大学、科隆大学、杜伊斯堡—埃森大学、汉堡大学、海德堡大学、慕尼黑大学、特里尔大学和图宾根大学等都设立专门的中国研究机构，并产生广泛影响。

欧洲层面的中国研究学会也具有悠久历史。欧洲中国研究学会（European Association of Chinese Studies, EACS）正式成立于1975年，但其历史可以追溯到1948年召开的青年汉学家会议。这一学会的年会长期重视研究传统汉学，但近年来增加了经济议题设置。国际亚洲研究所（International Institute for Asian Studies, IIAS）于1994成立，最初是为学者交流提供便利的博士后研究中心，分别在莱顿大学与阿姆斯特丹设有办公机构。欧洲亚洲研究所（European Institute for Asian Studies, EIAS）则是一家建立于布鲁塞尔的智库，中国经济研究是重要研究内容。

欧洲亚洲研究联盟（European Alliance for Asian Studies, Asia Alliance）成立于1997年，EIAS与IIAS都是其最初的成员单位。沈大伟在伦敦大学任职期间，于1996年倡导建立了欧盟—中国学术网络（EU-China Academic Network, ECAN），因经费问题于2002停止运营，2006年第二阶段开始运营，这一网络为欧洲范围内中国研究者交流提供了重要平台。

此外，还有北欧中国研究学会（Nordic Association for China Studies, NACS）于1991年成立，英国中国研究学会（British Association of Chinese Studies, BACS）于1976年成立等。

欧洲甚至世界最有影响的中国研究杂志莫过于《中国季刊》（*China Quarterly*），创刊于1960年，由伦敦大学亚非学院主办，剑桥大学出版社出版。此外，英国中国经济学会（Chinese Economic Association

UK, CEA-UK）会刊《中国经济与管理研究》（Journal of Chinese Economic and Business Studies）季刊创立于2003年，近年来在中国经济领域的影响力逐渐增加。法国现代中国研究中心（French Centre for Research on Contemporary China，CEFC）的《中国观点》（China Perspectives）创立于1995年，学术影响力也在不断提升。《中国信息》（China Information）由庄爱莲（Woei-Lien Chong）博士创立于1986年，最初由莱顿大学出版，2004年起改由Sage出版公司出版。此外，还有伦敦大学的《亚非学院通讯》（Bulletin of the School of Oriental and African Studies）、剑桥大学等联合创办的《现代亚洲研究》（Modern Asian Studies）等亦有中国经济相关研究刊登。

近年来，中国政治经济文化发展成为欧洲主要智库的研究重点。为便于学者和公众更好了解欧洲智库的相关研究成果，欧盟委员会秘书处图书馆在其《智库评论》（Think Tank Review）系列电子资料中专门推出中国特辑（Special Issue on China）。例如，2018年2月的中国特辑中，包括了《智库评论》2016年9月至2018年2月收集的有关中国研究的文章约140篇，其中一半以上与中国经济相关，包括"一带一路"、经济走向、增长挑战等，作者来自美国布鲁金斯学会（Brookings Institute）、欧洲外交关系委员会（European Council on Foreign Relations）、欧洲中国智库网络（European Think-Tank Network on China）、欧洲政策研究中心（Centre for European Policy Studies）、芬兰国际事务研究所（Finnish Institute of International Affairs）、俄罗斯国际事务委员会（Russian International Affairs Council）、西班牙巴塞罗那国际事务中心（Barcelona Centre for International Affairs）和艾卡诺皇家学院（Real Instituto Elcano）、比利时布鲁盖尔（Bruegel）、德国经济研究所（German Institute for Economic Research）和基尔世界经济研究所（Kiel Institute for the World Economy）、法国国际展望与信息研究中心（Centre d'études prospectives et d'informations internationales，CEPII）、挪威国际事务研究所（Norwegian Institute of International Affairs）、荷兰国际关系研究所（Netherlands Institute of International Relations)、拉脱维亚国际事务研究所（Latvian Institute of International Affairs)、丹麦国际研究所（Danish Institute of International Studies)等著名智库。

六、思考与评论

一大批海外经济学家和社会科学家投入中国经济研究，探讨中国发展的机制、挑战与经验。海外越来越多创设中国经济相关的研究机构、学术刊物及对话平台，研究成果更加突出专业分工、理论创新、大众叙事与政策导向。

在研究当代其他转型国家或发展中国家时，西方学者往往聚焦于这些国家失败的原因，而在研究中国时则更关注中国成功的原因。海外学者对于中国经济主流观点是乐观的，认为所面临的问题与挑战是正常的经济现象。十八大以来，在习近平新时代中国特色社会主义思想指引下，中国坚持扩大对外开放，"一带一路"赋力沿线国家合作共赢、民心相通，海外学者普遍认同中国新发展理念和实行供给侧改革，并期待新时代中国高质量发展对世界经济持续稳定繁荣发挥更大作用。

海外学者提出的解释中国经济增长的理论仍然存在与中国现实国情脱节等弊端，但西方理论经过不断完善和创新，其对于中国宏观微观经济发展和全面深化改革的启示意义不应被忽视。尽管研究范式存在差异，但大多数文献都认同，中国的制度创新、人力资本、出品导向工业化等在经济发展中发挥了重要或基础性的作用。海内外国际组织及其分支机构、智库、媒体也在各自擅长的领域就中国经济发展发出自己的声音，与学术界一道形塑了中国经济叙事。

在叙事沟通方面，海外基于误解甚或偏见的经济"唱衰论"或"威胁论"仍然存在，但主流叙事表现为分析经济政策、提炼发展经验及诊断潜在风险等，"中国模式""北京共识"引发热议，在当前逆全球化和民粹主义思潮抬头的国际政治经济舞台，一些海外观察家重新审视中国经验的世界意义。

胡永泰在探讨中国经济增长的源泉时，曾将中国经济研究学者分为两种类型，即所谓实验主义学派（Experimentalist School）和收敛学派（Convergence School），前者的代表人物包括谢千里、罗斯基、诺顿和诺兰等，后者的代表人物包括麦克尔·布鲁诺（Michael Bruno）、樊纲、肖耿、杰弗里·萨克斯和胡永泰等。① 近期又有中国学者将解释中国经济改革与发展成就的理论概括为两个学派，即通用原则学派（School of Universal Principles）与中国特色学派（School of Chinese Characteristics）。② 实验主义学派和中国特色学派突出渐进式改革，更加注重在中国的国情和制度框架内讨论如何改革成功。收敛学派与通用原则学派强调新古典增长理论所识别的要素及技术进步对增长的普适性作用，换言之，持通用原则的学者倾向于"华盛顿共识"所总结的增长战略，而持中国特色观点的学者更强调"北京共识"所体现的发展经验。

海外社会科学界对于中国改革开放和经济成就的认知和态度，经历了从奉西方理论为圭臬到注重中国特色研究的重要转变，这一转变大致发生于20世纪90年代中期。新世纪以来，"中国威胁论"越来越没有市场，合作共赢的前向思维越来越深入人心，一些学者提出要"像中国一样思考"。海外学者对于中国"不'输入'外国模式，也不'输出'中国模式，不会要求别国'复制'中国的做法"有非常明确的认知，认为习近平总书记的这个重要论述反映了中国在当前国际政治经济秩序下的基本定位。一些海外学者表示，要深入研究学习中国的成功经验，推动本国与中国发展战略对接，共享中国发展全球红利。内嵌中国叙事、赋力国际发展的中国模式逐步释放其实践解释力与理论预见力，当代中国学研究者不再动辄拿极端事件作片面解读，或在讨论具体问题时辅以意识形态偏见和普世价值论调，而是更加务实地聚焦于中国发展的世界意义及对本国发展的启示。美国纽约时报上海分社社长布拉德舍（Keith

---

① Woo, Wing Thye. 1999. "The Real Reasons for China's Growth". The China Journal, (41), 115—137.
② Qian, Yingyi. 2017. *How Reform Worked in China: The Transition from Plan to Market*. Cambridge, MA: MIT Press.

Bradsher）发表了《达沃斯真正的主角不是特朗普，而是中国》的文章，作者观察到各国领导人在 2018 年的达沃斯论坛上竞相呼吁加强与中国的合作，中国的开放愿景以及对保护主义的抵制非常受欢迎，"一带一路"取得了类似新世界贸易组织的地位，正赢得越来越多的国际支持。①

面对保护主义、单边主义和民粹主义抬头的趋势，我国要在全球化和多边贸易秩序的框架内，用中国经济的生动实践引领国际经济叙事。通过海外中国经济研究现状的梳理，建议在以下几个方面着力。一是加强智库与经济研究机构的交流，传递中国声音，抵制或消除不和谐论调。例如，加强与能够影响美国对华政策的学者的交流互动，消除误解，寻求共识。② 二是创新中国话语包括经济评语的对外精准传播、定向传播方式。日本学者非常重视研究成果与研究对象的契合，中国研究成果译成中文出版，既传递了日本学者观点，又推动了国内对于日本研究的关注与再研究，其项目动作、学术网络构建等经验值得借鉴，包括做好多语种对外编译出版工作等。三是推动海外中国学相关研究，包括推动撰写、出版以对象国普通民众为读者的以中国叙事为主的相关参考书、手册和通俗读物等。

（鲍传健，中央党史和文献研究院助理研究员）

---

① https://www.nytimes.com/2018/01/28/business/davos-trump-china.html。
② 2018 年 6 月美国政治杂志（Politico）列出了 10 位影响美国对华政策的人士，包括白邦瑞（Michael Pillsbury）、裴敏欣、董云裳（Susan Thornton）、易明（Elizabeth Economy）、亨利·基辛格（Henry Kissinger）、葛来仪（Bonnie Glaser）、马修·波廷格（Matthew Pottinger）、汉克·保尔森（Hank Paulson）、利明璋（Bill Bishop）和彼得·纳瓦罗（Peter Navarro），参看 https://www.politico.com/magazine/story/2018/06/11/the-10-names-that-matter-on-china-policy-218673，访问日期 2018 年 7 月 5 日。

新世纪以来阿拉伯学界论"中国模式"

▼

一、阿拉伯学界中国模式研究成为显学

进入新世纪以来，随着中国的崛起，中国成为各国学者热议的话题①，阿拉伯学界对中国的关注也有增无减，这种趋势在最近十年来达到高潮②。

阿尔及利亚学者穆尼斯·巴赫多尔对近年来阿拉伯学者关于中国模式的研究进行了梳理，他指出，中国模式不仅是阿拉伯经济从业者、政界人士关注的重点，也是阿拉伯学者们思考的主要内容之一。特别是近年来，这种趋势愈发明显。他认为，阿拉伯学者和其他国家的学者一样对中国现象以及中国现代化崛起十分重视，尤其体现在了研究角度的多样化。比如，有学者从分析中国的经济发展入手，分析中国快速增长的各种经济指标；有学者从社会结构出发，重视中国社会群体和个人的凝聚关系，以及不同阶层之间的融合；还有学者着重分析中国模式在文化层面、宗教层面、教育层面的体现；有的学者将中国与日本及西方国家作对比，分析中国模式政治层面的特征。巴赫多尔强调，不管研究角度如何多样化，多数阿拉伯学者都将中国模式视为一个涵盖各层次内容的综合概念。③

---

① Mohammed Turki Al-Sudairi, China in the Eyes of the Saudi Media, Gulf Research Center, 2013. 2, p. 3
② Kyle Haddad-Fonda，Egypt and Other Arab States Embrace a Chinese Model of Development，World Politics Review, 2018-10-09 https://www.worldpoliticsreview.com/articles/21545/egypt-and-other-arab-states-embrace-a-chinese-model-of-development
③ مونس بخضرة، التجربة الصينية في الفكر العربي المعاصر، مؤسسة مؤمنون بلا حدود للدراسات والأبحاث،2016-08 http://www.mominoun.com/articles

在数量方面，2000—2018 年，阿拉伯世界出版中国模式相关书籍的数量也呈明显的上升趋势。在通过"Neelwafurat"（阿拉伯语购物网站）以及"谷歌图书"搜索到的中国模式相关阿拉伯语书籍中，出版年份介于 2000—2008 年期间的，数量为 29 本。出版年份介于 2009—2016 年（1—8 月）期间的中国模式相关书籍，数量则为 39 本。而在 2017 年和 2018 年（1—7 月）仅仅一年半的时间内，相关书籍则达到 27 本。与此相应，作者也由埃及、叙利亚、黎巴嫩等国家，逐渐扩展到沙特、阿联酋、卡塔尔、约旦、摩洛哥、阿尔及利亚等国。

二、阿拉伯学界中国模式研究的兴起原因

（一）关注中国模式的借鉴意义

在全球化背景下实现现代化，是发展中国家面临的共同课题。阿拉伯国家也不例外。在中东、北非地区，西方国家多年来强行输出西式民主，不顾当地的历史、宗教、文化特征和国情，导致一些国家内乱不断、冲突绵延，造成巨大灾难。西式发展模式在阿拉伯地区的移植失败，引起了阿拉伯学术界的反思。而中国经过了 40 多年的改革，向世界提供了一种现有的西方理论和话语还无法解释清楚的非西方发展模式，回应了当今发展中国家面临的一些根本性的挑战。很多阿拉伯中国模式研究者都坦言，从中国模式取得的成就和面临的问题中找到可资借鉴的经验与教训，推进本国的现代化进程，实现国家与民族的振兴，是推动他们关注中国模式的一大动因。诚然，希望从中国模式取得的成就和面临的问题中找到可资借鉴的经验与教训，是推动阿拉伯学者关注中国的一大动因。但是大多数阿拉伯学者也表示，这种借鉴并不是盲目的复制，他们强调了中国模式是从中国国情的特殊性出发，而每个国家均有自己不同的国情。

（二）反思西方国家推行的中东政策

以美国为首的西方国家出于自身利益干涉中东地区事务，是造成中

东乱局的重要原因之一。2003年，以美英为主的联军单方面对伊拉克实施军事打击，并力图使其成为"大中东民主的样板"。2010年底"阿拉伯之春"爆发后，西方国家不顾中东各国复杂而独特的文化背景和社会结构，在中东地区大搞"颜色革命"。2018年4月，美、英、法三国在没有联合国授权的情况下以化武危机为由空袭叙利亚。2018年5月美国不顾国际社会的普遍反对，将美国驻以色列大使馆从特拉维夫迁往耶路撒冷……一连串的单边主义霸权行径使得阿拉伯民众普遍对西方深感失望，并引发了阿拉伯学者对西方国家在中东强行推行的发展模式进行反思。与此同时，中国在阿拉伯世界主张发展道路的多样化，在中东事务中坚持扬正义、立信义、树道义，走出了一条迥异于西方理念的中国特色中东外交。中国的态度和政策得到了阿拉伯国家的普遍认同和支持。并且，由于美国和其他西方国家推行的西方式改革模式在阿拉伯世界被视为"帝国主义控制和利用阿拉伯国家的工具"[①]，一些阿拉伯领导人和知识分子认为，"中国的政治和经济发展的方式是更加值得借鉴的模式，或将成为美国和西方改革模式的替代选择"[②]。

（三）期待中阿合作深入发展

随着全球化的不断发展与深化，阿拉伯世界参与到国际与区域经济合作的愿望进一步增强，需要与所有的世界大国——特别是作为世界第一大新兴经济体的中国建立稳固、发展、均衡的合作关系。[③] 经历了40年的改革开放，中国的综合实力，特别是制造业和基础设施建设能力在世界领先，对阿拉伯地区国家有着很强的吸引力。2013年，习主席提出

---

① "الصعود الصيني" في شبكة القاهرة، 2004-07-07、http://www.chinatoday.com.cn/Arabic/2004n/4n7/17n7.htm
② Chris Zambelis, Gentry Brandon, China through Arab Eyes: American Influence in the Middle East, Parameters: U.S. Army War College, 2008. 1, p. 60 http://strategicstudiesinstitute.army.mil/pubs/parameters/articles/08spring/zambelis.pdf
③ 穆罕默德·阿卜杜·瓦哈布·萨基特：《关于21世纪阿拉伯与中国的合作》，《阿拉伯世界》，2005年第3期，第33页

"一带一路"倡议,中阿关系的发展有了新的抓手,中阿经贸、文化等方面的合作有了新的平台。在"一带一路"框架下的中阿合作,符合新时期中阿双方的共同利益,在阿拉伯各国得到了积极响应。

三、阿拉伯学者对中国模式的关注焦点

（一）中国模式的特征

在阿拉伯学者视阈中,中国模式最突出的特征,首先体现在坚持具有中国特色的市场经济。阿拉伯学者对这种具有中国特色的新型市场经济体制高度关注,普遍认为这一体制是中国经济改革获得成功的关键所在,也是中国发展模式的特色所在。多数学者还强调了"政府主导性"在中国特色市场机制中发挥的作用。认为与新自由主义所主张的彻底市场化和国家干预最小化不同,在中国的经济体制改革中,国家所扮演的角色绝非局限于市场竞争的"裁判",而是具有自觉性、预先性及统揽全局的市场主导者。

随着对中国模式讨论的深入,越来越多的阿拉伯学者开始着手从思想文化层面进一步挖掘中国模式的特征。他们认为,中国模式文化层面所体现的特征,主要表现在马克思主义、实用主义为代表的西方现代思想以及中国传统文化三者的融合。学者们高度评价了马克思主义与传统文化的成功结合对中国崛起产生的积极作用,在谈及西方现代思想对中国文化的影响时,对实用主义进行了重点论述,认为实用主义是中国文化的必要补充,它使中国模式克服了空想成分,变得更加务实。并且,大多数学者还着重强调了中国传统文化中关于和谐与实践的鲜明指向对中国模式的影响。

（二）中国模式在若干具体领域的实践经验

阿拉伯学者十分关注中国模式在若干具体领域的实践,在他们看来,

中国在包括扶贫减贫、有效利用外商投资、全球化浪潮下如何建构文化身份等关键问题处理上所积累的经验，符合阿拉伯国家的国情和利益，值得参考与借鉴。关于扶贫减贫经验，埃及学者萨勒玛·侯赛因将埃及与中国进行了对比，认为中国曾经同如今的埃及一样，扶贫减贫主要依靠救济。她将救济式扶贫比作"鱼"，而发展劳动者致富能力比作"捕鱼"，认为改革开放以后的中国，之所以在减贫扶贫方面取得如此大的成绩，就在于中国政府秉承"授人以鱼不如授人以渔"的理念。① 关于有效利用外资经验，叙利亚学者阿卜杜勒·拉赫曼·台舒里在文章中发问："中国成为世界投资者的热土，这究竟是如何做到的？"② 他认为，中国成功吸引外资的方法绝不是仅仅免税这么简单，还包括成立相关的投资规划机构，调整投资法律，营造良好的政治治理环境和健全的法律体系。他写道，"国家的发展需要外资，需要学习中国吸引外资的经验，这在发展中国家中是出类拔萃的经验。我们或许可以从这一经验中受益，从中好好上一课"③。也有学者关注继承和发展传统文化对中国建构文化身份的影响，认为面对随同全球化大量涌入的外来文化，中国结合具体国情，充分发挥传统文化中适应时代发展的积极因素，摒弃消极因素，使传统文化成为国家发展源源不断的精神动力之一。黎巴嫩翻译家穆罕默德·哈木德指出："一些远东国家在保有自己传统文化的同时，竟然发展成为有能力与西方国家抗衡的经济大国，获得了令人不可小觑的国际地位，这使得他们吸引了西方的注意。而我们（阿拉伯世界）也开始把目光投向这些国家。我们期望了解他们发展背后的思想、历史和文明。我们注意到，我们与这些国家的文化同大于异。特别是中国。

---

① سلمى حسين، من فقراء مصر إلى الصين:غريدة الشروق، 2017-12-18http://www.shorouknews.com/columns/view.aspx?cdate=15092017&id=a92bac9d-faa8-4d8d-ac09-b87f64cc26ab。

② عبد الرحمن تيشوري، تجربة الاستثمار الأجنبي في الصين له نستطيع تقليدها؟؟؟شبكة فولتير،2006-02-16http://www.voltairenet.org/article135670.html。

③ عبد الرحمن تيشوري، تجربة الاستثمار الأجنبي في الصين له نستطيع تقليدها؟؟؟شبكة فولتير،2006-02-16http://www.voltairenet.org/article135670.html。

儒家思想对于人性真善美的宣扬，与我们的文化所倡导的有很大的共通之处。"①

（三）中国模式蕴含的发展理念

阿拉伯学者在研究时还常涉及中国模式蕴含的一系列发展理念。在他们看来，中国模式所蕴含的发展理念主要包括自主发展、循序渐进、经济发展与改善民生相统一。自主发展，即一个国家从国情出发自主选择适合本国发展的模式。在相当一部分阿拉伯学者看来，中国模式作为一种和具体国情相结合的自主型发展模式，为其他国家提供了一个重要的发展理念，即立足本国实际，尊重本国人民的选择，以实现本国人民的利益为目标，寻找和确定适合自己的发展道路。

循序渐进，即谋求在社会稳定中有序地推进改革发展，采取先易后难、重点突破、整体推进的方式，通过增量改革逐步转向和谐发展。②摩洛哥学者塔里克·里萨维将中国同一些阿拉伯国家政府关于循序渐进的理解进行了对比。他认为，两者的区别在于，阿拉伯国家施行的是"分步发展"，在某一个阶段着重发展一个特定领域，而对于其他领域却予以忽视。而中国的发展却是一种"循序渐进的进程"，"要求从纵向、横向以及时间三个维度都要有精确而配套的服务来衔接各项改革"。③坚持经济发展与改善民生的统一，是中国模式所具有的"人民性"在经济发展领域的具体体现。④叙利亚学者、前驻华大使穆罕默德·瓦迪写道："（改革开放）之所以能够取得成功，首要原因就是因为改革符合民意，

---

① محمد حمود، مقدمة لـ((خيرات الفكر الصيني))، المؤلف من آن غنغ، المنظمة العربية للترجمة، لبنان، بيروت، أغسطس 2012، الطبعة الأولى، ص9
② 漆思、杨淑琴，《改革开放以来中国发展观的演进与发展道路探寻》，中国社会科学网，2014-04-29，http://spec.cssn.cn/mkszy/mkszyzgh/201404/t20140429_1130421_1.shtml
③ طارق ليساوي، هندسة الإصلاحات الصينية وتأثيرات التنمية بالعالم العربي، رأي اليوم، 2017-03-24
④ 张树华：《中国道路的政治优势与思想价值》，求是理论网，2011-02-16，http://www.qstheory.cn/zxdk/2011/201104/201102/t20110212_67870.htm

符合民利""他(邓小平)意识到,没有人民的支持,改革就不会取得成功""改革必须能够给人民带来直接的实惠,能够改善人民生活"。①

四、阿拉伯学者对中国模式研究的特点

相较于西方发达国家的研究者,阿拉伯学者的研究具有以下特点。

(一)总体上予以高度肯定

阿拉伯国家与中国同属发展中国家,双方有着相似的历史遭遇与发展任务,更有友好交往的历史与现实,加上阿拉伯世界移植西方发展模式的失败经历等因素,使得阿拉伯学者总体上对中国持友好立场。他们较少具有西方学者对中国抱有的意识形态偏见、嫉妒心甚至幸灾乐祸的心态,大都能够从事实出发,高度肯定中国模式的积极意义及其所取得的巨大成就,并将中国看作发展中国家的杰出代表,在分析中国模式时,重在研究这一模式所蕴含的经验对于阿拉伯国家的借鉴意义,中国发展为阿拉伯国家带来的共享机遇等。

(二)认可社会主义市场经济模式

多数研究中国模式的海外学者,不论立场如何,对于经济发展取得的成就都予以了肯定。多数西方学者虽然承认中国模式在经济上的成功,但却对这一成功的原因避而不谈。少数学者将中国改革开放中使用的经济发展手段意识形态化,刻意否定中国模式的社会主义性质。相比于这些学者,阿拉伯学者普遍强调了中国的市场经济是与社会主义体制结合的。他们不像欧美部分新自由主义经济学家那样给中国贴上"国家资本主义"标签,担心中国特色社会主义市场经济的发展优势会对西方自由市场经济及民主制度构成威胁,而是注意到这种新型市场经济与自由资本主义市场经济的不同,强调了它的中国特色和社会主义性质。也有部

---

① محمد خيري الوادي، براج الصيني من التفرط إلى الاعتدال، دار الفارابي، بيروت، لبنان،2007،ص133。

分阿拉伯学者对中国特色市场经济的性质持保留态度,但这些学者的出发点并非是对自由主义市场理论的维护。在笔者看来,这一方面与学者们采取的学术规范和理论范式有关,如部分阿拉伯学者们倾向从经典社会主义理论出发进行研究分析,认为中国特色的市场经济体制不具备社会主义经济体制的特点;另一方面,也反映出阿拉伯学者研究中国经济发展模式的出发点,并非进行理论、意识形态的探讨,而是更为注重实际,关注其中值得本国借鉴的经验教训。

(三)研究仍面临制约条件

阿拉伯学者关于中国模式的研究成果,为我们提供了新的视角和观点,对我们全面认识中国模式具有重要意义。但客观而言,阿拉伯世界对中国的整体研究还未完全成熟,仍存在明显不足。这主要表现在:倾向于"简单化"处理方式,多数研究深度不够;部分观点以偏概全,整体性观照不足;参考文本以他国文献为主,与中国现实"对接"不足。笔者认为,上述问题产生的原因主要来自若干主客观条件的制约。这些制约条件包括:

首先,中国自身的复杂性增加了阿拉伯学者对中国模式的理解难度。中国模式与中国的文化、历史与社会结构有着深刻联系。中国悠久的历史文化和复杂的当代国情,造就了中国特殊的"后发式"[1]发展特点——它既要实现社会主义的价值目标,又要发展市场经济体制;既要在较短的时间内实现西方发达国家在较长时间内所实现的现代化,又要在同一过程中消除"现代化痛楚""发展性危机"[2]。西方社会发展过程中的历时性矛盾,在当代中国转化为共时性矛盾,这是许多阿拉伯学者未曾深刻感悟和经历的,是中国自身的复杂性所在,也增加了阿拉伯学者对中国模式一些复杂问题的理解难度。

---

[1] 徐艳玲、申森:《国外学者眼中的"中国特色社会主义"认知》,《当代世界与社会主义》,2011年06期,第92页。
[2] 徐艳玲、申森:《国外学者眼中的"中国特色社会主义"认知》,《当代世界与社会主义》,2011年06期,第92页。

其次，了解中国的渠道狭窄造成了阿拉伯学者中国模式研究的局限性。对于阿拉伯学者而言，中国模式研究是一项国外研究。这要求学者们对中国的历史文化传统、现实国情都有较深的把握。对于有过在中国游历、工作或学习经验的学者，如黎巴嫩大学教授马斯欧德·达希尔、前叙利亚驻华大使穆罕默德·瓦迪以及前巴勒斯坦驻华大使穆斯塔法·萨法日尼等人，他们的研究有着丰富事实依据的支撑，可以较为客观、深刻地阐释中国模式的发展进程。而相比之下，绝大多数阿拉伯的中国模式研究者们不仅缺少在中国的亲身体验，也不具备中文背景，他们的认知来源仅能依靠文献资料的梳理。由于种种原因，阿拉伯地区接触中国理论界研究资料的渠道过于狭窄，因此来自西方学术界的"二手资料"成为阿拉伯中国学学者们认知中国的主要参考。

总体而言，由于大多数阿拉伯学者是"拿着望远镜"看中国，加上他们掌握的材料各有差异以及背后所持的立场、观点、方法不同，阿拉伯学者对中国模式的研究也有不同特点。客观而言，相比于西方学术界的相关研究，阿拉伯世界对中国的整体研究尚处在发展阶段，还未完全成熟。从长远看，阿拉伯学者的研究虽然存在一些制约条件，但随着中国国际影响力的不断提升，中阿合作的进一步推进，阿拉伯学界的中国模式研究一定会逐渐走向成熟。

（吕可丁，中央党史和文献研究院二级翻译）

学术

视·野

从传统汉学到新汉学：
西方中国研究演进史

▼

要讲"中国研究"这个题目，还得从 Sinology（汉学）说起。

中国学术界对"汉学"的学术称谓异彩纷呈，除了"汉学""中国学"，还有"传统汉学""学术汉学""现代汉学""国际汉学""外国汉学""国外汉学""域外汉学""境外汉学""世界汉学"，及"国际中国文化研究"和"中国研究"，还有"新汉学"这个纯属中国文化范畴的名称。这十余种名称，所表达的，其实都是 Sinology，即汉学或中国学，这是国内外最流行的学术称谓。

但是，外国那些"中国研究"的研究者，不少人并不是汉学家，他们没有学术的理念，还没有像费正清或傅高义那样的中国情怀。因此，笔者觉得这类专门对中国政治的研究，可以称为"政治汉学"。

汉学（Sinology）身上最明显的印记是中国文化经典，所以学界习惯上称它为传统汉学或学术汉学；中国学（Chinese Studies）给人的印象很像美国的历史，虽然短暂，却充满活力，有人称它为现代汉学。汉学和中国学的差异在于，前者是以文献研究和古典研究为中心，它包括哲学、宗教、历史、文学、语言等；而美国的中国学，则以现实为中心，以实用为原则，其兴趣不在那些承载古典文化资源的"文化经典"和"古典文献"，只重视近现代以来的和正在演进、发展着的信息资源。但是，汉学发展到21世纪，其研究内容和方式已经出现了融通两种形态的特征。这种状况既出现在欧洲的汉学研究中，也出现在美国中国学的研究之中，可以说世界各国汉学家的研究中，都兼有以上两种从传统到现代的学术形态。

一、传教士和 Sinology 的诞生

汉学有两种，一是国内汉学，即在中国文化史上，先秦以降，两汉的"汉学"和清代乾嘉"汉学"，注重的是对经学即中国文化经典的研究，重名物、训诂，后世称研究经、史、名物、训诂、考据之学为汉学。另一种汉学是 Sinology，是外国汉学家研究的中国文化，也叫汉学。

国内汉学的此种治学方式形成于汉代，故后世将其称为汉学。在中国学术史上，一直存着这种研究范式，不仅对中国，对外国人研究中国文化也极具影响，以至于后来在国际文化史上产生了针对中国文化研究的汉学和汉学家（Sinologist）这个影响世界的文化学派。

不过，外国的 Sinology（汉学）同汉代"汉学"和清代乾嘉"汉学"是有差别的。虽然它们都是对中国文化的研究，它们很像是一根藤上的两个瓜，但是这两个瓜，一个是"冬瓜"，一个是"西瓜"，或者说它们是"异名共体"的"孪生兄弟"，抑或说，它们是"同父异母"，也很像"堂兄堂弟"，因为它们的 DNA 发生了变异，这种文化上的有益无害的"转基因"，导致"冬瓜"和"西瓜"之差异。所以，Sinology 属于接近中国文学而又不是中国文化的一种外国文化。

Sinology 诞生于中西文化交流，而根在中国。始自遥远的古代，就有西方人跋山涉水探寻神秘的东方大国。公元 851 年，描述大唐帝国繁荣富强的阿拉伯帝国（大食国）旅行家苏莱曼·丹吉尔（Sulaymanal-Tajir）的《中国印度见闻录》（一译《苏莱曼东游记》）、威廉·吕布吕基斯（William Lv Bu Lukis）的《远东游记》、意大利雅各·德安克纳（Jacob D'Ancona）的《光明城》等，以及这类著作中最著名的马可·波罗（Marco Polo）的口述著作《马可·波罗纪行》（即《东方见闻录》）。尤其是后者，以其美丽的语言和无穷的魅力，翔实地记述了中国元朝的财富、人口、政治、物产、文化等社会与生活现状，第一次向西方展示了"唯一的文明国家""神秘中国"的方方面面。西方人对于"天朝上国"的兴趣越发浓厚，旅行家、探险家、商人和外交官，兴高采

烈地带回中国的形象和知识，引发了新航线的开辟和明末清初传教士的东来。

传教士是汉学真正的创始人。他们进入中国，开始了中西文化思想的对话，发生了跨文化交流，产生了西学东渐和中学西传；于是中国有了西学，西方有了汉学。特别是中国文化经典的外译与传播，才真正催生了汉学。

那么，Sinology 究竟诞生于何时？远自汉代至明清时代的那些外国人留下的游记、散记、日记和报告，皆有对中国山河大地、社会民俗的记载和描述，那些承载着认识中国及其形象的因素，称为"旅游汉学"。

但是，汉学的成熟源于耶稣会士从澳门来华之后。当初耶稣会士匆匆来到异样山水的国度，罗明坚（Michele Ruggieri）、利玛窦（Matteo Recci）及其后来者的经营，发现中国文化的灿烂，人之亲，道之善，于是他们留在这个温柔的国度，许多传教士终生耕耘，魂留华夏，开创了"西学东渐"和"中学西传"。传教士东来，以拉丁文写成的报告启蒙了欧洲人对东方文明的重视。

15—18 世纪来华的传教士继承早期罗明坚、利玛窦等人的"援儒入耶"传教策略，学习汉语和中国文化经典，积极融入中国，并将中国的经典文化以拉丁文迻译到欧洲，他们也得到了善待，他们关于中国报告和对中国文化的论述所展现的多是中华文明美好的一面。

庞迪我（Diego de Pantoja）在写给西班牙主教的信里说："中国那么强大，为什么不去征服周边那些小国，甚至一任那些小国给它制造麻烦呢？因为中国不想用自己的威力征服别人。这一事实，对欧洲人来说不可理解；中国人与他们的皇上并不寻求或梦想超过他们目前的国土疆界来扩大他们的帝国。"利玛窦也说："在这样一个几乎具有无数人口和无限幅员辽阔国土、各种物产丰富的国家，虽然它有装备精良的陆军和海军，很容易征服邻近的国家，但他们的皇上和人民却从来没想过要发动侵略战争，他们很满足于自己已有的东西，没有征服别人的野心。"历史上中华民族那两次伟大的"出游"——张骞开辟了"丝绸之路"，郑和发展了"海上丝绸之路"。中国送去的是茶、瓷器、丝绸和友谊，还有问候和祝福，没有侵占别人一寸土地。这是不是中国一贯坚持的"强不凌弱，富不侮贫，协和万邦"？是不是就是人类梦想的"人类命运共同体"！

"西学"传来的，除了科学技术，还有文艺复兴后的自由、民主、平等和博爱意识，这些思想和意识，催生了后来的"五四"新文化运动与新民主主义革命。"中学"西传是以儒释道为核心的道德哲学——"仁智礼智信""忠孝廉耻勇"。虽然，二者的传递并不对等，彼此的认同也有差异，但是，"西学"也很强大，传教士以其真善美圣的情怀，在中国创造了不少第一，除了科技，就其思想意识而言，对我们的行为与生活也有影响；但是，在中外文化交流中，"西传"的重要性显而易见，没有"中学西传"就没有 Sinology（汉学）的诞生。

以利玛窦为代表的耶稣会士的历史意义，在于他们开始了对中国文化的研究与传播，著书立说，把四书、五经等中国文化经典译成西文，推动了中学西传，使中国文化对西方科学与哲学产生重要影响。

汉学的发生、发展与经济、政治、交通以及资讯分不开。从 16 世纪到 18、19 世纪，数以千计的传教士散布在中国各地，他们著书立说、传播中国文化，为推动中学西传做出了贡献。几百年的 Sinology 的历史，随着中国的变迁而变化，自传统而现代，从专注于中国文化经典，发展到对中国历史、文化、文学、政治、社会、民俗和语言、文字等全方位的研究。

关于"中学西传"，便不能不提以西文形式于 1588 年出版的西班牙的胡安·冈萨雷斯·德·门多萨（Juan Gonzalez de Mendoza）编著的《中华大帝国史》，以及德国的耶稣会士基歇尔（Athanasius Kircher）在 1667 年出版的《中国图志》（亦译作《中国图说》、*China Illustrata*）等，虽然它们曾激发了欧洲人对中国的向往，开辟了"中国形象"影响深远的康庄大道，但它们却都不是像《中国圣哲孔子》可以代表中国文化经典的著作。

1687 年在巴黎以拉丁文出版了《中国圣哲孔子》（*Confucius Sinarum Philosophus*）。这部书中文标题为《西文四书直解》，另署《中国哲人孔子——

以拉丁文编写的中国人的学说》；说是"四书"，其实只有《论语》《大学》《中庸》的拉丁文翻译，而缺《孟子》，其译文都是译者根据自己的理解而译，很难说是信达雅。书的编译是殷铎泽（Prospero Intorcetta）、鲁日满（Francois de Rougement）、恩理格（Christiani Herdtrich）、柏应理（Philippe Couplet），文内显示共有十一位传教士参与翻译和撰写，其中殷铎泽、郭纳爵（Ignatius da Costa）、鲁日满和恩理格贡献最多。这部最早向欧洲介绍、阐述孔子及其思想的著作，是中国文化经典的标志性的著作；1688 年，该书又以法文、英文等多种语言出版，风行欧洲，直接影响了欧洲 18 世纪的"中国热"。

2019 年 3 月 24 日，法国总统马克龙赠送给习近平主席一本于 1688 年出版的《论语导读》（*Counfucius ou la Science des princes*），又被译作《孔子或君主之科学》《孔子与王家科学》《国王们的科学》或《王者之道》，其实就是法国教士弗朗索瓦·贝尼耶（Francois Bernier）从 1687 年以拉丁文出版的《中国圣哲孔子》一书迻译而来。

马克龙说，孔子的思想也曾启发过法国哲学家、思想家孟德斯鸠和伏尔泰。法国人最早接触中国哲学思想，就是通过《中国圣哲孔子》这本书。孔子在法国家喻户晓，为法国的启蒙运动提供了宝贵的思想启迪。"己所不欲，勿施于人""民为贵，君为轻""子不语怪力乱神"等《论语》中的名言，在有着文化崇拜传统的法国知识界广为流传。

二、Sinology 的诞生和"国学"之辩

Sinology 包含的内容就是包含万有的中国文化。早在 1929 年，郑振铎曾经说过："'国学'乃包罗万有其实一无所有的一种中国特有的学问，'国学家'乃是无所不知而其实一无所知——除了古书的训诂之外——的一种中国特有的专门学问。"学问是发展的，"国学"的内容经历了两千余年的变迁。郑振铎对于"国学"与"国学家"的解释不可误解：绝不是"一无所有"，也不是"一无所知"。

1687年《中国圣哲孔子》以拉丁文在巴黎出版。那时，Sinology（汉学）这个西文词汇还没有出现，但是，它却是汉学诞生并走上成熟的重要标志。首先，这本书的内容和精神代表着中国的文化经典，而汉学之精髓就是中国文化经典。

这部书里有孔子的古老圣像，上方有繁体"国学"二字。长期以来有一种说法称"国学"一词是"日货"，说是章炳麟和梁启超先生"袭自明治维新以后的日本新术语"。其实，两千余年前，儒家经典十三经之一的《周礼》，就有了国学一词。《周礼·春官宗伯·乐师》云："乐师掌国学之政，以教国子小舞。"《礼记·学记》曰："古之教者，家有塾，党有庠，术有序，国有学。"清末经学家孙诒让所著《周礼正义》中说："国学者，在国城中王宫左之小学也。"国学在古代，是指国家所办的"贵族子弟学校"；到了唐代之后，国学所指为藏书与讲学之地。而在明末清初，西学东渐、中学西传之时，国学则嬗变为国之学问，代表了中国文化经典。这一点，1687年出版的那部《中国圣哲孔子》就是证明。这部书的前面，写着"國學"二字，由此可知，国学实属中国之所固有，非由日本传入；恰恰相反，国学一词系从中国传到日本，所以江户后期，日本才有了汉学、国学（日本学）和兰学（西洋学）三学并立的局面。

国学代表中国文化经典。《中国圣哲孔子》上的"国学"指代的就是此书为中国文化经典，是两汉汉学和清代乾嘉汉学所代表的经学。这个词当然不是传教士的发明，而是中国语言文化中固有的原始词汇。

另外，Sinology一词诞生于何时呢？我认为是在17世纪末至18世纪中期不到一百年之间。《中国圣哲孔子》出版后，传教士络绎不绝来到中国，中国的文化经典，如四书、五经等不断被译成欧洲各种文字。这期间，传教士创造了代表中国文化经典的词汇Sinology。Sinology属于新创的拉丁文，译成中文就是"汉学"；但是，"汉学"既不是汉代的"汉"，也不是汉族的"汉"，不指一代一族，它是借用汉代和清代"汉学"之名，系指中国文化经典；词根sino，其词源自梵语佛教典籍中指代的"Chin"——"秦"，即中国；拉丁词语指"中国"的词语"Sina"

即从此而来，"logia"为希腊词语，其义为科学或"研究"，也含有考古学或哲学的部分意思，两者相加，Sinology 就是中国的科学（文化）研究。Sinology 一词的诞生，最早应是始于"后利玛窦时代"。

其实，现在我们在学术上将 Sinology 称为汉学或中国学，都是达意的，名字虽异，实质上是"异名共体"，所表述的内涵完全一样。为了征问 Sinology 之名，笔者曾写信给西方的一些汉学家，他们基本都赞同以汉学表达为其约定俗成。斯洛伐克著名汉学家高利克（Marian Galik）回信说："我认为 Sinology(汉学) or Sinologist（汉学家）是用以指称我们所从事的事业之恰当的词语。"

关于汉学和中国学学界之争论长达二十多年，莫衷一是。

清代的中国是满族人的天下，他们都不忌讳"乾嘉汉学"之称谓。即使现在的美国，抑或是日本，那些研究中国文化的绝大部分学者，最喜欢的还是习惯"汉学"和"汉学家"的称谓。"Sinology"发展到如今，这一历史已久的学术概念有着最广阔的内涵，既不是汉代独有的汉学，更不是什么"汉族文化之学"，它涵盖中国的一切学问，既有以儒释道为核心的传统文化，甚至许多汉学家还将"敦煌学""满学""西夏学""突厥学"，以及"藏学"和"蒙古学"也纳入汉学领域之中。

汉学的发展演进到 20 世纪初期之后，欧美对汉学研究的内容、理念和方法，已经出现相互兼容并包状态，就是说 Sinology 可以准确地包含着 Chinese Studies 的内容和理念。从历史上看，尽管 Sinology 和 Chinese Studies 所负载的传统和内容有所不同，但现在却可以表达同一个学术概念了。话再说回来，对于这样一个负载深刻而丰富历史内涵的学术"域名"，笔者以为还是叫它 Sinology 为好，因为 Sinology 不仅承继了汉学的传统，而且也容纳了 Chinese Studies 较为广阔的内容。

三、美国汉学和美国中国学

Sinology 得名于欧洲汉学；但其名号起源于中国，是借用了汉代汉学和清代汉学之名，以代表 Sinology 来自中国文化经典，即中国之学。

美国早期的汉学家裨治文（Elijah Coleman Bridgman）、卫三畏（Samuel Wells Williams）、丁韪良（Williams A. P. Martin）等人，受欧洲汉学的影响，创立了最初的美国汉学。美国从汉学到中国学的转变有个过程。1925 年太平洋（关系）学会（Institute of Pacific Relations）成立，其宗旨为"研究太平洋各民族的状况，以求改进各民族间的相互关系"，远东问题则是亚洲研究的重心，包括"美国政府迫切了解的人口、土地占有和农业技术、工业化、家庭、殖民机构、民族运动、劳工组织、国际政治关系、商业与投资等问题"。到了费正清（John King Fairbank）时代，打破传统汉学的束缚，开始从传统转向现实问题的研究，积极推动传统汉学向现代转型，把主要精力倾注到那个时代美国政治所需要的历史的中国、现实的中国及中美关系三个方面，作为探索与研究核心。现实和社会及民情的考察与研究，从学术变"辅政"，即为政治服务，成为美国中国学最基本的价值取向。这正是美国中国问题专家、历史学家费正清奠定了美国中国学的研究模式，成为美国中国学的代表性人物。

美国中国学的诞生，政治因素是主，学术因素为次，它是缘于两次世界大战后的国际政治和美国政治的需要。当然，它也是 Sinology 发展的一种新的研究中国及其文化的学术范式。

从传统到现代，汉学嬗变为"中国学"，这种变化并不为美国所独有。日本汉学之所以从汉学发展为日本中国学，也是源于国际关系和亚洲形势的变化，是日本学界一些学者为了"辅政"所致。

欧洲的汉学从 18、19 世纪的兴盛、繁荣之后，不是它没有汉学的嬗变，也不是它没有中国学的影子，它的研究也有属于中国学的内容。但是，欧洲至今没有举过中国学的旗帜，比如法国，从 20 世纪初开始，就有了诸多属于中国学的学术研究成果，但是，法国汉学家没有"辅政"的使命，其中国学的内容，完全是汉学研究中学术空间的扩张。

四、日本汉学和中国学及越南汉学

世界汉学发展史上，东亚汉学（日本与朝鲜半岛）和南亚汉学，因属于汉文化圈，它们从文字到文化多受中国影响，儒释道对它们有着根深蒂固的浸染，因此它们对中国文化的直接接受，甚至多于研究，这便是与欧美汉学的区别。

日本也是一个相对古老的国家，与中国文化交往很早，他们所保存的部分中国文化典籍有的甚至在中国都已经找不到了。

日本江户幕府实行闭关锁国二百多年，其后期文化出现了研究中国传统文化的汉学，形成了Kangaku、国学和兰学（西洋学）三学并立的局面。兰学（西洋学）是18、19世纪由荷兰人在1868年传入的文化、技术和医学等西方近代科学，对日本生产力的发展和反封建思想的形成都起过重大作用。

1867年德川幕府还政于天皇，结束了江户时代264年的封建统治，翌年明治天皇进行君主立宪，日本政治制度向西方靠拢，推动了日本脱亚入欧的序幕。日本国力的提高，很快跻身于帝国主义列强，走上对外侵略扩张的道路。始自明治时代，学术思想发生变化，"汉学"主流文化后退，适应于扩张意识的中国学成为主导之势，一些文化人把对中国文化经典的研究转移到了对中国历史、社会、地理、人口、教育等领域，使日本的汉学嬗变成中国学，这与后来美国费正清的中国学颇似不谋而合。日本学术大势尽管如此，但钟情于中国传统文化研究的汉学家依然热情未减。

越南曾经长期使用汉字即"汉文"，中国文化对其影响深远。这个无法更改的历史，也成了中越既亲密又复杂的关系。1979年越南成立越南汉喃研究院，这是越南的社会人文科学中心，最重要的职责是收藏汉喃文献（用汉文和喃文写成的书籍），保护中国古代汉籍与开发汉字及越南文人以汉文写成的著作。那里不仅收藏了许多中国文献，越南学界对中国文化研究的汉文著作也基本都收藏在那里。

越南汉字音与汉语语音关系密切。汉喃系指越南本民族语言文书系统，是由汉字和本民族文字的喃字混合使用的越南语。北京大学王力教授和日本汉学家河野六郎、三根谷彻、清水正明等都对汉喃字与汉语的关系进行过相关研究。2007年中华书局出版过刘玉珺教授的《越南汉喃古籍的文献研究》颇有价值。

五、欧洲汉学的传统与嬗变

欧洲是 Sinology 的大本营，但在 20 世纪初期之后，一部分汉学家的研究方向却发生了变化。这种变化早于费正清，纯粹属于学术的自然演进。他们的汉学研究从古典嬗变到现代，对中国文化的研究不再仅仅局限于对于中国文化经典的研究，其视野扩大到了历史、社会、宗教、信仰、民俗、天文地理等领域。这种自觉的自然形态，完全没有费正清的中国学的那种实用主义。比如，2018 年逝世的法国大汉学家谢和耐（Jacques Gernet），他的著作所显示的主要是中国学的内容：《荷泽神会禅师（668—760）语录》《中国 5—10 世纪的寺院经济》《蒙古入主中原前夕中国中原的日常生活》《前帝国时代的古代中国》《中国社会史》《中国和基督教》《中国的智慧，社会与心理》等，及汉学论文《中国古代的行为》《中国的经济和人的活动》《唐代的经济和社会》《唐代的中国在亚洲的影响》《宋代城市中的商贾与工匠》《中国的铁器时代》《敦煌写本中的租骆驼旅行契》《伊斯兰教鼎盛时期的中国城市考证》《中国佛教》《中国的第二次"文艺复兴"》《论 17 和 18 世纪的中欧交流》《16 世纪末至 17 世纪中叶的中国哲学和基督教》《近代中国和传统中国》《中国的历史和农业》《中欧交流中的时空、科学和宗教》等 80 多篇。还有不少法国汉学家研究的内容除了中国文化经典，也有中国学的内容。但是，法国作为欧洲汉学的盟主，确实研究中国文化经典者居多。不过，他们即使再著名，比如获得"世界中国学贡献奖"的谢和耐，无论是他本人还是学术界，一直都称他为汉学家。

法国是世界上汉学生命力最旺盛的国家之一，法国国立巴黎东方语言文化学院（INALCO）是欧洲汉学家的摇篮和大本营，中文系就有一千五百多名学生。20世纪50年代以来，从它所开设的课程便可知Sinology从传统到现代这一自然的学术演变。除了语言课，其他必修或选修课包罗万象，如"中国哲学""佛教""孔子思想""老子的《道德经》""中国古典诗歌""唐诗""红楼梦""西游记""远古至13世纪末的中国历史""元明历史""中国史前艺术史及考古""中国戏剧研究""中国音乐""中国文学""中国20世纪文学""鲁迅研究""郭沫若研究""中国近代史""新中国历史（1949—1981）""中国地理""中国地理和海外华人""中国艺术史""当代中国""中国概况""中华人民共和国政治""1945年以来的远东国家关系""中华人民共和国对外政策""中华人民共和国经济""19—20世纪中国社会经济史""中国社会学引论""中国法律和商业政策""中共党史""汉学翻译"等，从这些课程就可知什么是法国的汉学研究范围。

上述课程从古代到当代，从文化到政治，包括语言、文字、文学、历史、哲学、考古、中医、人类学、美术、音乐、艺术、社会民俗和纯粹的政治文化。如此繁多包罗万象的课程，折射了欧洲汉学丰富的中国元素。这种情况，不仅表现在欧洲大学里的中文系、汉学系里，也出现在以中国文化研究为主的东方学系的东方研究里。这样的学校，培养的当然不仅仅是汉学家，也培养以中国和东方为对象的外交官。

新一代的西方汉学家，他们有的钟情于中国文化经典的研究，试图在经史子集，儒、释、道等领域再发现其中的思想和学术价值，有的则以新的思维，重视对当代中国的研究。

在美国，也有很多专家学者在研究中国的历史、政治、社会，如孔飞力（Philip Alden Kuhn）、傅高义（Ezra Feivel Vogel）、魏斐德（Frederic Evans Wakeman）、史景迁（Jonathan D. Spence）等；与此同时，倾情于中国文化经典的研究者也是层出不穷，如倪豪士（William H. Nienhauser）、宇文所安（Stephen Owen）、葛浩文（Howard Goldblatt）、林培瑞（Perry Link）、金介甫（Jeffrey C.Kinkley）、安乐哲（Roger T. Ames）等。不仅他们都自称汉学家，也几乎没有别的学者叫他们中国学家。

作为一个文化历史悠久的大国，除了外国的政治家、汉学家的关注与研究，许多学者也都很关注中国。中外关系是新中国成立 70 年来当代汉学研究中的重大学术课题。外国汉学家和那些专门研究中国政治与社会问题的学者，其研究中国的态度因人而异：有的出于关心中国的前途与命运，研究中国的政治、社会与民生问题；有的纯粹是为了学术；有的则是出于政治目的。

六、关于新汉学

新汉学这个诞生于清末的学术术语，不属于汉学的范畴，所指是从两汉汉学、清代乾嘉汉学传承下来的代表中国文化经典的一个名词。

民国是中国抛弃封建帝制走向开放的时代，虽然有外国殖民者对中国的侵扰，但国家的政治生态和思想倾向却发生了变化。清末的章太炎、王国维、梁启超等人，倡导现代观念，主张以 20 世纪全新的思想和学术精神，改造两汉以降的汉学思维模式，用新史学、新汉学取而代之；可以说，新汉学还是促发新文化运动的思想基础。从乾嘉汉学的演化到化经为史，丰厚的学术资源曾为民国时期历史学研究提供有力的支持。新汉学的学术遗产，归为"古籍整理"和"史料学"，致力于学术辽阔的文本考据，构成现代学术的重要部分。但是，章太炎等激进的革命派在认识到中国传统学术的价值后，又转向"保存国粹"，以至于使得新汉学最后无声无息。

时间进入 21 世纪之后，有学者质疑汉学的"实用价值"，提出新汉学以取代汉学。很明显，所谓"新汉学"而非清末学者所讲的新汉学，只是给汉学披上一件"新"的外衣。新汉学既没有承传汉学对中国传统文化的研究，也没有接续民国时期新汉学的精神，而是更多地远离学术的范畴，将其研究重心移植到当代中国。

另外，还有人甚至建议将汉学改称为"中文/华文研究"，意思是将汉学家对于海外华人的研究与对中国文化的研究置于同等的地位。但是数代之后，置身异国他乡的华人，还能保留多少中国的文化基因？也许他们是生活在第三地带的缓冲区，其文化可能是"不里不外""既中亦外"的混血文化。一般来说，汉学家只会将有着更多中国文化烙印的华裔族群的文化纳入中国文化之中。

几年前，因此有人又提出新汉学取代汉学的想法。但是，这个新汉学又不是清末那个时代的学者所提倡的面对中国文化而言的"新汉学"，而完全是比照汉学而提出的。现在一部分国人喜欢用中国学，其实"中国学"就是 Sinology；早在费正清之前就有中国学的内容了。即使是"中国研究"或者说是政治汉学，也完全可以容纳到汉学之中的。Sinology——汉学！这是国际上汉学家基本一致的看法。不能把 Sinology 看作就是纯粹的单一的传统训诂考据之学，它从 19 世纪末开始就有了多元的范围、更广的对于中国文化各个领域的研究。

有一次，笔者给百余位马上出国上任的孔子学院院长讲国外"汉学"之后，一位院长表示想到的是 Sinology，是摆脱古典、超越中国学的中国研究，就是说完全政治化的 Sinology。而笔者当时对新汉学还没有深刻的了解，认为新汉学应该是更加现代化的对中国的国学研究吧。国家汉办（孔子学院总部）后来对"新汉学"作了解释：把外国学汉语的青年学子请进来，由我们进行文化培训……从2014年至今，国家汉办以"让汉学家回家"为旗帜，在国外招收百余个国家的学生来中国读研读博，我们掏钱培养，这叫"孔子新汉学计划"，又叫"青年汉学家研修计划"。这是新汉学的又一种诠释……

七、中国汉学研究的现状

汉学对中国来说是有用之学。中国的学者对此早有深刻认识。清代的徐光启等人就从传教士汉学家那里了解不少关于天文历法的知识。林则徐也曾将美国传教士汉学家裨治文主编的《中国丛报》的信息上呈道光皇帝。高本汉（Klas Bernhard Johannes Karlgren）出版过许多研究中国语言文字的著作，尤其他对中国音韵的研究，很大程度上直接影响了中国音韵学史的开端。法国汉学家马伯乐（Henri Maspero）研究中国宗教，他的关于道教佛教的研究影响了中国对本土宗教的研究。20世纪上半叶，陈垣、陈寅恪、傅斯年就很看重国外汉学的价值，张星烺著有《欧化东渐史》和《中西交通史料汇编》；阎宗临先后在重庆的《扫荡报》、昆明的《益世报》等文史副刊发表汉学研究论文，著有《中西交通史》及后来结集的《传教士与法国早期汉学》。1949年，莫东寅出版了中国第一部《汉学发达史》。但是，新中国成立后，西方误解了中国；基于此，中国也便误解了汉学，甚至认为汉学是帝国主义传播殖民意识的坏东西。国内对Sinology的研究相对沉寂了三十年；改革开放后，这种状况发生了变化。20世纪70年代初，中国社会科学院的孙越生先生，最早开始了这一领域的文献探索。接着，北大的严绍璗先生从汉籍东传开始研究日本中国学。1993年，北京语言文化大学创办《中国文化研究》，关于汉学研究的多个栏目，成为中国汉学研究最早的展示平台；1995年这所大学又成立了汉学研究所、创办Sinology的专业杂志《汉学研究》；这一年，任继愈先生创办《国际汉学》，后由张西平教授接任。现在，这类杂志还有《中国学》（上海社会科学院）、《世界汉学》（中国人民大学）、《国际汉学研究通讯》（北京大学）、《国际中国文学研究丛刊》（天津师范大学）、《汉籍与汉学》（山东大学）、《海外中国学评论》（上海华东师范大学）等；多所大学培养以国外汉学为专业的研究生、博士生，有一百多家杂志刊发汉学的研究论文，二十多家出版社出版外国汉学的专业著作。

汉学是国学有血有肉有灵魂的"影子"，而汉学不是国学，但这种介于中学与西学两者之间、本质上更接近西学的文化形态，却像国学一样辽阔。由于汉学被尘封得太久，对中国研究者来说，其空白很多，浩如烟海的资源有待于我们深入探索。如郑永年所说，"西方学者用西方的概念和理论来分析中国，往往产生一种'看着苹果（西方）来论述橘子（中国）'的局面。而现存西方观念和理论是西方社会科学界用西方的科学方法来观察西方社会现象的产物，方法论和其所产生的概念、理论之间存在着内在的逻辑一致性，当这些概念和理论被用于解释中国现象时，这种逻辑一致性就消失了。"这也许就会产生对中国文化的误读，其实误读也会给我们灵感和启发，有助于我们对自己文化的深入开掘，不仅可能收获意想不到的提升中国学术的新鲜思想和观点，还可以无意中发现被历史"放逐"和"遗失"在异国他乡的中国文化。

2016年5月17日，习近平主席在哲学社会科学工作座谈会上作出了"支持和鼓励建立海外中国学术研究中心"和"推动海外中国学研究"的指示。这使汉学研究仿佛遇到了及时春雨，推动了国内大学对汉学研究的重视，纷纷成立汉学研究所、汉学研究院、中国学研究中心或基地，包括北京大学的国际汉学研修基地以及图书馆，中国社会科学院历史研究院成立国际汉学研究所。中国高校还成立了一家以张西平为会长的中国高等学校汉学研究会。国内的汉学、中国学研究队伍迅速壮大，三十多年来，经过大家的辛勤耕耘，这个领域已经取得了丰硕的成果。

外国的汉学不是中国本土传统意义的汉学，它是外国汉学家根据自己的文化经过以中国文化为原料加工而形成的一种学问。国内对于汉学的研究，学界一般视其定位及研究方法具有跨学科、多重维度的学术性质，其领域不仅涵盖中国古代的一切文化，也包括近现代和当代的一切文化。通过它，可以解读中国文化在世界的流传路径及影响；在文化互动中，还可能使中国文化在探索中得到新的成长因素。我们的研究视角基于开放，试图对自己的文化能有新的理解或再解构，甚至希望通过研究外国的汉学，会有助于我们文化的重建。

人类的文化交流是双向的。公元前140年有张骞通西域，还有公元1405年至1433年明代郑和七下西洋，以及中国古代四大发明——火药、罗盘、造纸和印刷术的传播，都启发了西方的智慧，有益于人类文明的提升和发展。

中华民族这两次伟大"出游",前者开辟了"丝绸之路",后者发展了"海上丝绸之路"。中国送去的是茶、瓷器、丝绸和友谊,还有问候和祝福,没有侵占别人一寸土地。现在,我们再出发,还是中国一贯主张的——"强不凌弱,富不辱贫,协和万邦",也就是人类梦想的"人类命运共同体"!

(阎纯德,北京语言大学教授)

美国学界眼中的中国革命

▼

国外中国学研究是中国改革开放的产物,没有改革开放,也就不会有这一涉外学术研究。笔者从事系统的美国中国学研究始自 1992 年获得国家社会科学基金青年项目——"国外中共党史、中国革命史研究理论与方法评析"。在多年深入的研究实践中,笔者根据实际状况,不断校正自己的研究方位,将研究纳入地区研究 (The Regional Studies) 的范畴,从而获得研究的突破。本文通过选取具体的研究个案展示美国地区研究中的中国革命研究,从动态认知中国革命,以深化学术史的思考。

一、对地区研究的反思与中国学的展望

20 世纪 60 年代中期至 70 年代,美国的中国研究进入新的发展时期。伴随着越战期间整个美国学术界的思想动荡,中国学界内部形成了一股批判思潮,公开批判战后美国中国研究的传统,批评具有官学色彩的"费正清学术模式"。值得注意的是,这实际上是 20 世纪 80 年代"中国中心观"产生的理论先声。

新一代学者对传统学术的反思和批判主要集中于以下几个方面。第一,地区研究(The Regional Studies)带有强烈的"冷战"色彩,完全服务于美国政府的内外政策,严重制约了学术研究的发展。有批评者认为:"由于麦卡锡时代的伤害,学者们一直对卷入富有争议的政治问题心有余悸"。这种在"麦卡锡时代产生的恐惧几乎使美国失去了整整一代对美国的越南政策持批评态度的学者"。"一旦政府确定了政策参数,中国学学者在情报收集方面是有用处的。他们领会了'冷战'的意图,不

需要提出任何批评性的意见"。为迎合政府的需要,"中国问题专家们要停止他们试图研究的与文化有关的课题,使所有的中国研究都服务于收集情报"。①

第二,摈弃历史偏见,构建新的亚洲观和中国观。有学者认为,与早期启蒙思想家不同,美国人形成了"救世主"的思维范式。因此,消除种族偏见,建立非殖民化的研究理念是必要的。"最为理性的途径就是以相互学习为先决条件,我们可以从与世界主要文明的交流中学习到很多解决人类基本问题的有益经验。实际上,无论任何民族都要通过斗争克服自己固有的局限性。这种斗争将为整个人类提供巨大的创造力和教诲"。因此,美国人完全可以从中国研究中得到激励,"因为很多问题都是人类共同面临的问题,美国存在的问题也是第三世界的批评家现在所面临的问题"。②

第三,赞美"文化大革命",以"文革"为社会批判的参照系。20世纪60年代是美国社会大动荡的年代,特别是越南战争的爆发,诱发了民权运动和反战运动。美国青年对西方文明的价值观产生了怀疑,迫切寻求思想出路。中国的"文革"恰好适应了美国青年反传统的精神需要,为他们提供了进行社会批判的参照系。因此,他们便把中国视为"理想国",中国研究遂成为"显学"。

今天,饱受"文革"创伤的中国人是很难想象"文革"灾难居然对美国中国学家所产生的强烈震动。然而在笔者看来,"文革"之所以会使美国学术界产生回应是因为美国自身的社会问题异常尖锐,而"文革"本身确实提出了很多"人类共同面临的问题",当然也正是美国的问题。但是,令人困惑的是:"文革"最终根本无法解决这些问题,它们仍旧在不断地困扰着我们。

---

①Judith Coburn, Asian Scholars and Government: The Chrysanthemum and the Sword 'America's Asia: Dissenting Essays on Asian-American Relations, Random House, 1977, PP.77, 93—95.
②Edward Friedman & Mark Selden, America's Asia: Dissenting Essays on Asian-American Relations, Random House, 1971, Introduction.

二、费正清（John King Fairbank）思想中的"中国革命"

从地区研究看近代中国社会的发展，费正清关注的一个很重要的主题是"中国革命"。他把中国革命看成是一个完整的历史和文化过程，要准确理解中国革命，就必须了解中国的历史和文化。

费正清晚年，推出了他的力作《伟大的中国革命（1800—1985）》。这本书实际上是在分析从晚清到中华民国，再到中华人民共和国的历史过程。在其早期的《美国与中国》（专门分析中国的历史文化与中美关系，先后修订四版）一书中，也有专章论证中国革命。可见，中国革命在费正清的研究中占有重要的地位。实际上，他是想通过自己的著述，让美国人从更深的"长时段"层面理解中国革命。

费正清在探讨中国革命时使用的重要的方法论，是外部革命与内部革命相结合的历史范式。他认为，近代以来的中国革命包含第一次革命和第二次革命，如果说第一次革命的特征是外部革命的话，那么第二次革命就是发自中国社会内部的革命。

费正清研究中国还使用"冲击—反应"（China's Response to the West, the Western Impact and the Eastern Response）的理论范式，即西方的冲击与东方的反应之关系。这一范式是要说明，由于中国传统社会的封闭性和专制主义统治导致的牢固性，中国社会很难从自身内部产生变化和展示活力。如果这个社会要发生变化，就必须要受到外部的冲击。

过去我们在研究"冲击—反应"范式时，很注重外部的势力，包括军事、经济、社会等来改变中国社会的力量。其实我们忽略了一个很重要的方面，在费正清看来，最需要来自外部冲击的并不是物质的因素，而是来源于思想和精神的因素。因为在中国传统社会中，人们的观念是封闭而保守的，社会要发生变化的话，主要的阻力来自它的思想观念，所以必须要有西方外部的思想进行冲击。

在研究中，费正清苦苦寻找中国社会内部有何积极的因素与外部西方的思想发生联系，但寻找线索的时候，他自己也觉得异常艰难，难以找到。所以，他才认为"中国革命"的内在动力不足，必须要有外部的影响来促进中国内部的思想变动，从而引发思想革命。中国近代以来的第一次革命就是按照这样的逻辑展开分析的。

引起费正清对中国革命更深刻的理解，在他看来给中国带来希望的，是后来的第二次革命。他更关注中华人民共和国建立以后中国社会所发生的革命，也就是我们习惯上所说的"社会主义革命"，而这个革命发展到极致就是"无产阶级文化大革命"。不仅费正清，和他同时代的一大批的美国中国学家，都对中国的第二次革命产生浓厚的兴趣，开展深入的研究。他们终于发现在中国社会内部产生了发生革命的动力和精神因素。

正像他们研究中国"文化大革命"时所说的那样，我们是现实主义者，不是理想主义者，但是当那种乌托邦的理想主义一经付诸社会实践的时候，我们大家都来关心它，甚至拥护它。中国"文化大革命"引起了美国中国学界非常强烈的反应，可见一斑。按照费正清的逻辑，内部产生的革命动力实际上是有了内部革命的思想动力，这就是毛泽东思想。毛泽东思想在影响中国的革命和整个中国。这就是中国的第二次革命，也可称之为内部革命。

正因如此，当"文化大革命"结束以后，中国进入改革开放时代。美国很多中国学家，包括费正清本人，没有能很快从既定的革命观中扭转过来，正视中国的改革开放。甚至费正清在他的书中谈道：中国革命是否应该放慢其节奏。言外之意，中国的革命可能正在走向另一种方向，而这种方向很可能偏离了它原有的轨道。

今天我们需要思考的是：为什么美国的中国学家对中国革命是这样一种看法？而围绕着这一看法，我们又可以引申出哪些值得深入思考的问题？

三、韦慕庭 (Clarence Martin Wilbur) 对中国共产党和国民党的研究

以第二次世界大战为契机，为了适应战时国际斗争的需要，维护美国的国家利益，美国的汉学研究发生了重大的分化，最终使中国研

究彻底摆脱传统的束缚，从古典研究规范中分离出来。应当说，这种分离是一个过程，它始于20世纪20年代中期，其中主要的标志之一就是1925年太平洋学会（Institute of Pacific Relations，简称IPR）的成立。太平洋学会是美国中国学研究史上一个不容忽视的、具有学术转向标志的学术团体。由于它的出现，传统意义上的东方学、汉学研究开始走出古典语言文学、历史、思想文化的纯学术研究壁垒，转向侧重现实问题和国际关系问题研究的新领域，从而揭开了地区研究的序幕。

太平洋战争爆发以后，韦慕庭被美国国务院和情报协调局（1942年6月改为美国战略情报局，系中央情报局CIA的前身）征调，被派往中国，具体从事战时情报分析工作。在中国近四年时间里，他曾先后到昆明、重庆、上海、北平等地做实地调研，结识了一批当时著名的中国留美知识分子，并成为好友。特别是从哥伦比亚大学毕业的校友群体，像张奚若（1889—1973，哥伦比亚大学政治学硕士）、蒋梦麟（1886—1964，哥伦比亚大学教育学博士）、吴文藻（1901—1985，哥伦比亚大学社会学博士）等人，在文化学术界颇具影响，让韦慕庭终于看到了未来的希望。

与费正清等人的经历相同，在战后，战时情报人员大多选择回到高等学校学习，或从事学术研究工作，所研究的领域大都被纳入"地区研究"范畴，但具体的侧重有所不同。

1946年5月，韦慕庭回到美国，选择回哥伦比亚大学任教，进行中国现代历史的研究与教学。1947年，哥伦比亚大学成立东亚学院。韦慕庭开创了有关亚洲的"地区研究"项目及课程，组织研究国共两党历史。1948年，哥伦比亚大学东亚研究所成立，韦慕庭尝试开设"现代中国政治"的研究生课程，培养硕士研究生。他的第一位研究生是一位华裔女性，名叫夏莲荫（Julie Lien-ying How），她在韦慕庭指导下于1949年7月完成了硕士论文《陈独秀思想研究》。以后，他们师生合作，利用张作霖当年获得的苏联档案专门研究中共另一位创始人李大钊，在1956年发表《关于共产主义、民族主义及在华苏联顾问的文件（1918—1927）》（Documents on Communism, Nationalism and Soviet Advisers in China）。

1989年，该书的修订版由哈佛大学出版社出版，更名为《革命传教士：苏联顾问与民族主义中国》（*Missionaries of Revolution : Soviet Advisers and Nationalist China*, 1920—1927）。1956年，受美国国务院委托，韦慕庭负责审定亚洲研究的奖学金项目。

在开展研究工作、组织工作的同时，韦慕庭专注于进一步发掘史料。值得提出的是：他在哥伦比亚大学的档案中发现了中共一大代表陈公博的线索，特别是陈在1924年的硕士学位论文——《共产主义运动在中国》（*The Communist Movement in China*），为了证实真伪，他与张国焘取得联系，并于1955年与其在香港会面，核实有关情况。以此为契机，他开始了"中共研究"。

在现代中国，革命中的政党主要指两大政党——共产党和国民党。与中国人的研究取向不同，韦慕庭是第一位将这两大政党联系起来，作为整体进行贯通研究的美国中国学家。在韦慕庭眼中，共产党和国民党是中国近代革命中最重要的两大政党。就近代社会革命而言，这两大政党的重大缺失在哪里？而共通性的问题又是什么？国共两党没有形成真正的"意识形态"，也没有真正的理论指导，无论是"三民主义"，还是"共产主义"，都缺乏发展的"活力"，没有人愿意去改变和充实它们。韦慕庭认为，"台湾的政治对我是一个谜，但我明显感到的是，这是各种集团参与的特权之争"，"唯有知识分子在政治中没有利益的实现，他们甚至没有任何影响政治的途径"。"我们必须记住，思乡之痛的另一个很重要的因素，知识分子在台湾是异类。或者叫'聪明的局外人'"。同时他看到，"所有重要的决策都是由蒋公一个人做出的，他最基本的想法是反攻大陆。台湾的很多现实问题都是导源于这种非理性的'梦想'"。

韦慕庭十分关注国共两党的领导人研究。在国民党方面，他专门选择孙逸仙做专门的研究，著有《孙中山——壮志未酬的爱国者》（*Sun Yat-sen Frustrated Patriot*, Columbia University Press, 1976）。他特别尊重身为基督徒的孙中山，但他反对神化孙中山。他主张，应该认真研究孙先生的"个性"和"选择"，不要将其人为地意识形态化、脸谱化，就像给辛亥革命定性那样。最难能可贵的是孙先生有多元化的知识构成——宗教知识、科学知识、古典国学知识。由于自己研究孙逸仙思想的缘故，韦慕庭特别反感台湾对"三民主义"的态度。他发问：为什么没有知识分子对孙逸仙和"三民主义"是严肃的？"不仅缺乏知性的激励，也没有真正的骄傲"。这里的"社会、政治和人文领域，根本没有新思想个性发展的空间"。

（侯且岸，北京师范大学历史学院特聘教授、中国社会科学院国际中国学研究中心特聘研究员）

澳大利亚的中国研究

▼

澳大利亚的中国研究是海外中国研究不可忽视的重要力量。虽然研究机构在规模上不如美国和英国的中国研究那样为数众多、拥有大量的研究人员以及具有国际影响力的专业期刊，但也颇有澳大利亚特色。这种特色不仅体现在相关研究机构的设置和方向上，也体现在相关研究人员的研究兴趣和研究发现更加贴近澳大利亚的中等强国战略，在研究方式上也更加靠近英联邦国家的国际关系研究思路。澳大利亚的中国研究因此成为海外中国研究的重要组成部分。

一、澳大利亚中国研究的机构设置

澳大利亚的中国研究机构最有代表性的就是澳大利亚国立大学。其中既包括"中华全球研究中心"（Australian Centre on China in the World）这样以中国为研究对象的专门机构，也包括"科拉贝尔亚太事务学院"（Coral Bell School of Asia and Pacific Affairs）、"克劳福德公共政策学院"（Crawford School of Public Policy）、"语言、历史与文化学院"（School of Language, History and Culture）以及"国家安全学院"（National Security College）。这一个中心和四个学院在中国研究方面各有侧重，共同形成了澳大利亚国立大学中国研究的研究体系。

澳大利亚国立大学的"中华全球研究中心"是在陆克文（Kevin Rudd）任总理时期由澳大利亚政府出资创立的专门针对中国进行研究的机构。其研究重点在于中国古代经济、社会和文化。而关于当代中国外交、内政和经济社会的研究则分布于其他三个学院。其中"亚太事务学院"和"国家安全学院"侧重于中国外交政策及其对澳大利亚的影响,"克劳福德学院"偏重于中国经济,而"语言、历史与文化学院"则更关注中国文化和社会。澳大利亚国立大学的中国研究覆盖了中国从古至今的各个领域,也因此成为澳大利亚在中国研究领域最为全面和系统的研究机构。近年来澳大利亚国立大学的中国研究,主要是由一个中心和四个学院而进行。中心与学院之间研究人员相互合作,共同推进研究项目。

澳大利亚国立大学在中国研究方面有一个不容忽视的优势,那就是拥有国际知名的学术期刊《中国研究》(*The China Journal*)。《中国研究》依托澳大利亚国立大学"当代中国中心"(Contemporary China Centre),由芝加哥大学出版社负责出版,与英国伦敦大学亚非学院的《中国季刊》(*China Quarterly*)、美国丹佛大学的《当代中国》(*Journal of Contemporary China*)并称为海外中国研究的三大学术期刊。《中国研究》在 2018 年 SJR 影响力因子高达 2.21,远高于《当代中国》1.14 的影响因子,位居 SSCI 区域研究类 64 种期刊第 4 位,是英语世界中关于中国研究首屈一指的 Q1 类 SSCI 期刊。

除了澳大利亚国立大学之外,还有三所澳大利亚高校的科研机构以及一个澳大利亚智库也都对于中国研究有着浓厚兴趣。这三所高校分别是位于墨尔本大学的"亚洲连接"(Asia Link),位于格里菲斯大学的亚洲研究所(Asia Institute),以及位于拉筹伯大学的亚洲研究中心(Asia Research Centre)。这三所高校的研究机构,都将中国研究置于亚洲研究的方向之内,并且拥有一批关于中国研究的知名学者。此外,近年来逐渐在政策研究方面崭露头角的澳大利亚智库洛伊研究所(Lowy Institute)也有相当多的研究人员将目光聚焦于中国,特别是中国的内政与外交政策以及这些政策对于澳大利亚的影响。

二、澳大利亚中国研究的三代学者

澳大利亚的中国研究,汇集了老中青三代学者。而这些学者在中国研究方面又体现出不同特征。在澳大利亚从事中国研究的老一代学者中，比较有代表性的就是澳大利亚国立大学的范乃思教授（Peter Van Ness）。范乃思1933年生于美国，毕业于加州大学伯克利分校，后来长期任教于丹佛大学。在伯克利读书期间，他受到了谢伟思等曾经访问过延安的美国外交官影响，对毛泽东思想比较认同，并且参与到反越战的政治运动中。范乃思在中美建交早期就访问过中国，后来在美中关系委员会中担任过重要职务，与知名中国知识分子如资中筠非常熟悉。范乃思的研究方向主要侧重于中国外交特别是中国与第三世界的关系。近年来其研究兴趣逐渐转向中国的核安全战略以及对亚太地区安全的影响。作为澳大利亚中国研究领域的元老级人物，其学生遍及世界各地。

澳大利亚的中国研究领域的另一位元老级人物是格里菲斯大学（Griffith University）的马克林教授（Colin Mackerras）。马克林1939年生于澳大利亚，先后就读于剑桥大学和澳大利亚国立大学。马克林在20世纪60年代中期曾经前往中国教授英语，所以和中国有着极其密切的个人联系，也对中国充满感情。马克林早期的研究主要聚焦于中国戏剧，随后则转向了中国的少数民族研究和澳中关系研究。马克林教授参与创立了格里菲斯大学的亚洲研究学系，并且经常前往北京的高校从事教学工作。

澳大利亚中国研究的中生代学者中最有影响力的就是澳大利亚国立大学"中华全球研究中心"的创始人白杰明（Geremie R. Barme）。白杰明在"文化大革命"时期做过驻华新闻摄影记者，20世纪70年代早期曾经在中国读书，能够讲一口非常流利的北京普通话。白杰明在澳大利亚国立长期讲授中国文化与中国历史方面的课程，其学生包括后来成为澳大利亚总理的陆克文。由于其工作和教育经历，白杰明的研究主要集中在中国的文化传统方面，也因此使中华全球研究中心对这一研究领域格外关注。此外，在澳大利亚的中国研究领域还活跃着一大批华人中生代学者。这其中包括在澳大利亚国防大学（ADFA）工作的张剑（Zhang Jian）教授，主要关注中国军事外交战略；在迪肯大学（Deakin）工作的潘成鑫（Pan Chengxin）教授，主要研究中美关系和中国国际关系理论；以及在格里菲斯大学工作的贺凯（He Kai）教授，主要从事中国外交战略研究。

澳大利亚中国研究领域的年轻一代学者近年来开始崭露头角。这其中最有影响力的当属澳大利亚国防大学的副教授皮查蒙·约范童（May Pichamon）。皮查蒙·约范童是泰国人，毕业于澳大利亚国立大学国际关系学系，主要从事中国外交战略、中国能源安全政策方面的研究。此外，还有任职于澳大利亚国立大学克劳福德学院的副教授安德鲁·肯尼迪（Andrew Kennedy）以及悉尼大学的副教授袁敬东（Yuan Jingdong）。前者的研究主要是中国的国际经济战略，而后者则主要关注中国的军事安全战略。这些年轻的学者，在研究的方法和视角上都有了很大的创新，与中国的交往也较之其前辈学者更为密切。

三、澳大利亚中国研究的三个特征

总体上来说，澳大利亚的中国研究体现出三方面的特征。首先，澳大利亚学者和智库研究人员对于中国的研究与澳大利亚的外交战略高度匹配。二战后澳大利亚奉行中等强国战略，试图在美苏两个超级大国博弈中体现自身的独特价值。冷战后澳大利亚政府一方面维持自己与美国的盟友关系，另一方面将自己视作与中国有特殊关系的诤友，试图通过协调中美关系而继续维持自己的特殊角色。在中等强国战略影响下，澳大利亚的中国研究相较于美国的中国研究而言更倾向于采取平等的视角来理解中国，但是也直言不讳地批评中国在某些方面的政策。

澳大利亚的中国研究第二个特征就是研究人员多为移民学者，且影响力辐射周边国家。在澳大利亚从事中国研究的学者从来源上来看非常广泛。其中相当多一部分来自中国及周边东南亚国家，例如越南、泰国、新加坡和印度尼西亚。这些学者在欧美名校或者澳大利亚高校接受高等教育之后移民澳大利亚并从事中国研究。由于澳大利亚与周边国家的密切关系，再加上澳大利亚在南太平洋地区的教育资源优势，所以这些澳大利亚的移民学者也对周边国家的中国研究具有相当的影响力。甚至有不少人在澳大利亚工作以后直接前往新西兰等周边国家的高校和科研机构任职。

澳大利亚的中国研究第三个特征就是从效果上来看，对于中澳关系起到了积极和消极两方面作用。就积极方面而言，澳大利亚的中国研究促进了中澳双方对于彼此的了解。特别是越来越多的澳大利亚学者定期前往中国高校讲学，以及与中国学术机构展开长期的学术合作。这都促进了双方的交流与沟通。就负面因素而言，澳大利亚的中国学研究者往往会认为相较于美国学者而言更加了解中国，所以反而会产生某种不切实际的幻想，以为能够按照自己的意愿来改变中国。这其中最突出的就是陆克文对于中国在诸多问题上不切实际的期待以及由此造成的两国关系紧张局面。

综上所述，澳大利亚的中国研究，虽然在机构设置和数量上远不及英美等西方大国，但是也有着自己完备的研究体系，拥有老中青三代相互联系又各具特色的研究人员，并且在研究中具有强烈的澳大利亚问题意识，体现出鲜明的澳大利亚中国研究特色。今后如何加强与澳大利亚中国学研究界的沟通与交流，从而进一步发挥澳大利亚中国学研究的优势，克服其中存在的问题，从而为中国在国际社会中的和平崛起以及中澳关系的良性发展服务，这是摆在国内从事海外中国学研究的学者面前的一个重大课题。

（鲁鹏，福建师范大学马克思主义学院政治学专业教授）

妥善应对海外当代中国研究态势

▼

当今世界是愈益开放的世界，在经济、政治、文化等方面，各国之间的交流合作与竞争交锋并存。中国的综合国力持续增强，国际地位和国际作用不断提升，正处在从大国走向强国的关键时期，已由国际秩序的被动参与者、适应者，变为积极的建设者、维护者，由时代潮流的追随者，变为引领者。"世界对中国的关注，从未像今天这样广泛、深切、聚焦；中国对世界的影响，也从未像今天这样全面、深刻、长远。"① 在这种情况下，海外当代中国研究愈发火热起来，可谓众说纷纭，对我国的影响也是利弊兼具。我们一定要重视对海外当代中国研究的研究，妥善应对，以更有利于我国自身的发展和国际作用的发挥。

首先要正确认识海外当代中国研究的基本态势。综观现时期海外当代中国研究，主要有以下几种情况：

一是真心夸赞中国的，认为中国走的道路正确，取得的成绩卓著，对世界和平与发展做出了重大贡献。俄罗斯远东研究所所长米·列·季塔连科指出，中国特色社会主义在理论和实践上与传统社会主义的确有许多相异之处，但在精神实质上则与马克思主义一脉相承，符合历史唯物主义的原则。② 越南社会科学院中国研究所原所长杜进森认为，中国特色社会主义进入新时代，在中华人民共和国发展史上、在中华民族发展史上具有重大意义，在世界社会主义发展史上、人类社会发展史上也具有重大意义。他还对中国的扶贫减贫事业取得的业绩予以充分肯定，

---

① 中共中央宣传部：《习近平新时代中国特色社会主义思想学习纲要》，学习出版社、人民出版社2019年版，第14页。
② 李燕、康晏如：《季塔连科论中国社会主义现象》，《国外社会科学》，2014年第5期。

认为"越南可借鉴中国在精准识别扶贫对象、精确选择扶贫措施、鼓励企业参与扶贫等方面的经验"①。韩国成均中国研究所所长李熙玉指出，中国人民通过艰苦奋斗，取得了令人自豪的发展成就，向世界展示了中国道路和中国方案的独特优势以及中华民族的强大凝聚力。中国政府有强大的顶层设计能力，制定实事求是、与时俱进的发展战略，不断提升治理能力现代化，弘扬中华优秀传统文化，加强环境保护、注重人与自然和谐共生，这些都是中国能够不断发展的秘诀。②海外学者还认为，中国道路既造福中国，也惠及世界。英国剑桥大学高级研究员马丁·雅克指出：中国提供了一种"新的可能"，这就是摒弃丛林法则、不搞强权独霸、超越零和博弈，开辟一条合作共赢、共建共享的文明发展新道路。这是前无古人的伟大创举，也是改变世界的伟大创造。③日本国际贸易投资研究所首席经济学家江原规表示，中国积极参与并坚持以公平正义为理念引领全球治理体系改革，推动全球治理体系朝着更加公正合理的方向发展，赢得国际社会普遍赞誉。④法国国际问题专家、欧中论坛创始人戴维·戈塞（中文名高大伟）指出，在向世界开放 40 年后，中国在全球治理方面成为包容和平与共享繁荣的最强有力倡导者。中国共产党提出构建人类命运共同体的主张，是结合时代特点、对中华文化中"天下大同"传统理念的最新诠释，包含着更高层次的团结与和谐，将对全球事务产生持续影响。⑤应该说，这些对当代中国的肯定和赞誉是符合中国发展实际的。

二是试图客观中立地总结中国改革发展的经验，同时针对他们认为中国发展中出现的问题，提出一些质疑和告诫。在这方面，影响最

---

① 曹景文：《海外视域下新时代中国特色社会主义及其世界影响》，《中国延安干部学院学报》2018 年第 3 期。
②〔韩〕李熙玉：《中国的未来值得期待》，《人民日报》，2019 年 10 月 31 日。
③ 参见《让思想之光引领世界前行之路——习近平主席 2017 年达沃斯、日内瓦主旨演讲的世界意义》，《人民日报》，2018 年 1 月 25 日。
④《为人类共同发展和繁荣提供中国方案》，《人民日报（海外版）》，2018 年 6 月 25 日。
⑤《积力之所举，众智之所为——国际社会为中国共产党全球治理观点赞》，《新华每日电讯》，2018 年 7 月 2 日。

大的要数"北京共识"和"中国模式"的热议了。2004年5月，英国著名思想库"伦敦外交政策中心"发表了美国高盛公司政治经济问题资深顾问乔舒亚·库珀·雷默的名为《北京共识》的研究报告。他概括中国发展成功的经验在于：坚决捍卫国家主权和利益；主动创新和大胆试验；循序渐进、积聚能量。他认为，这种发展模式不同于和优于20世纪90年代的"华盛顿共识"，因为它不仅适合中国，也是发展中国家追求经济增长和改善人民生活可以效仿的榜样。之后，关于"北京共识"和"中国模式"的研讨在西方学界盛行起来。他们这种研讨所形成的观点，有的比较实际地反映了中国的发展情况，也有的带有明显偏颇。比如，一些持中派偏右观点的学者认为中国模式的核心特征就是"自由经济+威权政治"。他们认为，伴随市场化和经济快速发展，具有社会独立性和自由意识的中产阶级将崛起，进而会建立起民主化的政治机制和自由化的核心价值，而中国却不是这样。但他们仍然认为，中国的"例外"无损于现代化进程的"常识"。中国的改革开放虽然不以民主化为前提，但最终还是要导向民主化；民主在中国只是被"延迟"了。[①] 显然，这还是以资本主义现代化的视角来评析中国的改革发展。中国成功发展的最根本经验在于在中国共产党的领导下坚定不移地走中国特色社会主义道路，这是他们没有认识到或不愿提及的事情。也有的海外学者针对中国发展面临的问题，出于希望中国能更好发展的用心，表达了担忧之情和忠告之意。埃及著名国际政治经济学家萨米尔·阿明肯定中国模式取得巨大发展成就，但同时也指出当代中国社会中存在环境问题、资源消耗问题、劳动力不足问题、两极分化问题以及日益严重的腐败问题等，他认为，这些问题是中国被动地融入欧美资本主义体系所致的结果。[②] 阿明告诫中国不要急于融入资本主义金融全球化，要认识到新帝国主义的本质和新自由主义全

[①] 参见范春燕、冯颜利：《海外中国特色社会主义研究的几个不同视角》，《国外社会科学》，2012年第2期。
[②] 参见吴苑华：《具有中国元素和比较优势的当代中国经济发展模式——萨米尔·阿明解读中国经济》，《华侨大学学报》，2017年第4期。

球化的危害，坚持走中国特色社会主义道路，避免走向国家资本主义。他的这种担忧和提醒对我们有积极意义，但这也是他对中国共产党和中国人民坚定地走中国特色社会主义道路的自觉和自信缺乏深刻了解所致。

三是恶意诋毁中国的，仍以霸权主义心态和冷战思维来看对中国，从各方面"抹黑"中国，极欲遏制中国，甚至"捧杀"中国。海外敌对势力大肆鼓噪"中国威胁论"，而且花样不断翻新，什么"中国经济威胁论""中国军事威胁论""中国文明和意识形态威胁论"等不一而足。其目的是挑拨中国与其他国家特别是与周边国家的友好交往关系，破坏中国的国家形象和国际影响，以达到孤立、打压中国的图谋。还有一种论调是"中国崩溃论"，散布中国发展无足轻重，中国发展面临难以克服的困境，不要看好中国，不要跟着中国走。较为典型的就是，2001年8月美籍华裔学者章家敦出版了《中国即将崩溃》一书，宣称中国过去50年在经济、社会及政治方面累积的弊病太多太深，目前的经济繁荣是虚假的，在加入世贸组织的强烈冲击下，中国将在短时间内崩溃。[①]"中国崩溃论"看似与"中国威胁论"相反，但其实质和目的是一样的。一些国外势力还借助科学、艺术、学术交流等方式，极力对华传播西方思想意识和价值观念，试图潜移默化地影响甚而主导中国民众的思想认知。当代西方社会思潮对我国影响较大的主要有新自由主义、民主社会主义、普世价值论、宪政民主论、公共知识分子论等。新自由主义极力鼓吹自由化、私有化、市场化，实质是强化资本主义经济模式，否认以公有制为主体的社会主义经济基础。民主社会主义企图在不消灭资本主义私有制和资产阶级统治的条件下，调和阶级矛盾，实现所谓社会公平，和平过渡到"社会主义"，其本质不过是资产阶级改良主义。普世价值论以宣扬抽象的"自由、民主、人权、平等、博爱"等为旗号，兜售西方资本主义价值观，以此来歪曲和取代社会主义核心价值观。宪政民主论则着力美化西方资产阶级

---

① 彭潇：《华裔投机分子章家敦 全球兜售"中国崩溃论"》，《环球人物》，2006年第20期。

宪政民主体制，质疑中国共产党执政的合法地位和依法治国的真实性，否定中国特色社会主义法治建设的成就。公共知识分子论主张知识分子应成为超阶级的公共事务的介入者和公共利益的"守望人"，其实质就是鼓吹知识分子要摆脱社会主义意识形态和共产党的领导，做所谓具有独立性、批判性的"意见领袖"。以上这些思潮起的都是动摇中国共产党领导和执政的思想理论基础的作用。海外敌对势力还抓住我国经济社会发展中出现的问题，添枝加叶，对中国共产党的领导和中国特色社会主义制度加以丑化，企图使我国民众失去对共产党的信任，失去对社会主义的信心。习近平总书记曾明确指出：国内外反华势力往往"竭尽攻击、丑化、污蔑之能事，根本目的就是要搞乱人心，煽动推翻中国共产党的领导和我国社会主义制度"[①]。对于海外这种所谓当代中国研究，我们必须时刻高度警惕，认清其险恶用心，坚决予以回击。

四是还有蓄意"捧杀"中国的，认为中国已不再是发展中国家，而是新的超级大国，极力宣扬"中国责任论"。伴随中国的日益发展强大，海外"热捧"中国的话语也多了起来。除了前面所讲真心夸赞中国、希望中国强大的话语外，也出了夸大其词甚至危言耸听地渲染中国强大的声音。比如2018年，美国总统特朗普在推特上公开表示中国是一个经济大国，却还被世贸组织认为是发展中国家。美国商务部负责国际贸易的副总长卡普兰（Gilbert Kalpan）也说中国应该是"发达国家"。英国《卫报》等西方媒体也推出过类似论调的文章。这些言论看似在夸赞中国，但都有其特殊用意，一是过度渲染中国的强盛，二是提醒西方国家要警惕中国的崛起。这无异于用"捧杀"中国的方式来制造新的"中国威胁论"。在"热捧"中国的同时，则是"中国责任论"的鼓噪。据说，"中国责任论"之说起于美国前副国务卿罗伯特·B.佐利克，他于2005年9月在美中关系全国委员会的演讲中提出："要促使中国成为这个体系中负

[①] 中共中央文献研究室编：《十八大以来重要文献选编》（上），中央文献出版社2014年版，第113页。

责任的、利益攸关的参与者"①。2006年10月，欧盟委员会发表了《欧盟与中国：更密切的伙伴、增长的责任》新的对华政策文件，也大谈中国责任问题。之后，各种"中国责任论"便相继热闹地喧嚷起来。一些西方国家把对中国快速发展的不满与忧惧，统统转换为责备中国"不负责任"，其实质是想迫使中国承担其能力和道义之外的所谓国际责任，并用以掩盖和推卸西方国家应负的责任，同时挑拨离间广大发展中国家同中国的关系。对此，我们也要有清醒认识，妥善应对。

可以看出，现阶段海外当代中国研究，对我们来说，有的用意是好的，有的用意则是不好的，也有的或许无所谓用意是好还是不好，只是由于文化差异，由于交流沟通不利，而出现的一些分歧或误解，对中国产生的影响都应引起我们的重视。有的影响是正面的，对我国发展持肯定和夸赞态度的观点，可以使我们更好地认识到坚持马克思主义理论指导和中国共产党领导的必要性，更好地感知到走中国特色社会主义道路的正确性，从而增强我们的道路自信、理论自信、制度自信和文化自信；还有助于我国塑造良好国际形象，更好地开展对外交流与合作，提升我国的国际地位和国际影响力。即使那些挑出的毛病，给我们提出的批评，也可以使我们更好地认识自己发展中的问题和不足，以利于我们更好地解决问题，少犯错误，少走弯路。无疑，也有的海外当代中国研究对我们的影响是负面的，那些鼓噪马克思主义过时了，社会主义失败了，抹黑中国共产党的形象，诋毁中国共产党的领导地位和执政合法性的言论，的确一度在我们党内和民众中造成了思想迷惘、信仰迷茫、信念动摇、意志消沉的现象。有的人看不透西方思潮背后的政治玄机，以其具有所谓"普世价值"而接受并推送，也跟着散布美化和向往西方资本主义制度和价值观念的言论；有的人对西方国家利用网络阵地"抹黑"和"妖魔化"我们党、国家和民族的谣言怪论缺乏鉴别力，而将其当作谈资趣闻随意传播。习近平总书记曾严厉抨击说：有的党员干部"专门挑那些党已经明确规定的政治原则来说事，口无遮拦，毫无顾忌，以显示自己

---

① 参见《中国责任论的由来》，《光明日报》，2010年9月2日。此为资料链接，无作者署名。

所谓的'能耐',受到敌对势力追捧,对此他们不以为耻、反以为荣"①。我们要保持好自己的思想和政治定力,不为浮云所惑,不为妄言所扰。

概言之,针对现时期海外当代中国研究的情况,我们要采取不同的措施妥善对待处理。夸赞我们的话,我们当然乐意听,但也要看其夸赞得是否有理、对头,是不是有盲目抬夸的成分。对蓄意"捧杀"中国的话,我们要警惕,绝不能因之而飘飘然起来,忘乎所以起来。说我们不好的话,我们要冷静分析,他说得不对,我们要多作解释,说得有理,我们就应认真听取,努力改正。对恶意诋毁、攻击中国的言论,要坚决回击,绝不能任其泛滥。而最主要的,还是要做好我们在思想文化方面的研究和教育、对外交流和传播工作。

其一,要坚持我们的主流思想意识形态,筑牢抵御海外敌对思想侵袭的防线。首先要坚持马克思主义的指导地位不动摇。习近平总书记指出:"指导思想是一个党的精神旗帜","中国共产党之所以能够完成近代以来各种政治力量不可能完成的艰巨任务,就在于始终把马克思主义这一科学理论作为自己的行动指南,并坚持在实践中不断丰富和发展马克思主义"②。"无论时代如何变迁、科学如何进步,马克思主义依然显示出科学思想的伟力,依然占据着真理和道义的制高点。"③我们决不允许其他社会思潮取代马克思主义在我国意识形态领域的指导地位,也不能搞什么指导思想"多元化";只能在马克思主义的引领下,发挥多样化社会思潮积极有益的能量,形成具有中国特色的"一元指导、多样发展"的思想文化繁荣局面,合力推进社会主义精神文明的健康发展。这是我们妥善应对海外当代中国研究的思想根基。

其次,要坚持中国特色社会主义不转向。中国特色社会主义是马克思主义中国化的伟大成果,是我们党不断深化对共产党执政规律、社会主义建设规律和人类社会发展规律认识的结晶。海外当代中国研究中不

---

① 中共中央文献研究室编:《十八大以来重要文献选编》(上),中央文献出版社 2014 年版,第 133 页。
② 《习近平谈治国理政》(第 2 卷),外文出版社 2017 年版,第 33 页。
③ 习近平:《在哲学社会科学工作座谈会上的讲话》,《人民日报》,2016 年 5 月 19 日。

乏质疑中国特色社会主义的声音出现,将之称为"资本社会主义""变相资本主义""中国特色资本主义"等。这些说法不是别有用心地歪曲污蔑,就是不明事理的糊涂认识。习近平总书记指出:"我们要建设的是中国特色社会主义,而不是其他什么主义。历史没有终结,也不可能被终结。中国特色社会主义是不是好,要看事实,要看中国人民的判断,而不是看那些戴着有色眼镜的人的主观臆断。中国共产党人和中国人民完全有信心为人类对更好社会制度的探索提供中国方案。"① 实践已充分说明,中国特色社会主义是我国全面建成小康社会、实现中华民族伟大复兴的必由之路,也是符合人类社会发展规律、促进人类社会更好进步发展的必由之路。党的十九大作出了中国特色社会主义进入新时代的判断,确定了我国发展新的历史方位,这在中华人民共和国发展史上、中华民族发展史上具有重大意义,在世界社会主义发展史上、人类社会发展史上也具有重大意义。我们要坚定不移走中国特色社会主义道路,决不能偏向、错轨。这是我们妥善应对海外当代中国研究的战略定力。

再次,要加快构建中国特色哲学社会科学,形成具有中国特色、中国风格、中国气派的学科体系、学术体系、话语体系。现时期我国在学术命题、学术思想、学术观点、学术标准、学术话语上的能力和水平,同我国综合国力和国际地位还不太相称。我国哲学社会科学在国际上的声音还比较小,还处于有理说不出、说了传不开的境地。所以,我们必须着力构建中国特色哲学社会科学。要始终坚守马克思主义理论这个"魂",立足中国优秀传统文化这个"根",广泛吸取世界文明发展的一切有益成果,立时代之潮头、通古今之变化、发思想之先声,不断提升我们的研究创新功力和水平,增强学术原创能力,多出高水平的研究成果。这是我们妥善应对海外当代中国研究的实力基础。

其二,要致力于开门搞研究,加强对外思想文化的交流互鉴。当今世界社会信息化、文化多样化深入发展,各种思想文化交流交融交锋更

---

① 习近平:《在庆祝中国共产党成立95周年大会上的讲话》,《人民日报》,2016年7月2日。

加频繁，提高文化软实力成为增强综合国力的重要内容，而加强思想文化的对外交流互鉴则是提高文化软实力必要途径。我们首先要立足本国发展实际开展哲学社会科学研究，同时又要着眼于世界，广泛了解海外哲学社会科学的研究情况，特别是海外关于当代中国研究的情况，积极吸收借鉴海外研究中有益的学术成果。既要注重借鉴他们的研究观点，也要注重学习他们的研究方法。有些海外学者的研究观点我们未必赞同和完全接受，但其采用的研究方法却有可资借鉴之处。我国学者也要走出国门，加强对外学术交流与研究合作。

习近平总书记就此曾指出："要鼓励哲学社会科学机构参与和设立国际性学术组织，支持和鼓励建立海外中国学术研究中心，支持国外学会、基金会研究中国问题，加强国内外智库交流，推动海外中国学研究。要聚焦国际社会共同关注的问题，推出并牵头组织研究项目，增强我国哲学社会科学研究的国际影响力。要加强优秀外文学术网站和学术期刊建设，扶持面向国外推介高水平研究成果。对学者参加国际学术会议、发表学术文章，要给予支持。"① 与此同时，我们也要积极向海外推介、传播中国思想文化。中华优秀传统文化博大精深，是中国人几千年来积累的知识智慧和理性思辨的体现，是延续我们国家和民族的精神血脉，也是帮助海外认识当代中国的深厚基础。我们要向海外大力传扬和正确阐释中华优秀传统文化的内涵和意义。在这方面我们已经做了许多有益工作。比如，截至 2018 年 12 月，我国共在 154 个国家和地区建立了 548 所孔子学院、1193 个孔子课堂和 5665 个教学点。② 这对传播中国思想文化，拉近外国民众与中国人民的思想共识和文化认同起了很好的作用。

大力对外宣介中国特色社会主义思想，更是使世界各国各界正确了解当代中国发展的必要之为。党的十九大后，我国就派出了约 30 多个高级别对外宣介团，到访了 80 多个国家和地区，向那里的主要政党、

---

① 习近平：《在哲学社会科学工作座谈会上的讲话》，《人民日报》，2016 年 5 月 19 日。
② 贺劲清：《全球已建 548 所孔子学院 遍布 154 个国家和地区》，中国新闻网：https://www.chinanews.com/hr/2018/12-03/8691543.shtml。

政治组织、智库、媒体等宣介党的十九大精神，基本做到了重点国家和地区全覆盖。这样，使中共十九大精神及时、准确地传播出去，让海外正确理解中国的发展道路和中国共产党的执政理念，以免产生曲解和误读，从而为我们党和国家争取更多理解者、认同者、同行者。另据有关材料介绍，《习近平谈治国理政》第1卷已被译成24个语种、27个版本面向海内外出版发行，到2017年11月已在160多个国家和地区发行了660万册。《习近平谈治国理政》第2卷出版后，在短短几个月内中英文版全球发行量已突破1300万册。海外收藏《习近平谈治国理政》各语种版本的图书馆数量至少有493家。这两本书在海外的热销，为世界各国更好了解习近平新时代中国特色社会主义思想，客观认识和理解中国特色社会主义的发展，发挥了巨大作用。这些做法都是我们妥善应对海外当代中国研究的切实而有力的重要举措，我们应做得更多更好。

其三，妥善应对海外当代中国研究，关键问题是要提增我国的国际话语权。在当今世界，随着国家软实力在国际交往活动中的作用越来越大，国际话语权之争也愈加激烈。中国随着国家实力增强，国际话语权有了明显提增，但是长期形成的国际话语权"西强中弱"的态势没有根本改变。现有国际话语体系仍由以美国为首的西方发达国家控制和主导，它们利用其话语霸权，一方面对我国进行思想文化攻击和渗透，一方面极力打压我国谋取国际话语权的努力，压缩我国的国际话语空间。中国还未获得与日益走近世界舞台中央的国际角色和地位相匹配的国际话语权。我们不能老是跟在海外所掌控的国际话语体系后面，或在它们设定的国际话语体系的框架内，随声附和，被动应付。特别在应对海外当代中国研究的话语权问题上，我们一定要变被动为主动，发挥掌控和引领作用。所以，我们必须要把提增我国的国际话语权作为重要任务来抓。对此习近平总书记多次强调："着力打造融通中外的新概念新范畴新表述，讲好中国故事，传播好中国声音。"① "要加强国际传播能力建设，

---

① 《习近平谈治国理政》，外文出版社2014年版，第156页。

增强国际话语权。"①

我们要理直气壮地讲中国特色社会主义道路的必然性和正确性，讲中国特色社会主义理论、制度和文化的优势及成就，讲中国特色社会主义进入新时代的奋斗目标和基本方略；还要理直气壮地讲中国对世界和平与发展事业做出的贡献，讲我国推动建设新型国际关系、构建人类命运共同体的合理主张和公正要求，积极回应国际社会对中国的质疑或期待。习近平总书记还指出："在解读中国实践、构建中国理论上，我们应该最有发言权……要善于提炼标识性概念，打造易于为国际社会所理解和接受的新概念、新范畴、新表述，引导国际学术界展开研究和讨论。"② 我们要致力于主导"涉中"议题，引导国际议题，努力掌握基本概念的定义权、核心内容的解释权、话语表述的创定权、话语议题的主导权、话语争议的裁决权。绝不能任由西方向中国发难、以其话语逻辑来裁剪中国，要坚决回击西方敌对势力"抹黑"中国的伎俩，致力于消除中国"挨骂"的现象。当然，提增我国的国际话语权，绝不是为了把我们的思想文化强加于他人，更不是为了和西方国家搞什么"文明冲突"或争"文化霸权"，而恰恰是为了消除"文明冲突"，打破"文化霸权"，使各种思想文化都能平等地交流互鉴，促进整个人类文明更好地发展进步。

（李爱华，山东师范大学马克思主义学院教授）

---

① 《习近平谈治国理政》第 2 卷，外文出版社 2017 年版，第 333 页。
② 习近平：《在哲学社会科学工作座谈会上的讲话》，《人民日报》，2016 年 5 月 19 日。

海外中国研究若干词汇的梳理及启发

▼

近十年来，海外中国研究①成为国内学界越来越热门、越来越受关注的一个研究领域和研究对象。这一现象，既反映了改革开放以来尤其是进入 21 世纪后中国全球影响力与日俱增的现实和趋势，也表明了在中国与世界互动不断扩大和紧密的背景下，国内学界、智库更加关注和着力研究海外"中国观"以及世界事务中"中国角色"和"中国形象"的变化。关注海外中国研究动向及其成果和构建系统化的本土中国研究，确立和提升面对海外中国研究领域上自身的"话语权"和影响力，形成更加互动平等的对话关系，以及打通海外研究与本土研究之相互关系，亦已成为一种愿景。

笔者以为，关注和从事海外中国研究，了解和弄清楚它的一些基础性的词汇概念、方法角度、历史脉络和现实状况，实属必要。本文试图通过对几个主要词汇的初步介绍和梳理，就海外中国研究的变化与走向提出一些个人陋见，求教于方家。

一、海外中国研究的几个英文词

关注和从事海外中国研究或海外中国学研究，在查阅英文词典和资料时常见有以下几个基本词汇。

1.Sino

这是一个英文前缀词。根据词典查阅和流传下来的说法，它来自拉

---

① 海外中国研究，亦可称域外中国研究、国外中国研究和世界中国研究。

丁文 Sinae 一词。拉丁文中，China 被称为 Seres，而 Seres 一词则来源于古希腊文。古希腊文中，这个词据说很可能来自汉语"丝"（Silk），拉丁文 Sericum 一词意指"中国丝绸"。因而，演变到今天英文中 Sino 这个前缀词，意思是指"汉语"或"中国"。英文 China 一词，被认为是从古代中国第一个大一统王朝——秦朝的发音而来。① 在欧洲，使用 China 这个词始于 1579 年。②

在英文《维基百科》（Wikipedia）上，Sino 的释义通常是指中国，指中国古代到现代的历史、文化和中国人。③ 在《维基字典》（Wiktionary）上，拉丁词 Sinae 则来自阿拉伯文 الصين (al-ṣīn, "China, the Chinese") 和印度梵文 चीन (cina, or China)。

在英文网站 Quora 上，对 "Sino 为何指的是中国？" 这个提问条目搜索的结果有两个答案。一个答案是：Sino 意指中国和东方，它只能作为一个前缀词而不能作为一个独立的单词来使用。在西方国家，这个词被作为连接词用来指称"中国"，如 Sino-US 和 Sino-Japan，即中国与美国、中国与日本。另一个答案是：Sino 作为对"中国"的称呼，源自古希腊。关于它的出处有两种说法：一是 Sino 的发音类似汉语"秦"的发音；二是它的发音好似汉语的"丝绸"。对 Sino 一词含义还有另一种参考性的说法，即在古印度语中，中国被称为 Cina。一些佛教僧侣在佛教混合梵语（BHS）中把"中国"一词直接译成 Cina，而日本对中国的称呼则受了传入日本的印度佛教梵文的影响，称"摩诃至那国"。④

与之相关的一个解释称，早期欧洲人是从印度那里知道中国的。在古代，印度人自称 Indo，意指"祖国"或"本土"，称它的北方邻居为 Cina，即"在北方的一个外国"。梵文中 Cina，源自中国古代大一统王朝——

---

①https://www.google.ca/search?ei=M5ltXPKQFJLw_wSQ4YeQAg&q=sino&oq=sino&gs_l=psy—ab.1.6.0i10i67j0i67j0l2j0i131j0i10j0l4.3608.4158..7628...0.0..0.68.246.4......0....1..gws-wiz.......0i71.m1zcfsN5CzA）。
②https://www.merriam—webster.com/dictionary/china。
③https://en.wikipedia.org/wiki/Sino。
④https://en.wikipedia.org/wiki/Sino。

秦（Qin Dynasty）。"印度支那"（Indochina、Indochine），即"介于印度与中国之间的地方"。除了印度梵文 Cina 一词指"中国"外，公元前5世纪古代波斯文献中，把中国称为 Cinastan，stan 指人们居住的地方。等等。

2. Sinology

英文 Sinology 一词，通常被译成"汉学"，意指对中国古代和近代语言、文化和历史等的研究。欧洲"汉学"起源在公元1880—1885年间。① 在《牛津词典》（Oxford Dictionary）上的释义，是有关中国语言、历史、习俗和政治的研究。② 在《维基百科》上的释义，是指西方学界对中国思想、语言、文学、文化和历史的学术研究，它源于西方学界对中国学者对其文明阐释的检视。在《韦伯斯特词典》（Merriam-Webster Dictionary）上的含义，是指中国研究，尤其是对中国语言、文学、历史和文化的研究。

最早使用这个词汇是在1882年，源于法文 sinologie，英文 sinology 一词的出现可能受之影响。③ 在《柯林斯英语词典》（Collins Dictionary）上的释义，是指对中国语言、文学、艺术、习俗等方面的研究④。在《剑桥英语词典》（Cambridge Dictionary）的释义是，指对中国语言、文学、历史和社会等方面的研究。⑤ 在《英文词典》网站（Vocabulary）上的释义，是指中国历史、语言和文化的研究。⑥ 在《自由词典》（The Free Dictionary）上，它的含义是指有关中国语言、文学和文明的研究⑦，而中国文化研究是"人类学研究的一个分支"⑧。此外，西欧学者使用的"汉学"（Sinology）一词，它通常被限定为是"对中国的一种学术性

---

① https://www.quora.com/Why-does-Sino-mean-Chinese。
② https://www.dictionary.com/browse/sinology。
③ https://en.oxforddictionaries.com/definition/sinology。
④ https://www.merriam-webster.com/dictionary/sinology。
⑤ https://www.collinsdictionary.com/dictionary/english/sinology。
⑥ https://dictionary.cambridge.org/dictionary/english/sinology。
⑦ https://www.vocabulary.com/dictionary/Sinology。
⑧ https://www.thefreedictionary.com/Sinological。

探究"（scholarly exploration of China）①，类似于埃及学（Egyptology）、印度学（Indology）、日本学（Japanology）和东方学（Oriental Studies）。按江西社会科学院历史所研究员吴江雪撰写的《论西欧汉学起源史上的重要一页》一文中的说法，16世纪初至19世纪西欧汉学是由法国人创建的，将汉学理解为"是对中国的学术研究，这一提法是正确的"。从18世纪末到19世纪，西欧汉学突破教会的束缚而深入到西欧学术界，进而在大学登堂入室，成为了具有科学意义的专门学科。②

3. New Sinology

从查阅的资料来看，这个词汇和提法是由澳大利亚中国研究学者率先倡导的，译为"新汉学"或"后汉学"，以区别于20世纪之前的"汉学"研究或中国研究。

它是2010年成立的澳大利亚世界中国研究中心（Australian Center on China in the World, ACCW）学者所倡导中国研究的"一种学术方法和知识架构"，"鼓励多方面地了解中国和华语社会（Sinophone），理解中国的现在和过去"。③澳大利亚国立大学亚洲及太平洋学院中国历史系主任、澳大利亚世界中国研究中心前主任、汉学家白杰明教授（Geremie R. Barme）在《论新汉学》（*On New Sinology*）一文中，回答何谓"新汉学"时写道，"新汉学"大致产生于2005年以来有关这个论题及中国研究领域发表的一系列论文著述之中。它的兴起"是对先前中国研究在学科专业以及理解上存在偏窄和缺陷的一个回应"，是基于对中国与世界关系的"一种眼界更广的理解"，特别是在"旧汉学"研究中发现的过去400年中国与世界相互接触中建立起来的"一种经验"，并在2005年通过学者们努力得以更新的"一种学说"。它鼓励推动对中国及世界华语社会进行多方面的认知和理解，不仅要从学术而且要从公共事务等更广

---

①https://www.thefreedictionary.com/Chinese+studies。
②https://referenceworks.brillonline.com/entries/encyclopedia-of-china/chinese-studies-in-the-west-COM_00123#d21222657e75。
③http://www.iqh.net.cn/info.asp?column_id=110。

泛的角度去全面地理解"中国的事情"（things China）。①

澳大利亚前总理、现任美国亚洲学会政策研究所所长陆克文（Kevin Rudd）在 2017 年 12 月上海举办的第七届"世界中国学研究论坛"会议上的演讲题目就使用了这个词（A New Sinology for A New Period）。② 在演讲中他提到，自首次出任总理后的 10 年来，他一直呼吁推动"新汉学"研究，重在分析和解释中国提出的一些概念对世界来说的实际含义是什么。譬如在国际关系领域，中国对世界秩序、国际秩序、全球治理、国际体系和全球体系的概念化提法，与西方相关的提法差别在哪里。要使中国研究取得成效（an effective New Sinology），就必须采取可用的所有方法去理解表达中国现实的国际政策立场所使用的新词汇的全部含义。③

4.Chinese Studies/China Studies、Contemporary Chinese/China Studies 和 China Program/Project

以上几组英文词，是"中国研究""当代中国研究""中国研究计划项目"的意思。但 Chinese Studies 和 China Studies 两个词的含义，依笔者之见，从研究角度讲，二者还是有点区别的。一是，Chinese 和 China，两个词出现的年代不同，词义上有点差别。二是，Chinese Studies 偏重从语言、文化和社会角度研究中国，也有中文/华语研究的含义，而 China Studies 是侧重从地理和国家角度来研究中国。三是，从查阅的资料看，虽然 Chinese Studies 和 China Studies 是两个常用词，但美国研究中国的机构名称用 China Studies 一词为多，而欧洲研究中国的机构名称似乎多用 Chinese Studies。用词的不同，可能多多少少反映了欧美中国研究在领域、角度或重点上的不同和差异性，以及自 Sinology 一词创立后海外中国研究历史过程中的变化。Contemporary Chinese 和 China Studies，这两个词的意思很明确，就是以研究当代中国为主。

---

① https://cn.bing.com/search?q=New+Sinology&qs=n&form=QBLHCN&sp=-1&pq=new+sinology&sc=8-12&sk=&cvid=0D09AED74A4844B7B78161CEB1815015。
② https://www.thechinastory.org/cot/new-sinology/。
③ Kevin Rudd, A New Sinology for A New Period, Address at the Seventh World Forum on China Studies, December 10, 2017。

China Program/Project，中国研究计划或中国研究项目，则是一种研究任务和机制方式的设定及名称。

值得注意的是，在美国、英国、俄罗斯等国家，某些智库、协会或大学是把中国研究放在东方学研究（Oriental Studies）、东亚研究（East Asia Studies）或亚洲地区研究（Asia Studies）之中的。

二、梳理海外中国研究词汇得到的启发

目前国内学界对国际上有关中国研究的现象表述，大致有海外汉学研究、海外中国研究、国外中国学研究、世界中国学研究、海外当代中国研究等。有学者统计，以这些表述作为相应名称的研究机构或研究中心，全国大约有 26 家之多。这种情况既说明了国内学界越来越重视世界各地区和主要国家中国研究的动向和进展，体现了各自关注和研究的侧重点，同时也反映了国内研究专家学者们域外中国研究的视角、认知和理解。通过对海外中国研究上述几个英文词汇的查阅和初步梳理，笔者得到以下四点启发。

第一，远古时期中国文明和域外其他文明就有着"某种联系"。拉丁文 Sinae 来自古希腊文 Seres，而古希腊文 Seres 又源自阿拉伯文 يصن 和古印度语与佛教梵文 चीन，公元前 5 世纪古代波斯文献中把中国称为 Cinastan，演变到今天英文中 Sino- 这个前缀词意指"汉语"或"中国"。而欧洲人则是从印度那里知道中国的。在欧洲，China 这个英文词在 16 世纪后期就开始使用了，被认为是从古代中国第一个王朝——秦朝的发音而来。对 Sino- 一词追溯过程的结果说明，中国文明与希腊、罗马文明、波斯文明和印度文明以及后来的西欧文明，从古代以来就知道彼此的存在，中国在欧亚大陆的"东方"。中国文明与西域以远的其他文明是相互有联系的，是整个欧亚大陆文明历史生态圈的一部分。对中国的关注、了解以及近代欧洲的"汉学"研究，是不同文明社会发展和相互接触交流的历史过程中自然形成的，本质就是不同发展阶段和特点的文明之间相互接触、认知、交流和对话。

第二，近代西欧兴起的"汉学"研究热是国际上关注和研究中国的肇始。在以哥伦布环球探险为标志的大航海时代的推动下，欧洲文明开始向世界各地进行渗透扩张，像利玛窦（Matteo Ricci）、南怀仁（Ferdinand Verbiest）和安东尼·托马斯（Antoine Thomas）那样的欧洲传教士们纷纷乘船来到东方，尤其是到了中国，开始研究中国的语言、文化和社会，试图将其带入的宗教文化在中国土地上传播扎根。另一方面，更多有关中国的情况也被相应地传到了欧洲。在法国，杜赫德（Jean-Baptiste Du Halde）于 1725 年出版了《中国简述》（*Description de la Chine*）。1814 年，雷慕莎 (Jean Pierre Abel Rémusat) 成为法兰西学院第一位汉语教授，英文 Sinology 一词据说就是来自法文 Sinologie。随着西欧资本主义发展、近代工业革命以及西方列强入侵东方、进行殖民扩张，欧洲各国与中国的联系和交往越来越多，关注和研究中国的人也不断增多。但是，笔者在查阅和梳理过程一直感到困惑和没有得到答案的一个问题是：究竟是谁、何时将 Sinology 一词译成"汉学"的，又为何把它译为"汉学"而不是"中国学"？根据查询的资料，英文 China 一词最早是 1579 年在欧洲已开始使用了。这个基础性问题仍然需要找到答案，也许答案及相关的线索有助于我们了解和理解当时那些欧洲传教士和西欧国家学者关注和研究中国的背景、意图等。

第三，要打通海外传统与现代汉学研究和海外当代中国研究之关系。从公元 16 世纪到现在，海外汉学研究历经近 500 年，成为一项专业研究的工作。在这一历史长河中，一些重要研究成果不仅反映了不同历史阶段海外相关国家传教士、人文学家和智库政策专家们对中国的印象、认知和评价，也表明了中国研究领域和重点不断拓展深入、多样丰富，从语言、文学、历史、地理、人物研究到政治、经济、社会、外交、科技、军事研究，再到具体的政策、战略、问题及方法论研究，展示出一幅对中国进行全面、深入和长期研究的"图景和趋势"，重视和开展中国研究成为当下的一个"世界性现象"。从这个角度讲，笔者赞同澳大利亚国立大学世界中国研究中心汉学家白杰明教授（Geremie R. Barme）的独到见解。他指出，需要"对中国与世界关系的一种眼界更广的理解"，

"不仅要从学术而且要从公共事务等更广的角度去全面地理解'中国的事情'"。为此，国内学界要更多更深入地了解和把握从过去到现在海外专家学者对中国的各种认知，打通海外传统与现代汉学研究和海外当代中国研究之间的关系很有必要。

第四，借助"海外中国学研究"构建中国与世界对话合作的有效框架和平台。经笔者上述的查阅和梳理，海外对中国的研究从学术专业和智库项目来说，用英文来表示就是"汉学"和"中国研究"（Sinology and China Studies or Chinese Studies），在美国、日本、法国、英国、德国、俄罗斯和澳大利亚等国的中国研究学界，并未有一个公认的"海外中国学"的表述和学科专业。把"汉学"（Sinology）亦可译成"中国学"，其实是国内学界针对当下世界兴起中国研究热潮而对"汉学"的一个延伸译法，并把"汉学"和"中国研究"合起来统称为"海外中国学"。换言之，"海外中国学"是历史上和今天国外对中国多角度、多领域研究的总称，"研究外国是怎么看中国的，就是海外中国学研究"。① 因此，"海外中国学"一词的出现，是国内学界和智库日益关注和重视当下海外中国研究动向、成果和趋势的产物，也与21世纪以来中国的国际地位不断提升、国际影响力日渐扩大是相呼应的。重视和推进海外中国学研究，是新时代中国发展和日益走近世界舞台中央、促进中国与世界相互交流、共同发展和世界文明多样与文明互鉴的必然要求。海外中国研究的再研究，就是在新时代的中国与当今世界之间架起一座促进相互对话交流、增进认知理解、消除误解偏见的"桥梁"，也是向世界讲好中国历史文化、中国发展故事和积极推动构建人类命运共同体的重要途径。

当年马克思、恩格斯在把握欧洲历史，尤其是研究西欧资本主义兴起过程的基础上，又潜心研究东方社会和中国历史，写下了有关中国社会以及欧洲资本主义海外殖民扩张给近代中国带来影响和冲击的一些重要篇章论述，从世界史的角度揭示人类社会的演进过程和基本的发展规律。在今天，从把握新时代中国与当今世界的依存互动关系

---

① https://zh.wikipedia.org/wiki/%E6%B1%89%E5%AD%A6

框架和不同文明互学互鉴的视角下，努力推动海外中国学研究，尤其是以当下为重点的研究发展和深入，推出更多的研究成果，对于构建中国与世界平等对话、密切交流、良性互动、增进理解、形成共识具有非常重要的意义，也有助于提升对外传播力和话语权以及影响力，讲好中国历史、中国文化和中国故事，使世界能够更多更准确地了解和认识中国的发展进步以及在国际事务中所扮演的角色，共同努力推动构建人类命运共同体。

（俞晓秋，中央党史和文献研究院研究员）

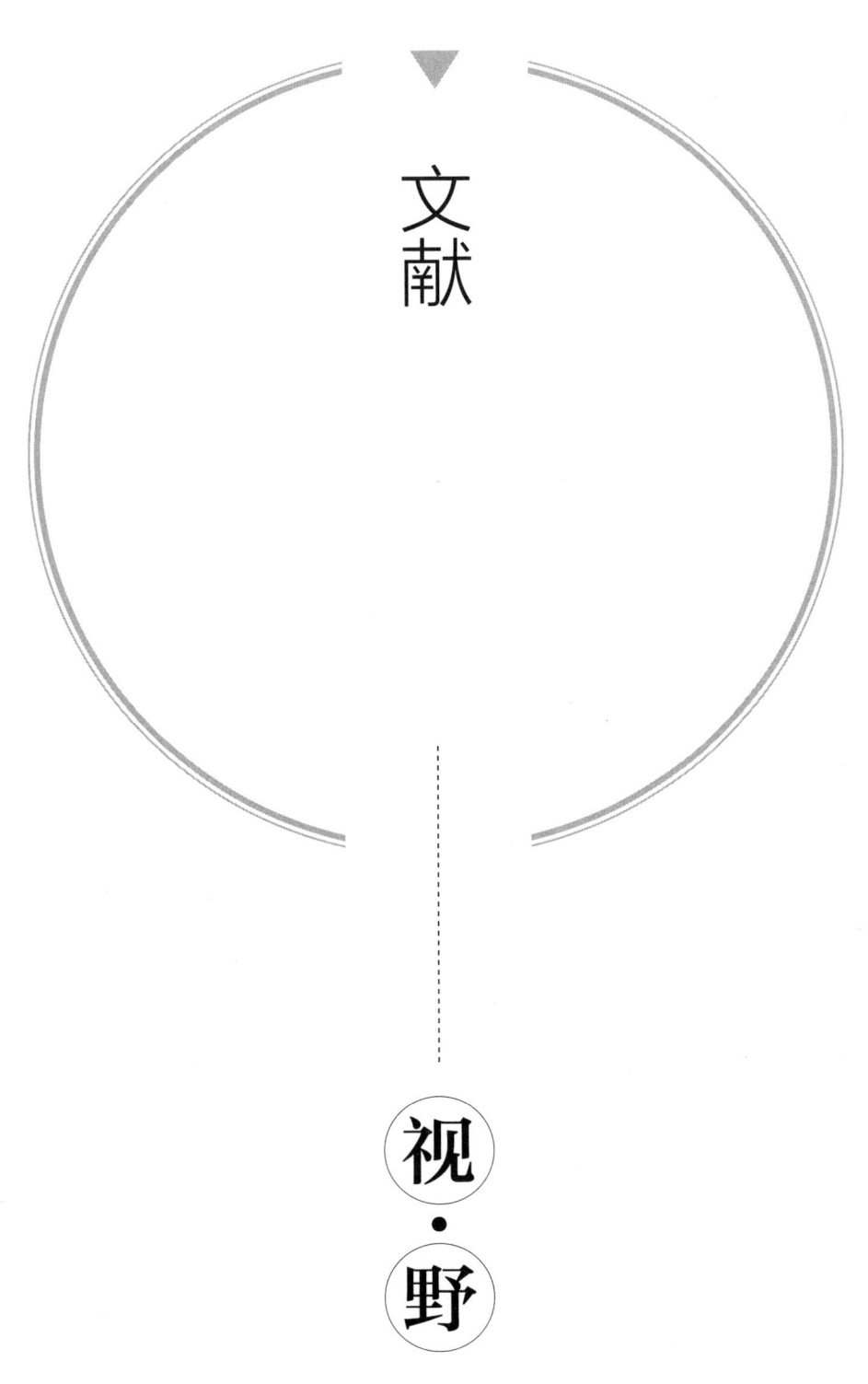

文献

视・野

北美藏中共党史文献资源述略

▼

中国研究早已成为国际显学。由于特殊的历史原因，大量中共历史档案文献进入北美收藏机构。美国斯坦福大学、哥伦比亚大学、哈佛大学和加州大学等公立和私立大学图书馆和档案馆，以及美国和加拿大的政府、军方、基金会、历史协会和私人机构收藏中，都拥有比较丰富的与中共有关的历史档案文献。比如毛泽东、朱德、叶剑英和彭德怀等领导人的特别照片，李大钊、彭述之和陈碧兰档案，白求恩、福尔曼等人的档案，还有一些人的回忆录等。很多档案已经数字化，供公众免费使用和下载，这些对研究者非常有益。但还有很多档案文献及特藏至今鲜为国内学界和公众所知。2018年，笔者受国家留学基金委公派在美国访学期间，走访了一些大学图书馆和收藏机构，并参考国外有关学者的研究资料，对北美藏中共党史文献资源进行了初步整理。尽管挂一漏万，难以做到全面，权且供国内学界研究参考。

一、关于中共领导人和历史人物

1. 毛泽东、朱德、叶剑英和彭德怀照片（1945）

该照片由阿尔弗雷德·哈丁（Alfred Harding, 1924—2006）拥有。哈丁1949年获康奈尔大学文学学士。第二次世界大战期间参军，1945年成为美军延安观察组（迪克西使团）成员。由此与毛泽东、朱德和其他中共领袖认识，并被八路军赠授荣誉中校军衔。第二次世界大战后，入美国国务院从事外交事务工作。1948年至1949年为早期富布莱特学者在北京大学学习。之后在美国驻中国香港、中国台湾、华沙、雅加达等驻外机构任职，主要处理与中国相关事务。1962年至1966年任美中华沙大使级会谈美方首席翻译。该照片由阿尔弗雷德·哈丁夫人捐赠，共4张2厘米×3厘米照片，为毛泽东签名照片、朱德照片、叶剑英签名照片及彭德怀照片。现藏于康奈尔大学克罗赫图书馆善本手稿图书馆（Kroch Library Rare and Manuscripts Collections, Cornell University）。

2. 李大钊档案（Li Dazhao Papers, 1914—1915）

李大钊（1889—1927），北京大学历史系教授、图书馆馆长，中国共产党创始人之一，五四运动领导人物之一。该档案含李大钊自传、学术简历、作品及一张有多人签名的照片。照片人物为日本早稻田大学基督教青年会宿舍里的中国学生。档案为英文，学生名为中英文，系1964年从饶斌森（Arthur G. Robinson）处购得。共1册，现藏于哈佛大学豪顿图书馆（Houghton Library, Harvard University）。

3. 霍尔多·汉森中国历史照片（Haldore Hanson's China Collection, 1937—1938）

霍尔多·汉森（1912—1992），美国明尼苏达人。1935年卡尔顿学院毕业后决定赴华历险。1937年7月日军全面侵华，汉森正在北平，记录了这一历史事件，后分别被收进1939年和1986年出版的两部著作《人道之奋争：中国抗日战争的故事》（*Humane Endeavour: The Story of the China War*）和《第三世界五十年：海外美国人之冒险和反思》（*Fifty Years Around the Third World: Adventures and Reflections of an Overseas American*）。汉森当时任美联社兼职和自由撰稿的战时记者。他是第一位报道中国共产党1934年到1935年万里长征的外国记者。在华期间他还报道国共内战和国共两党合作抗日的相关新闻。1942年开始为美国国务院工作。1950年麦卡锡主义时期，其有关中国的著作被指控宣扬共产主义。虽然最后所有指控罪名取消，但汉森却被迫于1953年辞去美国国务院的职务。

该档案含147幅照片，摄于1937年至1938年间。包括毛泽东、周恩来、朱德、贺龙、林彪、徐海东、萧克、李耕涛、罗瑞卿、林伯渠、吕正操、徐特立、谢觉哉、康克清、丁玲和白求恩等人在延安的照片。现藏于卡尔顿学院古尔德图书馆特藏部（Special Collections, Gould Library, Carleton College）。照片已数字化，供公众使用。

4. 福尔曼档案（Harrison Forman Papers, 1931—1974）

哈里森·福尔曼（1904—1978），美国探险家、飞行员、摄影师、记者和作家，生于威斯康星州。1929年毕业于威斯康星大学。20世纪30年代初赴华，为早期到访西藏的西方人之一。30年代后期任美国《时代在前进》（*March of Time*）系列新闻影片摄影师，报道中国抗日战争，并为《纽约时报》（*New York Times*）报道日军在亚洲的动态。福尔曼以成功报道中国抗日战争、蒋介石领导下的国民政府、1937年日军轰炸上海和1939年纳粹德国入侵波兰等事件而知名。1944年福尔曼与其他记者访问延安，采访毛泽东、周恩来和其他共产党领导人。第二次世界大战结束后，福尔曼成为远东研究的权威专家之一。

该档案含书信、手稿、日记、新闻电讯稿、新闻剪辑、电台广播采访和照片资料。其中，作为记者旅行世界各地所记日记共62本，日记19(2/1)号为采访毛泽东和周恩来的内容。该档案共7箱，1包，11册，现藏于俄勒冈大学图书馆特藏部及大学档案馆（Special Collections and University Archives, University of Oregon）。需要说明的是，密尔沃基威斯康星大学图书馆（University of Wisconsin-Milwaukee Libraries）已选择性地将俄勒冈大学图书馆所藏福尔曼档案进行数字化，其中62本日记和大量照片已扫描全像供公众使用。

5. 彭述之、陈碧兰档案（Peng Shu-Tse and Chen Pilan Papers, 1924—1987）

彭述之（1895—1983），生于湖南。1920年加入中国社会主义青年团，1921年至1924年在莫斯科东方劳动者共产主义大学学习。陈碧兰（1902—1987），生于湖北。1922年加入中国共产党，1924年至1925年也在该大学学习。1925年二人组成家庭。1925年至1927年彭为中共中央政治局成员，同时作为党的机关报刊《向导周报》和《新青年》编辑。陈为上海地区中国共产党和妇女联合会领导成员。1929年二人成为中国托洛茨基派领袖，参加组建中国共产党左派反对派，被中共开除出党。1931 年二人参加组建中国共产主义同盟，整合中国托派团体。1932 年至 1937 年彭被国民党政府囚于南京。1948 年二人到中国香港，改中国共产主义同盟为中国革命共产党。1951 年二人到法国，彭继续任第四国际的中国支部书记。1975 年二人移居美国。

该档案含演讲稿、文稿、书信、论文、决议和回忆录。档案日期多为 1949 年后，但许多文字资料涉及彭、陈二人早期政治活动和参与中国共产党，特别是在 1925 年至 1927 年的政治活动。陈碧兰的文稿，尤其是回忆录，不仅与中国共产主义运动有关，也与中国妇女运动有关。档案共 5 盒，曾藏于位于纽约市的美国社会工人党社会历史图书馆，1992 年入藏斯坦福大学胡佛研究所档案馆（Hoover Institution Archives, Stanford University）。

6. 武兆镐书信（Chan-Han Wu Letters, 1923—1929）

武兆镐（1899—1973），即武剑西，在德国留学时参加共产党，后入莫斯科中山大学学习。1930 年遵照共产国际指示回国，在上海从事地下共产党活动，并执行共产国际任务。1949 年后为武汉大学教授、教育部官员。后任商务印书馆总经理、高等教育出版社和人民出版社社长。

该档案为武兆镐 20 世纪 20 年代在德国和苏联时写给其弟武兆发的信件。书信反映 1926 年至 1929 年革命热情高涨时莫斯科中山大学的学生生活和欧洲中国共产党学生活动的情况，也包括武兆镐给女友，德国学生爱琳·彼得拉舍夫斯基（lrene Petrashevskaya）的书信。档案还有梁启超致其女婿周国贤的一封信（2 页），有关新建的松坡图书馆的馆藏建设。档案共 1 盒，现藏于哥伦比亚大学巴特勒图书馆善本手稿图书馆。

二、关于中共重大历史事件和活动

1. 姚国伦备忘录（Frank Argelander Memorandum）

姚国伦（Frank August Argelander，1890—1975），生于美国纽约布鲁克林，入读俄亥俄州鲍德温·华莱士学院，主修外语。1918 年获文学学士学位，同年赴华。1919年至1931年任美国美以美会（the Methodist Episcopal Church）在华传教士和教师。在中国江西九江的南伟烈学院（William Nast College）教授宗教教育和伦理学，任地区宣教士。1932年，获纽约神学院文学硕士。1934年任佐治亚州锡安山神学院院长，1937年至1941年任河北通县华美学堂校长，1947年始任美国美以美会利比里亚西非学院院长数年。1951年，被派往奥地利任牧师，1957年退休。

该备忘录是以日记为本的打字稿，涉及1927年中国共产党在江西九江策划南昌起义。共1个文件夹（0.1英尺）。现藏于斯坦福大学胡佛研究所档案馆。

2. 陈明銶藏广州起义照片集（Ming K. Chan Photograph Collection，1927）

陈明銶（1949—2018），生于中国香港，获斯坦福大学历史博士学位。曾任教香港大学多年，后为胡佛研究所研究员。收藏有1927年广州起义的照片集，反映共产党人广州起义后的情况，有标题和注释，含共产党军队撤离广州路线图。共1个大盒和1个大文件夹。现藏于斯坦福大学胡佛研究所档案馆。

3. 张发奎口述回忆录（Reminiscences of Fa-k'uei Chang: Oral History，1970—1980）

张发奎（1896—1980），粤军名将，20世纪20年代早期参加孙中山领导的革命活动；北伐战争中担任被誉为"铁军"的第四军第十二师师长、军长。在其部属中可以列出一批中共名将：叶挺、贺龙、叶剑英、林彪、张云逸、周士第等。抗战期间，1938年至1944年任第四战区司令长官，组织和参加淞沪会战、武汉保卫战、粤北和广西等地战役。国共内战期间任蒋介石广州行营主任。1949年赴中国香港定居。

该回忆录为哥伦比亚大学中国口述史项目之一，夏莲荫（Julie Lien-ying How）采访，为转录、翻译、编辑过的录音记录稿。内容包括个人早期生活，1920年至1925年在粤军的军事生涯，1925年至1927年在第四军第十二师和参加北伐战争的经历；1927年第二次北伐，共产党南昌起义，1927年至1929年共产党广州起义；1931年与桂系关系；

1937年至1938年参与淞沪会战、武汉保卫战；1938年至1944年第四战区活动等。回忆录共1033页。现藏于哥伦比亚大学巴特勒图书馆善本手稿图书馆（Columbia Center for Oral History, Butler Library, Columbia University）。

三、与中共交往密切的美国外交官

1. 谢伟思档案（John S. Service Papers, 1925—1999）

谢伟思(1909—1999)，生于成都。其父母谢安道（Robert Roy Service）和谢道蕴（Grace Josephine Service）1905年新婚不久即受国际基督教青年会差派赴华传教。谢安道1906年至1921年先后任成都基督教青年会副总干事及总干事。谢伟思1931年奥柏林学院毕业后进入美国外交界，在美国驻昆明领事馆工作。1942年至1945年在驻重庆的史迪威将军军部供职，任政治顾问。1944年作为美军延安观察组成员前往中国共产党根据地延安。这是美国官方首次派代表团前往延安。谢伟思与毛泽东等中共高级领导人会谈，并将谈话内容和实地观察到的情况报告美国政府，其报告成为美国政府了解中共抗击日军及中共战后成立共和国计划的第一手材料。谢伟思逐渐相信中共很可能打败国民党。麦卡锡时代作为"老中国通"之一的谢伟思被指控对美国不忠，但所控罪名数次被判定不成立。从外交界退职后在伯克利加州大学先后担任多个学术职位。

该档案由谢伟思及其家人先后于1986年、1999年和2011年捐赠。主要含谢伟思不同阶段的生活经历文件，包括20世纪三四十年代在华任职期间的通信、外交事务材料、指控调查及法律辩护材料、个人文稿和论文。还含复职和判定无罪资料，以及随后在伯克利加州大学任中国研究专家的文件。也含有个人及家庭档案。共4箱，12盒，2卡片盒，1个大盒，5个大文件夹。现藏于伯克利加州大学班克罗福特图书馆（Bancroft Library, University of California,Berkeley）。

相关档案包括：（1）谢伟思口述史《国务院任职赴华工作、麦卡锡时代及其后：1933 至 1977 年》，系伯克利加州大学班克罗福特图书馆口述历史办公室罗斯玛丽·李文森（Rosemary Levenson）1977 至 1978 年与谢伟思访谈而成。"谢伟思口述史访谈转录稿"捐给杜鲁门图书馆和博物馆。

（2）谢伟思录音特藏：共 44 盒录音带。第 1—8 盒是有关雷尔曼·莫林（Relman Morin）的《东风崛起：亚洲危楼之远瞻》（*East Wind Rising: A Long View of the Pacific Crisis*）一书的谈话录音；第 9—18 盒是有关谢伟思与其母谢道蕴合作撰写的《寸金：谢安道夫人谢道蕴回忆录》（*Golden Inches: The China Memoir of Grace Service*）一书的谈话录音，该书描写他们家在成都的经历；第 19—27 盒是有关约翰·西摩·莱奇尔（John Seymour Letcher）《再见老北京》（*Goodbye to Old Peking*）一书的录音；第 28—31 盒是有关凯斯·比奇（Keyes Beech）《没有美国人不行》（*Not without the Americans*）（摘要）录音；第 32—36 盒是伊罗生（Harold Robert Isaacs）《重逢在中国》（*Re-encounters in China*）的谈话录音；第 37—44 盒是关于万里长征之行的谈话录音。原属谢伟思档案，后分开独立建档。录音带现藏于伯克利加州大学班克罗福特图书馆。

2. 伊万·D. 伊顿档案（Ivan D. Yeaton Papers, 1908—1979）

伊万·D. 伊顿(1895—1979)，美军军官。从 1910 年后起服役，1939 年至 1941 年任莫斯科美国大使馆武官，1942 年晋升上校。1942 年至 1945 年间任陆军部总参谋部军情局情报专家，1945 年任中国战区总部情报部部长，1945 年至 1946 年间任美军延安观察组组长，1946 年在上海任助理军事专员，1947 年在东京远东司令部总部任反情报部助理部长，1948 年至 1949 年任总参谋部计划和业务部心理作战处处长。1950 年后返美，继续在美军服役。

该档案由伊万·D. 伊顿 1976 年捐赠，含回忆录、报告、备忘录、信函、命令、褒奖、图表和照片。涉及伊顿的军事生涯、1941 年苏联军力优势报告、1941 年至 1949 年苏美关系、第二次世界大战期间美军情报组织、租借法案、1944 年至 1946 年美国与中国共产党关系、1952 年至1953年美军采购合同的审查等。共7盒，1个大盒，7个信封。现藏于斯坦福大学胡佛研究所档案馆。

3. 包瑞德档案（David Dean Barrett Papers，1933—1970）

包瑞德（1892—1977），生于美国科罗拉多州，毕业于科罗拉多大学。1924年赴华任美国公使馆助理武官，同时学习中文。作为美军军官，他被派驻天津和北京，在抗日战争时期迁到重庆。1944年至1945年，包瑞德上校任美军赴延安和其他共产党根据地的美军观察组军事组长。该组织又名迪克西行动，俗称迪克西使团。1945年7月美军观察组改称延安观察组。从军队退休后成为科罗拉多大学中国研究教授。

包瑞德档案含与美军观察组和第二次世界大战期间中国军事情况有关的手稿、信函、印刷品、照片和录音盘。还有一件包瑞德上校在中国使用的大衣。共1盒，4个信封，1个大盒，21个录音盘。现藏于斯坦福大学胡佛研究所档案馆。

4. 佩特金档案（Wilbur J. Peterkin Papers,1943—1994）

佩特金（1904—1996），获俄勒冈大学军事科学和教育学士学位。第二次世界大战期间在中缅印战区任美陆军中校。1943年至1944年，在中国南方为国民党部队训练军官。1944年至1945年，任美国陆军延安观察组（迪克西使团）指挥官，赴延安等中共控制地区。第二次世界大战后继续在美军任指挥官。

该档案含日记转录稿、信函、报告、地图、照片、电影胶片和纪念品，涉及第二次世界大战期间中共武装力量和日军侵华情况，也含第二次世界大战期间中共使用的武器、服装和设备情况。共8盒，2个信封，3个电影胶片，1个缩微胶卷，2个录像带，以及纪念物品(4.5英尺）。现藏于斯坦福大学胡佛研究所档案馆。

5. 毕乃德档案（Knight Biggerstaff Papers，1923—2000）

毕乃德（Knight Biggerstaff，1906—2001），生于美国加州。1927年获伯克利加州大学文学学士学位，1928年获哈佛大学硕士学位。后在燕京大学学习，于1929年获哈佛燕京学社和燕京大学奖学金。在北平期间，认识并追求1922年即受美以美会女布道会差派到燕京大学、当时任燕京大学家政系系主任的宓乐施（Camilla Mills）。二人1931年结婚，婚后不久一起返美；同年毕乃德入哈佛大学攻读博士。1934年完成博士学位时再回北平作研究，1936年返美。1938年为康奈尔大学汉学教授。第二次世界大战期间负责指导美军在康奈尔大学开办汉语培训项目，后任国务院中国问题专家半年；1945年至1946年在重庆任美国驻华大使馆中文秘书，先后任美国特使赫尔利将军及马歇尔将军助手，协助马歇尔将军从事国共两党和平调处。1946年至1956年期间任康奈尔大学亚洲研究系主任，1956年至1963年任历史系主任。1950年代初麦卡锡主义盛行，被指控同情共产党，但毕乃德最终胜诉。他最早介绍和运用现代化的理论和方法来研究中国历史。

档案主要含1944年至1961年间的行政信函、私人信函、备忘录、会议记录、报告、笔记，以及与毕乃德有关的学术和专业组织文件。也含个人、家庭、专业新闻材料；1928年至1931年拍摄的中国照片、1923年至1931年宓乐施和1945年至1949年毕乃德分别写自中国的信件。共35盒。现藏于康奈尔大学善本和手稿部（Division of Rare and Manuscript Collections, Cornell University Library）。

四、国际友人

1. 白求恩档案（Henry Norman Bethune Collection Fonds，1911—1991）

白求恩(1890—1939)，外科医生、发明家和政治活动家。生于加拿大安大略省，毕业于多伦多大学和爱丁堡大学。曾作为军医参加第一次世界大战、西班牙内战和中国抗日战争，其组织提高战地医疗技术和改善医疗卫生服务最为世人所知。1929年至1937年在加拿大麦吉尔大学（McGill University）任医生和教授。1935年他到苏联参加国际生理学大会，苏联的全民医疗系统给他留下深刻印象。同年，他加入加拿大共产党，成为一名坚定的共产党员。1936年西班牙内战爆发，他以外科医生身份服务于西班牙政府。在西班牙，他设计了流动输血车，使前线输血成为可能。1937 年 7 月 7 日卢沟桥事变后，白求恩决定参加中国抗日战争。1938 年 1 月，他带领美加流动医疗队一行 3 人乘船抵华；2 月到汉口，与周恩来会面；3 月底到延安，与毛泽东会面。在延安，白求恩帮助组织和改善医疗服务，在前线为负伤战士做手术。在 1939 年 4 月的一次战斗中，他和助手连续 69 小时做了 115 台手术。由于医疗物资奇缺，手术时没有医用手套，白求恩徒手手术，手指多次感染。1939 年 10 月 28 日手术时，手术刀割破了他的手指，引发败血症。由于没有消炎药，他的病情迅速恶化，于 11 月 12 日在河北病逝。

白求恩档案含来往信函，包括 1925 年至 1942 年间与泰德·艾伦（Ted Allan）、妻子弗兰西斯·彭尼（Frances Penny）和科尔曼（A.R.E. Coleman）的通信；1970 年至 1974 年间泰德·艾伦撰写的回忆文章和手记；纪念物品，包括照片和中国发行的纪念邮票，以及 1970 年至 1974 年间与白求恩有关的剪报。共计 110 件。现藏于加拿大麦吉尔大学奥斯乐图书馆（Osler Library, McGill University）。

2. 史沫特莱档案（Agnes Smedley Collection,1911—1981）

艾格尼斯·史沫特莱（1892—1950），生于美国密苏里州，在科罗拉多州长大。1911 年至 1912 年作为"特殊学生"入读亚利桑那州立大学前身的坦佩师范学校（Tempe Normal School）。1917 年至 1928 年为印度独立事业先在纽约做记者，后在德国工作。1928 年来华，先后担任《法兰克福报》（*Frankfurter Zeitung*）、《曼彻斯特卫报》（*Manchester Guardian*）特约记者，报道中国共产主义运动。1937 年至 1940 年在延安生活工作。她与共产党部队一起征战，结识了毛泽东、周恩来和朱德等领导人。1938 年 11 月至 1941 年 4 月在战区参观采访国共两党领导下的抗战部队，是对中国抗日战争采访报道行程最长的西方记者。1941 年史沫特莱因病返回美国，居住在位于纽约州的萨拉托加温泉镇的"雅都"文学艺术家营地，并为当地报纸《新群众、新国家》（*The New Masses,The Nation*）和《新共和》（*The New Republic*）写专栏文章和评论。史沫特莱出版了数部关于中国革命的著作。1949 年被美国军方指控为"苏联间谍",遂移居英国。1950年5月6日在英国牛津逝世。一年后遵其遗嘱,骨灰在北京安葬,遗物交由朱德处理。

1974年,纽约州巴尔斯顿温泉镇的魏利逊夫人(Mrs. G. F. Willison),代表史沫特莱遗产执行人米尔德里德·柯伊夫人(Mrs. Mildred Coy),将档案赠与亚利桑那州立大学。后由大学档案馆阿尔弗雷德·托马斯(Alfred Thomas)馆长和历史系麦金农(Steven MacKinnon)进一步添加补充。该档案含新闻剪辑、照片、演讲稿、讲稿笔记、印刷品、信函及1911年至1981年间与史沫特莱有关的物品。档案主体为史沫特莱任驻华记者期间有关的新闻剪辑、照片和出版物,也涉及1938年至1948年间中国抗日战争和第二次世界大战前后的事件。相关档案还包括史沫特莱照片集(1911—1981),含123幅照片,计1.0英尺。现藏于亚利桑那州立大学图书馆大学档案馆(Arizona State University Libraries University Archives)。

3. 斯诺档案(Edgar Parks Snow Papers,1905—1972)

斯诺(又名史诺、施诺、施乐、埃德加·斯诺,1905—1972),生于美国密苏里州堪萨斯城。1926年毕业于密苏里大学新闻学院,后在哥伦比亚大学新闻学院学习。1928年在股票市场上挣到一笔钱,开始世界旅行和游记写作。同年抵达上海,随后在中国工作生活13年。斯诺首先为《密勒氏评论报》(The China Weekly Review)工作,后为多家美国新闻机构服务。1932年与海伦·福斯特[Helen Foster,又名佩姬(Peg)]、尼姆·威尔斯(Nym Wales)结婚(后离婚)。次年安家于北平,在燕京大学授课。20世纪30年代开始,斯诺在中国很多地方旅行和探访,后写成其第一部著作《远东前线》(*Far Eastern Front*)(1934年)。1936年出版《活跃的中国》(*Living China*)一书,为编选的当代中国短篇小说。同年,他成为第一位前往陕西共产党根据地的西方记者,在保安(今志丹县)和延安窑洞生活五个月,目睹红军及游击队的战斗和生活,并采访毛泽东和其他中共领袖。由此写成《红星照耀中国》(*Red Star Over China*),又名《西行漫记》,1937年出版,赢得世界声誉。第二次世界大战期间任《星期六晚邮报》(*The Saturday Evening Post*)记者,1943年至1951

年任该报副主编。麦卡锡时代，斯诺受联邦调查局调查，被要求交代其与共产党有关的活动。斯诺 1957 年出版《红色中国随记》（*Random Notes on Red China*），1958 年出版自传《旅行于方生之地》（*Journey to the Beginning*）。1959 年斯诺携家人移居瑞士日内瓦。1961 年出版《大河彼岸：今日红色中国》（*The Other Side of the River—Red China Today*）。1960 年、1965 年和 1970 年以记者身份再次到中国采访。1972 年 2 月 15 日，斯诺因癌症去世。按其遗愿，骨灰分别安葬在纽约罗克兰县斯纳登蓝地（现为帕利塞兹）和北京大学校园。档案主体由斯诺遗孀洛伊斯·惠勒·斯诺（Lois Wheeler Snow）于 1986 年捐赠给密苏里大学，1994 年捐赠额外资料。

档案分为七个部分：（1）个人和专业信件；（2）日记和笔记；（3）相关手稿和采访笔记；（4）各种文章和书籍的手稿、修改稿，发表的文章和书评的剪辑；（5）研究材料；（6）照片；（7）录音带和电影资料，其中大部分被编写成纪录片《中国故事：人类的四分之一》（*The China Story: One Fourth of Humanity*）。该档案共 718 个文件夹，4 个剪贴簿，多个录音带、电影胶片，以及 173 个文件夹照片。现藏于堪萨斯城密苏里大学档案馆。

4. 安娜·路易斯·斯特朗档案（Anna Louise Strong Papers, 1942—1970）

安娜·路易斯·斯特朗 (1885—1970)，生于美国内布拉斯加州，在俄亥俄州和伊利诺伊州长大。1902 年到 1908 年在奥柏林学院、宾州布林莫尔学院和芝加哥大学就读，获芝加哥大学博士学位。1910 年至 1912 年加入全国童工委员会，组织儿童福利全国巡回展。1916 年至 1921 年到西雅图与其父亲在一起，开始从事新闻事业，为《西雅图联合报》（*Seattle Union Record*）撰稿。当选为西雅图学校董事，但因与世界产业工人联合会有联系而遭罢免。斯特朗 1921 年赴苏联，并在苏联居住到 1940 年。但每年都返回美国做巡回演讲。她也是最早报道中国革命的记者之一。1925 年首次访问中国，并会见宋庆龄。1947 年前经常访问中国。访问期间曾采访毛泽东、周恩来等领导人，赢得他们的信任。1946 年在与毛泽东的对话中，毛泽东首次使用"纸老虎"一词形容美国。

1949 年她在苏联以间谍罪被捕，短暂监禁后被驱逐出境后，回到美国。1958 年在中国定居，直到 1970 年去世。斯特朗深受中国人民的礼遇和敬重。中国领导人视其为对英语世界的非官方发言人。

该档案含 1885 年至 1971 年（主体为 1969 年至 1970 年）间的书信、文稿、日记、传记、小册子、照片、剪辑、纪念物和剪贴簿。档案为斯特朗个人生活、政治和业务方面的材料，包括关于中国、西班牙内战、苏联及 20 世纪 30 年代美国中西部和加利福尼亚州的与劳工组织有关的笔记。有 1955 年庆祝其七十大寿时的录音带一盒。与她通信的人主要有罗斯福总统夫人埃莉诺·罗斯福（Eleanor Roosevelt）、斯特朗俄罗斯丈夫乔尔·舒宾（Joel Shubin）、父亲悉尼·迪克斯·斯特朗（Sydney Dix Strong）和兄弟特雷西·斯特朗（Tracy Strong）。与其通信的中国人有蒋介石、周恩来、刘少奇和毛泽东。档案共 43 盒，3 包，3 个文件夹（24.11 英尺），14 个缩微胶卷。现藏于华盛顿大学图书馆特藏部。

5. 尼姆·韦尔斯（斯诺夫人）档案（Nym Wales Papers，1931—1997）

尼姆·韦尔斯（1907—1997），又名尼姆·威尔斯、宁谟·威尔斯，是斯诺夫人海伦·福斯特·斯诺（Helen Foster Snow）的笔名。斯诺夫人曾名佩姬·斯诺（Peggy Snow），中文名雪海伦。生于犹他州，曾就读于犹他大学。1913 年至 1940 年在华期间曾就读燕京大学和清华大学。1934 年至 1937 年任上海《密勒氏评论报》北平记者。20 世纪 30 年代她成为在中国采访报道的著名美国记者。她是 1939 年在上海发起的中国工业合作社运动（中国工合）的创始人之一。从 1958 年至 1961 年，她为《星期六文学评论》（Saturday Review of Literature）写书评。如斯诺一样，她同情和支持中国共产主义运动，著有《续西行漫记》（Inside Red China）(1939) 等。

该档案含斯诺夫人本人和她收藏的信函、演讲稿、文稿、新闻电讯稿、访谈录、报告、备忘录、所服务组织机构档案和照片。涉及中国共产党、工业合作社运动、学生运动、劳工运动、1936 年西安事变、抗日战争和中国文学艺术。共 62 盒，2 个大盒，1 盒相册，33 个信封，2 盒幻灯片，

11个大文件夹，1个录影带。现藏斯坦福大学胡佛研究所档案馆。

6. 白修德档案（Papers of Theodore H. White, 1922—1986）

白修德(1915—1986)，生于美国马萨诸塞州。1934年作为走读生入读哈佛大学，成为当时唯一一位主修中文的本科生。费正清（John Fairbank）是他的老师，对其早期记者生涯有重大影响。白修德1938年毕业，1939年应国民党政府宣传部之聘到重庆工作。但他对蒋介石政府失去信心，转为《时代》（Time Magazine）周刊服务，并很快被提升为该刊驻华办事处主管。因对蒋介石政府的看法与《时代》出版商亨利·鲁斯（Henry Luce）相左，遂于1946年辞职。1947年，与同事贾安娜（Annalee Jacoby）出版《中国惊雷》（Thunder out of China）一书，描述国民党的衰败和共产党之崛起。1957年他决定将自己在第二次世界大战期间中国华东的经历写成小说，即《山路》（The Mountain Road），1958年出版后成畅销书。其1960年出版的《总统的诞生》（The Making of the President）一书获1962年普利策非小说类奖。1960年代后白修德与《时代》《生活》周刊重修旧好，经常为其撰稿。

该档案资料反映白修德48年记者生涯的各个方面，含其为撰写13本书籍和其他作品而收集的研究资料和手稿，以及专业通信和个人信函。还含日记、安排日程的日历、其任职于董事会及从事咨询工作的档案、学校及家人等档案、照片、纪念品，以及白修德所撰的书籍和文章。1986年白修德去世后，其档案遗赠哈佛大学图书馆。

五、有关中共的回忆录等其他文献资源

1. 布隆基斯特回忆录（Carel A. M. Brondgeest Memoir）

卡雷尔·A. M. 布隆基斯特（Carel A. M. Brondgeest，生卒不详），荷兰人。在华任电器工程师。1942年在共产党组织的帮助下，与其他几位外国人逃离日军占领的北平，后从延安到重庆。

该档案主要回忆1942年在共产党八路军和游击队帮助下逃离日军控制的北平及经延安到重庆的经过。还有几封布隆基斯特个人书信。回

忆录为打字稿，共 1 件 124 页。现藏于斯坦福大学胡佛研究所档案馆。

2. 亚历山大·H. 布克曼档案（Alexander H. Buchman Papers,1927—1989）

亚历山大·H. 布克曼（1911—2003），生于美国俄亥俄州。获俄亥俄州克利夫兰市凯斯应用科学学院工程学学位。1933 年访问上海并留在中国，1939 年离华。在中国结识多名来自美国的托洛茨基派领导人物以及中国左翼反对派领导人。在外国驻华新闻机构任职，业余任摄影师，并拍电影。1939 年至 1940 年他以警卫身份在托洛茨基居住的墨西哥科约阿坎（Coyoacan, Mexico）别墅居住 5 个月，并用照相机记录托洛茨基及其家人和朋友的生活。1942 年至 1976 年在美国罗克韦尔国际公司（Rockwell International）任航空工程师。

该档案含反映 1939 年至 1940 年托洛茨基及其随行人员在墨西哥科约阿坎的电影胶片、静态照片和幻灯片，还含大约 1934 年至 1939 年上海和其他地区的电影胶片，包括 1937 年日军轰炸上海的场面，以及大约 1927 年至 1932 年中国共产党左派人士被处决的照片。也含 1938 年托洛茨基在墨西哥向美国追随者作电话讲演的录音盘，以及托洛茨基和托洛茨基主义运动有关的杂项材料。共计 1 个文件夹，10 个信封，5 个电影胶卷，2 个录像带，14 个幻灯片，6 个录音盘。现藏于斯坦福大学胡佛研究所档案馆。

3. 胡思敦档案（Jay Calvin Huston Papers,1917—1931）

胡思敦（1888—1932），先后就读于斯坦福大学，加州大学伯克利分校。1915 年到北京任学生译员，开始其外交服务职业生涯。1917 年至 1932 年任美国驻北京、广东等地副领事和领事。胡思敦对中国激进主义和共产主义有浓厚的研究兴趣，收集大量第一手资料，为美国政府撰写过最早的有关中国共产主义的报告。

该档案含文稿、小册子、传单和剪报，反映中国文化、政治和经济、中国革命及其受苏联影响的情况。共 14 盒，2 个信封。现藏斯坦福大学胡佛研究所档案馆。

4. 李璜口述回忆录手稿（Reminiscences of Huang L1: Manuscript）

李璜（1895—1991），生于成都，先入读成都洋务局英法文官学堂，后入上海震旦大学学习。1918年参加发起组织少年中国学会，随后赴法国，在巴黎大学留学；1923年参加发起组织中国青年党，宣传国家主义，反对国共合作。学成归国后在数所大学任教。1931年九一八事变后，呼吁联合抗日，策动发展东北义勇军。抗战期间与中国青年党支持抗日联合阵线；1938年至1945年在重庆任国民参议会议员。1946年参与美国马歇尔倡导的国共和平谈判；1949年赴中国香港定居，继续批评国共两党。

该手稿为哥伦比亚大学中国口述史项目之一，由朱仁明（Lillian Chu Chin）翻译。内容涉及李璜童年时代，1918年少年中国学会兴起，法国留学生活，法国中共组织，与旅法中共组织及欧洲学生联系，1929年至1931年外国在华干预，东北抗日义勇军，长城战役，1933年至1935年围剿红军和围堵红军长征，1937年抗日民族统一战线，武汉保卫战，战时参议会和参政会以及经济控制的管理和实施，1941年至1947年民盟和政治协商会议，马歇尔使华调处国共关系，政府改组和国民大会，国民党金融破产和军事崩溃，解放军渡江战役等。该手稿共1013页，为访谈转录整理稿。现藏于哥伦比亚大学巴特勒图书馆哥伦比亚口述史中心。

5. 李书华口述回忆录（Reminiscences of Shu-Hua Li: Oral History, 1961）

李书华(1890—1979)，生于河北昌黎。1912年毕业于保定直隶公立农业专门学校，后获政府资助赴法国留学。1918年毕业于图卢兹大学（University of Toulouse），1922年获巴黎大学物理学博士学位。1922年至1930年任北京大学物理系教授。1928年国民政府推行"大学区"，李书华任北平大学区副校长。1929年至1948年任北平研究院副院长。1930年至1931年先后任教育部次长和部长。1943年任中央研究院总干事。1945年参加成立联合国教科文组织（UNESCO）会议。1949年到欧洲，在法国、德国从事研究。1952年赴美，利用哥伦比亚大学包括其东亚图书馆资源从事研究，发表多部有关中国科学技术史的著作。

回忆录为哥伦比亚大学中国口述史项目之一，由王德周（Minta Chou Wang）采访。为转录、翻译、编辑过的录音记录稿，共234页。

内容包括个人自传，中国大学区制的兴废，20世纪20年代至50年代的教育和科研，庚子赔款之法国赔款余额的返回和利用，中英教育文化基金会董事会，李大钊、陈独秀的背景和中国共产主义的早期发展，吴稚晖、蔡元培、李石曾和张静江参加革命及其对中国的贡献，清朝科举制度。现藏于哥伦比亚大学巴特勒图书馆哥伦比亚口述史中心。

6. 戴德华档案（George Edward Taylor Papers,1932—1999）

戴德华（1905—2000），生于英国，获伯明翰大学文学学士和硕士学位。1928年赴美，先后在约翰·霍普金斯大学和哈佛大学深造。1930年至1932年由哈佛燕京学社资助到北平学习。1933年至1936年任南京中央政治学院国际关系教授。后回英国一年，1937年又到中国，在燕京大学任教。支援中国抗战，暗中为游击队提供医疗用品。1938年夏天与共产党八路军在河北和山西一起行军。1939年任华盛顿大学东方学系主任。1942年任华盛顿美国战讯新闻署远东专家和海外业务副主任，并负责建立外国心理分析部，制定对日心理战战略。1945年至1946年任美国国务院远东资讯和文化室主任，后该机构改为美国新闻署。1946年至1969年回华盛顿大学任远东和俄罗斯研究所所长。1975年从华盛顿大学退休。戴德华被认为是美国现代中国研究创始人之一。

该档案由戴德华于20世纪70年代和20世纪80年代捐赠，其中录音带1989年捐赠；1998年洛伊丝·霍恩（Lois Horn）捐赠口述史访谈录。含信函、会议文件、研究资料、录音、课程资料、访谈录、讲演稿、新闻稿、照片、报告及口述史访谈录等。口述史内容包括戴德华对中国研究兴趣的发展、在华教学和帮助抗日游击队等。也含他为美国政府和情报机构服务的相关文件。现藏于华盛顿大学图书馆特藏部。

7. 美国国务院中国事务办公室档案（Records of the Office of Chinese Affairs，1945—1955）

美国国务院中国事务办公室具体负责管理美国对华政策的有关事务。该办公室收集从中国革命前到中国革命后几乎所有行业的信息和情报。最近美国国务院解密了中国内部事务办公室1945年至1955年的档案。

档案由三大类组成，均按时间先后顺序组织：（1）政治档案，主要包括美国对新中国政策声明、共产党政府内部组织、美国对国民党的军事援助；（2）经济档案，含经济合作署在大陆和台湾合作项目的经济形势周报和月报；（3）最高机密档案，含有关国共两党的报告和通信、美国政策相关情报、联合国对中华人民共和国"制裁"、中（中华民国）日和平条约谈判以及苏联对中国共产党政府的政策。共41个缩微胶卷。现藏于美国国家档案和记录管理局（U.S. National Archives and Records Administration）。

8. 胡德兰档案（Freda Utley Papers, 1886—1978）

胡德兰（1898—1978），生于英国伦敦。1923年和1925年先后获伦敦大学文学学士和文学硕士学位，1926年任伦敦经济学院研究员。1928年加入英国共产党，1930年迁居苏联，失去英国共产党党籍。1932年至1936年任苏联科学院世界经济和政治研究所资深研究员。1936年，其苏联丈夫被捕后，她从苏联逃走。1938年、1945年和1946年在中国任战地记者。1939年，移民到美国。1950年成为美国公民。著有多部与中国相关的著作。

该档案含通信、文稿和印刷品，涉及苏联、日本和中国20世纪20—30年代的社会和政治状况、中国抗日战争、第二次世界大战、美中关系、战后德国重建、中东社会和政治发展，以及美国的反共产主义情况。共87盒，11个信封。现藏于斯坦福大学胡佛研究所档案馆。

9. 韦慕庭档案（C. Martin Wilbur Papers, 1950—1992）

韦慕庭（1908—1997），生于美国俄亥俄州，主要在中国长大。随其为基督教青年会传教士的父母在中国和日本生活19年。1931年毕业于奥柏林学院，1941年获哥伦比亚大学博士学位。1936年至1947年间任芝加哥菲尔德自然历史博物馆中国考古学和民族学部主任。第二次世界大战期间及后来在美国政府任职，1943年至1947年在美国战略情报局和国务院任职。1947年始任哥伦比亚大学教授，1958年至1964年任哥大东亚研究所主任，1966年到1976年任乔治·桑塞姆（George Sansom）中国历史讲座教授。发起哥伦比亚大学中国口述历史项目，与经济学教授何廉（Franklin Lien HO）一起任联合主任。该项目从1958年起至1980年结束。他出版发表许多关于中国国民党和共产党运动的研究论著，影响很大。

该档案由韦慕庭1988年和1992年捐赠，含信函、专题文档、手稿和印刷品，反映其一生职业。还含有国民党第一和第二次大会记录翻译件、国民党档案复本及中国青年党成员、孙中山、20世纪20年代重大历史事件的照片等。共116盒，2卷，约54000件(53英尺)。现藏于哥伦比亚大学巴特勒图书馆善本手稿图书馆。

韦慕庭相关档案（1922—1986）：现藏于中国台湾"中央研究院"近代史研究所档案馆，含中国共产主义运动史料的读书札记、外交档案及文稿等相关影印资料30册、私人函件（1955—1974年）及照片。

10. 颜惠庆自传打字稿（Hui-Ch'ing Yen Typescript: An Autobiography,1946）

颜惠庆（1877—1950），中国外交家和政治家，生于上海基督教家庭。弗吉尼亚大学毕业。1920年至1922年任民国外交部部长，1924年至1926年间任总理；1933年至1936年任驻苏联大使，1945年任联合国善后救济总署远东委员会主席。1949年2月，以代总统李宗仁的官方代表身份与中国共产党代表商谈和平事宜。中华人民共和国成立后，曾任上海华东军政委员会副主席。

自传打印稿涉及中国政治、外交、金融和义赈救灾。共1盒(1件，0.4英尺)。现藏于斯坦福大学胡佛研究所档案馆。

（管永前，北京外国语大学国际中国文化研究院副教授）

国家图书馆中国学文献收藏及特点

▼

2019年是中国国家图书馆（以下简称国图）建馆110周年，回顾国图走过的风雨历程，不同历史时期发展重点虽有所不同，但也能从中发现一以贯之的内容，最明显的则体现在特色藏书建设上。国图目前已经形成的若干特色馆藏，包括"中国古籍、东方学、美术史、考古、敦煌资料、舆图、手稿、金石、自然科学史、方志、家谱、年鉴、学位论文等"[1]。罗马非一日建成，特色馆藏也非一时之功，今日特色馆藏的形成，凝结着国图人百余年来的辛勤求索。

东方学、汉学、中国学在不同历史时期并存同进，反映了西方对中国的认识过程。有关名称之争由来已久，尤其是汉学和中国学。中国学界在20世纪40年代之前，即存在"中国学"，指称海外同类研究的现象，在多数情况下，与当时的"汉学"概念之间并无严格区别。这种争论似从未中断，也从未达成统一的认识。

笔者暂时撇开这一名称之辩，从国图中国学文献收藏的具体文本分析，国图中国学收藏范围是指有史以来中国之外世界对中国的认知和研究的文献，既涵盖国外对中国学术或中国问题的译介、研究、评论的文献，这类文献不仅包括具有一定学术水平与资料价值的文献，也包括一般的报导性、消遣性、普及性的文献，还涵盖国内介绍或翻译国外对中国研究的文献。

---

[1]《国家图书馆规章制度汇编》，北京：国家图书馆，2012年，第268页。

一、缘起及发展

国图中国学文献收藏具有悠久的历史,最早可追溯至 1911 年法国汉学的一代宗师沙畹(Édouard Chavannes,1865—1918)与列维(Sylvain Lévi,1863—1935)赠予京师图书馆的《汉文三藏经中的五百个故事和寓言》。①但若论及有目的地系统入藏则要始于 20 世纪 20 年代的国立北平图书馆。②

中国学文献之所以能够成为国图的特色馆藏,与时任国立北平图书馆副馆长袁同礼(1895—1965)的远见卓识密不可分。作为图书馆学专家,他非常重视东方学文献的采选,"古今名著极意搜罗,而于所谓东方学书籍之探求,尤为不遗余力,以为言边防、治国闻、留心学术者之览观焉"③。这一指导方针体现出国图人对于国家前途、民族命运的关心和对学界服务的关切,是西学东渐之下学术救国情怀在国立北平图书馆的一种回应,深刻影响着之后国图对于中国学文献的采访。

国立北平图书馆通过购买、接受捐赠与寄存等不同形式,先后获得罗斯(Mr. Giuseppe Ros)藏书、普意雅(George Bouillard)藏书、穆麟德(Paul George Von Mollendorff)藏书、毕德格(W. N. Phthick)藏书以及塞达·玛利亚(Santa Maria)东方学旧藏等,这些藏书形成今日国图中国学藏书的基础。自 1930 年始,在著名图书馆学家刘国钧(1899—1980)的主持下,国立北平图书馆中国学西文图书采用美国国会图书馆

---

①Cinq cents contes et apologues. extraits du Tripiṭaka chinois et traduits en français par Édouard Chavannes; publiés sous les auspices de La Société Asiatique. Paris: E. Leroux, 1910—1934.
②1909 年清学部筹建京师图书馆,1925 年改为国立京师图书馆,1928 年 6 月,南京政府将国立京师图书馆更名为国立北平图书馆。1926 年 3 月,中华教育文化基金董事会筹建北京图书馆,1928 年 5 月改为北平图书馆,因与国立北平图书馆重名,遂更名为北平北海图书馆。1929 年 8 月,国立北平图书馆与北平北海图书馆合并,馆名仍为国立北平图书馆。为避免混淆,民国时期的国家图书馆旧有称谓统一用国立北平图书馆代指。
③袁同礼:《国立北平图书馆之使命》,《中华图书馆协会会报》第六卷第六期,1931 年 6 月,第 3 页。

分类法进行分类，以"C"（China 的缩写）标识与其他图书进行区别，中国学专藏由此开始。

1949 年后，受制于东西方冷战、经济封锁和政治运动的国内外大环境，尤其是西方对中国实行经济封锁和贸易禁运，严重制约着北京图书馆（以下简称北图）的西文文献进口。由于中苏关系正在经历亲密期，俄文中国学文献在这一时期增长显著。而后随着中苏关系恶化，自然灾害和政治运动的加剧，北图的外文文献采访工作基本陷于停顿。在改革开放之前，中国学文献增长更多依赖国家调拨，先后接收原北京天主教北堂藏书、原南京伪中央图书馆藏书、原东北伪满洲国图书馆及原白俄图书馆藏书，这些藏书也是国图中国学文献的重要组成部分。

1984 年 12 月，北图馆务会议通过《北京图书馆书刊资料采访条例》，该条例将对中国学的采访级别确立为全面采集，包括"各国出版的中文书刊资料以及译成外文的中国古今图书；海外华人著述、翻译、编辑的书刊资料；研究中国和华人的书刊资料"[1]。第一次明确提出，要使本馆成为中文和研究中国以及华人问题书刊资料的收藏中心。[2] 该条例奠定了中国学文献在国图的采访地位，在国图文献采选工作"中文求全，外文求精"的基本方针下，中国学文献则被列为外文文献采选的"精中之精"。之后条例虽几经修改，但无不将中国学文献采访置于重要地位。此后三十多年，国图中国学文献收藏不仅在图书、期刊、报纸、论文等传统文献类型上不断扩充体量，而且衍生出的缩微文献、视听文献、电子出版物、数据库和网络资源等新型文献类型也异彩纷呈。

经过几代国图人不遗余力的搜采，终形成今日国图中国学文献专藏。抚今追昔，国图中国学文献虽历经战乱与动乱，但终归能够坚守下来，实为国图之幸事，学界之幸事。这份珍贵而沉重的文化遗产，凝聚着百余年来国图人的心血和智慧，既见证着中国学文献收藏的光荣过去，也昭示出中国学文献利用的辉煌未来。

---

[1]《北京图书馆书刊资料采访条例》，《北京图书馆学刊》，1985 年第 2 期，第 8 页。
[2]《北京图书馆书刊资料采访条例》，《北京图书馆学刊》，1985 年第 2 期，第 7 页。

二、国图中国学文献收藏的特点

中国学文献作为国图特色专藏，不仅使国图成为国内中国学文献收藏的一流文献中心，也使其成为世界中国学研究的文献收藏重镇。国图馆藏中国学文献见证了几个世纪中西文化交流及西方中国学研究的兴盛，其收藏历程决定了该专藏具有鲜明的特点。

第一，收藏的完备性。从文献类型而言，国图中国学文献收藏不仅包括传统的印刷型文献，如图书、期刊、报纸、论文、舆图等，而且注重对新型的非印刷型文献的收藏，如缩微文献、视听文献、电子出版物、数据库和网络资源等。从文献内容来说，中国学文献收藏显得极为广泛，从早期来华耶稣会士的著作，到近现代国外人士亲历中国的记录；从对中国四裔偏向的研究，到深入中国的纯粹学术考察；从中国古典的语言文化历史学术意义的研究，到现代对中国政治经济社会等现实意义的研究。从学科范围上看，国图中国学文献收藏既包括人文学科，又包括社会学科，还涉及自然学科。

第二，语种的多样性。国家图书馆作为国内最大的外文文献收藏单位，截至2018年底，外文馆藏已超过1000万册件，涵盖115种语言和文字。中国学文献语种约涉及90个语种，从单个语种来说，中国学文献以日语最多，其次是英语、俄语。

从国图中国学图书编目标记来看，主要分为西文、东文和俄文三大类，西文数量居首，俄文数量最少。西文基本涵盖所有以拉丁字母拼写的语言，如英语、意大利语、西班牙语、法语、德语，西文中国学图书在1985年开始标记2C，位于索书号第一排。东文则包括日文在内的30多个语种，日文中国学图书在2004年开始以4C标记，目前另有8种东方语言（韩语、阿拉伯语、越南语、蒙古语、印尼语、马来语、印第语、泰语）都有自己独有的中国学图书标记。俄文指俄罗斯语，2005年开始标记为3C，值得注意的是除俄文外，其他用西里尔字母拼写的斯拉夫语系的语言也有自己特殊的标记规则，如乌克兰语，标记为С/Ук。

第三，藏书的丰富性。国图历史上曾经三次对馆藏中国学图书进行调查，其中1928年和1957年两次调查主要是针对西文图书，这两次调查成果均形成专题目录出版。①1989年是国图历史上第一次对中国学图书进行系统的调查，原本计划编出一套完整的馆藏中国学目录，只可惜因各种原因最终并未实现，实为国图与中国学学界的一件憾事。

笔者在国图前辈对馆藏中国学文献调研基础上，得出目前国图中国学图书的初步数据，有系统的调查仍待日后继续努力。根据调研结果，截至2018年12月31日，国图藏中国学图书数量为134 306种，见表1。西文图书数量，在"文化大革命"前收书6851种，"文革"时期有1556种，1976年至1984年有3999种，1985年至2018年有44 948种，共计有57 354种。俄文图书1989年有4006种，1990—2004年约有1700种，2005—2018年有2569种，共计约有8275种；日文图书1989年有16 867种，1990—2004年约有12 000种，2005—2018年有17 560种，共计约有46 427种，此外还有10 000余种日文专题资料，以满铁资料和1945年以前简编资料为主；其余8种东方语言的数量共计有2250种。国内介绍或翻译国外对中国研究的图书约有10 000种。

表1　国图馆藏中国学图书数量表

编目标记	语言	数量（种）
2C	西文	57 354
3C	俄文	8275
4C	日文	56 427
51C	韩语	1303
52C	越南语	424
53C	蒙古语	16
54C	阿拉伯语	296
61C	印第语	22
77C	泰语	155
81C	印尼语	11
82C	马来语	23
	中文	10 000
总计		134 306

---

①National Library of Peiping.The Metropolitan Library record. Peiping : The Library, 1928-. Beijing tu shu guan. A classified catalogue of books on China in western languages in the National Library of Peking. Peking : [s.n.], 1957.

第四，报刊的连续性。国立北平图书馆时期就特别注意采购成套的外文报刊。曾担任馆长的梁启超（1873—1929）在委托李四光（1889—1971）、袁同礼购买日文资料时曾叮嘱道："购书事日本方面不可忽略，弟欲将彼国研究中国史及佛教之书，先行搜罗。最要者为集中专门杂志，最好能自第一号搜起，购一全份，例如《史学杂志》《史林》《支那学》《佛学研究》《宗教研究》《佛教学杂志》《东洋学艺》《外交时报》等。"[①] 袁同礼也提出"外国文书方面，举凡东西洋学术上重要之杂志，力求全份"[②]，百余年来，国图对中国学报刊的采访始终加以注意，以防其中断造成文献收藏的不完整。

2009年以前，国图外文中国学期刊为160余种。2009年，以国家图书馆海外中国学文献研究中心（现中心之前身）增设阅览室为契机，新增订数十种外文中国学现刊。经过最近十年的发展，国图收藏的外文中国学期刊在学科和语种方面覆盖面较广，核心期刊的品种也相对齐全，目前达到203种，其中西文112种，日文84种，俄文7种。

从馆藏年限看，有60余种从21世纪（2000年以后）开始收藏，130余种为20世纪期间开始收藏（1900—1999），少部分期刊从19世纪开始收藏。国图所收藏的外文中国学期刊大多保持着连续性和完整性，从而构成具有相当规模的体系，进而能够为中国学研究领域的学术机构提供较为丰富的研究资料。

第五，文献的互补性。历史上各个时期由于国际环境、政治因素、采购渠道、采购经费等各种原因，国图中国学文献的采访难免有缺失和遗漏，尤其是一些古旧的中国学文献更是难以补藏。随着新技术的不断发展，在原有国际交换和复制补藏的基础上，缩微资料、电子出版物和专题数据库等非印刷型出版物给中国学文献补藏开辟出广阔的发展空间。兹以缩微资料和专题数据库为例，介绍二者在国图中国学文献收藏方面的特色。

---

① 《梁启超年谱长编》，上海人民出版社1983年版，第687页。
② 袁同礼：《国立北平图书馆之使命》，《中华图书馆协会会报》第六卷第六期，1931年6月，第3页。

20世纪80年代以前，北图的馆藏除少量的缩微胶卷、平片外，只有以纸为载体的印刷品出版物。在1987年10月白石桥新馆正式投入使用前后，北图集中引进了一批国外出版的缩微资料。1996年第三十次北图馆长办公会议通过了《北京图书馆书刊文献采选条例》，在第四十九条缩微资料中，明确提出将研究中国和华人的资料列为重点采集。① 由此，国图缩微资料逐渐形成自己的中国学文献特色，主要包括清末中美外交档案、早期美国来华传教士文集、1976年以来华裔留学生国外撰写的学位论文、1850年以前西方出版的有关中国的书籍和1900年以前西方出版的有关中国的书籍。

2008年1月开通的《海外收藏的中国近代史珍稀史料文献库，1793—1980》是国图最早购买的中国学专题数据库。国图目前订购的中国学专题数据库共6个（不包括收录中国学期刊、论文的数据库），其中档案全文库3个②、报纸全文库1个③、期刊全文库1个④、复合型数据库1个⑤。《珍稀原始典藏档案合集：亚洲》（*Archives Unbound Asia*）、《ProQuest历史报纸：近现代中国英文报纸库》向国图读者卡用户开通了远程访问权限，此外，《珍稀原始典藏档案合集：亚洲》数据库还通过数字图书馆推广工程向全国各省市图书馆提供服务。6个数据库共计约148万页档案资料、89 000张图片、12种历史报纸和1种期刊。文献内容覆盖的范围从18世纪中后期到20世纪80年代。

这些新型载体文献都具有重要的史料价值，在丰富完善国图中国学文献收藏的同时，也能较好解决读者使用古籍文献不便的问题，为读者

---

① 《图书馆规章制度选编》，北京图书馆出版社2001年版，第10页。
② 具体为《中国：文化与社会，华生中国收藏》（*China: Culture and Society，The Wason Pamphlet Collection*）、《英国外交部档案：中国（1919—1980）》和《珍稀原始典藏档案合集：亚洲》（*Archives Unbound Asia*）数据库。
③ 具体为《ProQuest历史报纸：近现代中国英文报纸库》（1832—1953）数据库。
④ 具体为《中国留美学生月报在线：1906—1931》（*The Chinese Students' Monthly Online*）数据库。
⑤ 即《海外收藏的中国近代史珍稀史料文献库，1793—1980》（*China: Trade, Politics, and Culture, 1793—1980*）。

提供优质服务奠定良好的文献基础。

第六，建设的针对性。随着中国国际影响力的提升，国外智库机构加大了对中国研究的力度，既反映了国际社会对中国发展和中国问题的认识，也在相当程度上影响着各国政府的对华政策，其研究成果借助互联网得以在世界范围内迅速传播。这些成果对中国的研究往往带有很强的针对性、实用性与前瞻性，其鲜明的研究立场、广泛的研究主题、独特的观察视角，对我国政府决策及学界决策性研究都具重要参考价值。

基于这一需求的考虑，国图海外中国问题研究资料中心（以下简称中心）重点关注海外智库机构发布的对中国的研究报告和评论性文章。为了能使这些信息得以长久保存、有序整合和有效利用，2014年中心开始建设智库报告专题数据库，经过五年的系统采集、分类整理，截至2019年9月30日，已累计完成25 492条数据量，包括226个海外智库机构。它主要有以下几个特色：

1. 内容系统。全库涉及中国的政治、经济、社会、生态、外交和军事六大类别，完整系统地收录了海外智库研究中国的全方位成果。2. 更新及时。该库定期跟踪海外智库中国研究的最新成果，力求及时提供最新研究讯息。3. 检索方便。本库实现题名、发表机构、作者和关键词、年份等检索条件的快速检索，并提供全文检索和高级检索。4. 原文提供。该库所提供的报告均有原文，部分报告提供中文摘要。5. 语种多样。包含汉语、英语、法语、俄语、德语、西班牙语、葡萄牙语、意大利语、日语、韩语、阿拉伯语等11个语种。

值得注意的是，该数据库并没有直接推送给相关的决策机构来使用，主要是因为海外对中国问题研究信息的特殊性，它既有严肃的理论分析、友善的肯定赞扬，也有恶意的诽谤歪曲，而作为专业的文献服务机构，中心向决策机构最终提供的一般是较为全面、客观、专业的信息。所以中心将其主要推送给相关的智库机构，目的是通过研究人员对这些信息进行专业甄别，对不同立场的观点和不同角度的分析进行综合性评价，形成专题报告，为决策机构提供专业的咨询服务。

中国学文献集中了研究与阐述中国人文学术的世界性智慧，是中国人文学术走向世界之林不可或缺的文献资源，是中国了解世界如何观察中国的重要窗口，也是树立中国国际形象的深层次文化基础。回顾和梳理国图中国学文献收藏的缘起、发展及特点，有助于全面认识和研究中西文化交流所蕴含的学术价值和精神价值，有助于学界全面理解和利用这些收藏，从而更好地针对国外有关中国研究的历史、学术成果、研究方法等方面进行反研究和比较研究。

三、思考与启示

陈寅恪（1890—1969）在《陈垣敦煌劫余录序》中说："一时代之学术，必有其新材料与新问题。取用此材料，以研求问题，则为此时代之新潮流。治学之士，得预此潮流者，谓之预流。其未得预者，谓之未入流。此古今学术史通义，非闭门造车之徒，所能同喻者也。"[①] 清末民初，在中外文化交流史研究领域，欧美、日本学者凭借新史料的不断发现，在中国研究方面进步迅速，硕果累累，成就斐然。法国巴黎学派、日本京都学派一时成为中国研究的中心。他们对中国学人产生巨大的心理冲击，陈垣（1880—1971）、胡适（1891—1962）等一代学人，纷纷欲将汉学中心带回到中国。然而，当时大多数中国学者对国外中国学研究并未引起太多关注，尤其是缺少对国外研究中国学文献的收集与研读，造成中国学者在中西学术交流中整体不占上风。

改革开放以来，与中国有关的话题受到世界的广泛关注，海外对于中国的研究著述急剧增加。中国学作为中外沟通的一个重要学术渠道，对我们认识自身、理解和反省自身在发展过程中遇到的问题具有重要意义。

学术研究的起点和终点往往都是文献。国图作为中国学文献百年收藏机构，已形成专藏规模。更令人欣喜的是，2009年9月9日，以中国学文献为专题的阅览室面向读者开放，开启了国图中国学文献研究与服

---

① 《金明馆丛稿二编》，生活・读书・新知三联书店2001年版，第266页。

务的新篇章，北京大学中国语言文学系教授严绍璗曾称赞道，"该中心为研究者提供了一个原典文献的基地，使国内中国学研究向前跨了一大步"①。

国图海外中国问题研究资料中心成立已经十余年，虽然取得一定的成绩②，但是在开发和利用中国学文献方面远未达到学界之期待③。回顾20世纪上半叶的学术交往史，学术机构对于文献的获取和利用除私人收藏外，更多地则要依赖图书馆。当时的国立北平图书馆与国内外学术界之间的交往远比今天要频繁，学术之间的交流也更加专深。如今网络技术在改变学术界对于文献获取和使用方式的同时，也改变着传统的学术研究机构与图书馆的交往方式。二者之间的联系似乎越来越有隔膜，这种隔膜造成彼此的生疏和忽略，从学术的角度来看，难免造成学术资源的浪费和学术思路的凝滞。

新时代下，国图应该充分利用自身中国学收藏的地位，加强与业界和学界的联合，积极主动地成为推动海外中国学研究的一分子。一是对馆藏中国学文献系统调研，逐渐形成中国学研究的索引目录，充分利用现代技术手段，把中国学书目数据单独建成专藏书目数据库，为以后补藏书目、编制专题书目和回溯性书目提供有利条件；二是加强国内外其他公共图书馆和专业图书馆之间的合作与协调，有计划地编制中国学文献馆藏目录和收藏馆联合目录，建立起中国学文献专题数据库；三是加强同海内外中国学学术机构的联系，及时了解研究动向并获取有关中国学的研究成果和出版物，共同编制中国学文献专题目录，以达到沟通中外学术交流，为全世界研究学者提供研究便利，发挥出搭建中国学术界国际化的桥梁作用。

---

① 曾福泉：《国图馆藏海外中国学文献面向公众》，《中国青年报》，2009年9月29日，第9版。
② 尹汉超：《国家图书馆海外中国问题研究资料中心十年历程回顾与思考》，《2018年国家图书馆青年学术论坛论文集》，国家图书馆出版社2018年版，第36—42页。
③ 吴原元：《新时代海外中国学学科发展的四重维度》，《国际汉学》2018年第4期，第12—18页。该文并未对国图中国学文献服务提出批评，但所提出的应加强海外中国学研究的目录建设，应引起国图足够之重视。

学术研究需要薪火相传，文献传承同样需要薪火相传。国图前辈先贤开启的中国学文献宝库，为我们展现出中华文化的源远流长，绵延不绝，并以其独有的特色在世界文化之林熠熠生辉。历史的重任已经落在我们这代人的肩上，正如习近平总书记在纪念五四运动100周年大会上的讲话中所指出的："一代人有一代人的长征，一代人有一代人的担当。"[①]我们在继承和守护文献的基础上，期望与国内外的中国学文献收藏和研究机构建立广泛的业务合作，共同促进中国学研究的繁荣与发展。

（尹汉超，国家图书馆海外中国问题研究资料中心副研究馆员）

---

① 习近平：《在纪念五四运动100周年大会上的讲话》，《人民日报》，2019年5月1日第2版。

学者对话和媒体

视·野

如何看待面向新时代的海外当代中国研究

▼

2019年6月22日，为期两天的"70年回顾与展望：面向新时代的海外当代中国研究"暨第三届海外当代中国研究圆桌会议在山东济南落下帷幕。来自中央党史和文献研究院、中国社会科学院、中国外文局、国家图书馆、山东省委党校、山东社会科学院、上海社会科学院、中国人民大学、北京外国语大学、北京语言大学、北京联合大学、南开大学、南京大学、山东大学、山东师范大学、山东理工大学、山东科技大学、福建师范大学、天津理工大学等研究机构和高校的50余位专家学者参加了会议。《人民日报》、《光明日报》等国内主要媒体，智库的学者参与了研讨。这次会议以"70年回顾与展望：面向新时代的海外当代中国研究"为主题，对新中国成立以来海外当代中国研究的历史与现状进行梳理和研讨，为进一步深化智库领域研究提供新视点。面对百年未有之大变局，海外当代中国研究面临怎样的挑战？有着哪些机遇？中国日益走向世界舞台中央，面对前所未有的关注、赞赏和质疑，我们该如何讲好中国故事，提升中国在国际社会的话语权？在坚持推动人类命运共同体，推动不同文明交流互鉴、和谐共生的过程中，我们如何向世界提供中国方案、中国智慧、中国力量？这些问题引发了学者们的深入思考。以下是其中几位学者的对话。

魏海生：中央党史和文献研究院副院长

唐洲雁：山东省政协副主席、山东社会科学院党委书记

张树华：中国社会科学政治学研究所所长、中国社会科学院国际中国研究中心主任、《国外社会科学》杂志主编

问题1：这次会议主题立足新时代，观照70年，反映了学习和传播习近平新时代中国特色社会主义思想的要求。70年来，中国的发展举世瞩目，海外学界对中国的关注度越来越高，试图解开中国迅速发展之谜的中国研究成为热点。请您谈谈：70年来海外当代中国研究发生了怎样的变化？我们应该如何看待，如何应对这些变化？在新时代背景下，海外当代中国研究面临哪些机遇和挑战？

魏海生：新中国成立70年来，海外对中国的研究在研究内容、研究方法、研究群体、学科地位、应用价值等方面都发生了很大变化。研究内容上，表现为从研究中国的传统思想文化、历史典籍、文学艺术等人文科学内容为主，发展为研究政治、经济、社会、环境、外交、军事等社会科学内容为主，社会、人文科学内容兼容并包。研究方法上，表现为从以往的文本资料收集为基础、总体性描述判断为主的研究方法，转向实地调查研究、案例及数据收集为基础、运用具体理论进行分析为主的研究方法。研究群体上，体现在海外中国研究及其专家学者从过去集中在英国、法国、美国、加拿大、日本、澳大利亚、新加坡等西方发达国家和东亚国家，已扩展到非洲、拉美等一些国家和地区。学科地位上，体现在海外中国研究从早期的区域性研究，转变为多学科视角熔于一炉的综合性研究。应用价值上，体现在海外中国研究的成果从相对单纯的信息资料参考，到成为影响决策的重要观点；影响决策的领域从传统的政治、外交、军事扩展到政治、经济、文化、社会、环境、外交、军事等；一些有代表性的海外中国学家对所在国决策机构、决策者的影响增强。随着中国与世界的关系发生历史性变化，国际社会越来越关注中国，越来越多的海外学者投入到对中国的研究中来。这为我们以世界眼光、全球视野和开放胸襟，博采众长，为反观时代、把握世情、认清自己提供一个多向度的视角。

我认为，进入新时代，要讲好中国故事、传播好中国声音，从而影响海外中国研究学者，进而影响整个世界正确认知中国，目前面临三个很好的机遇。

第一个机遇是，党的十九大报告中提出了"两个一百年"的奋斗目标，从全面建成小康社会到基本实现现代化,再到全面建成社会主义现代化强国。随着十九大所确立的发展任务和奋斗目标的逐步实现,将进一步有力地增强中国特色社会主义理论、道路、制度的国际影响力,有利于讲好中国故事、传播好中国声音。

第二个机遇是,中国进一步扩大开放,深化与各国、各地区及国际组织的合作。在对外交流合作过程中,中国奉行的理念、采取的行动将使世界进一步认识到中国把自身发展与世界发展相统一的全球视野、世界胸怀和大国担当,以及中国维护世界和平、促进人类共同发展的诚意和能力。

第三个机遇是,以习近平同志为核心的党中央正确把握国际形势的深刻变化,顺应和平、发展、合作、共赢的时代潮流,在深入思考当前人类前途、命运的发展方向基础上,提出了"构建人类命运共同体""一带一路"倡议等新时代对外交往的新理念、新举措,为我们在新时代对外讲好中国故事、传播好中国声音提供了明确的方向、任务和要求。

唐洲雁:新中国成立70年来,特别是改革开放40多年来,中国经济社会的快速发展,中国在国际上的影响力与日俱增,对海外中国问题的研究产生了非常大的影响。

我举一个例子,2016年,我到意大利宣讲中国道路,意大利很多党派的学者自发来听会,会场上同声传译的耳机不够,他们就一层层围在同声传译的玻璃房周围侧耳倾听,场面令人感动。那天,意大利共产党中央一位学者对我讲:"如果说上世纪90年代苏联解体意味着世界社会主义运动步入低潮的话,那么2008年以来金融危机意味着世界资本主义的发展也遭遇了严峻挑战。正是这个时候,中国特色社会主义异军突起,走出了一条新路,让我们这些共产党人看到了希望和前途。我们备受鼓舞,我们为中国的发展感到高兴。"他的话,使我想到小平同志曾说过"只要中国社会主义不倒,社会主义在世界就始终站得住"。从小平同志当年说这话到现在,30年的发展,世界和中国都发生了巨大的变化。这种变化,激发了世界各国的政府、智库机构、专家学者研究中国问题的动力。他们研究的领域也逐步从原来传统汉学研究、文化研究,逐步转向现实问题的研究。大批学者，特别是很多具有中国教育背景的华人学者的加入，大大拓展了海外中国问题研究的广度和深度。

当前，中国成为推动世界经济健康发展的重要引擎，连续多年特别是近年来对世界经济增长的贡献率超过了30%，对世界扶贫事业的贡献率超过了70%。习近平总书记倡导的共商共建共享的全球治理观，已经在世界上赢得了广泛认同。推动构建人类命运共同体的理念已经写入联合国决议，"一带一路"倡议惠及全球。中国不仅为世界贡献了经济增长、和平发展、公平正义的力量，还为世界上那些希望在加快发展的同时保持自身独立性的国家和民族提供了全新选择，为解决人类问题贡献了中国智慧和中国方案。这就是为什么世界都在关注中国、研究中国的原因，这也为我们以高度自信讲好中国故事，传播好中国声音提供了崭新机遇。在这个国际背景下，开展海外当代中国研究，跟踪研判国外研究动态，进行相应的跟进、分析、再研究，因时而动、顺势而为，做到知己知彼，才能讲好中国故事，传播好中国声音，让海外学者更加全面、深入、准确地了解中国、了解中国共产党，了解我们的历史和发展趋势。

张树华：在人类历史上中华文明光辉灿烂，绵延数千年。多少年来，中华文化以其独特的内涵与魅力，吸引着域外学者的目光，引得许多境外饱学之士孜孜探究：在东方，中国研究有上千年的历史；在西方，中国研究走入大学，成为一门学科专业，也有了两百多年的历史。

孔子曰："德不孤，必有邻。"

中国改革开放40多年来，中国社会发生着翻天覆地的变化，成为第二大经济体，中国的国际地位和国际影响力显著提高。中国的文化与社会科学事业也日新月异，与境外同行的开放与交流程度日益扩大和加深。

与此同时，随着中国日益走近世界舞台的中央，特别是"一带一路"建设的深入实施，中国研究逐渐成为世界范围内的一门显学。

从传统汉学到当代中国研究，伴随着中国改革开放的步伐，特别是中国进入新时代以来，海外中国学研究呈现出一些新变化和新气象。纵览海外对中国的研究，可以发现以下这六个方面的重要变化。

一是中国研究的学科外延扩大。由经典的以语言、历史等人文学科为主体的传统汉学，焕发新生，扩展到政治、经济、社会、文化、外交、海洋、环境、农村等当代中国研究的各个领域。

二是中国研究的地区范围不断扩大。由传统的欧洲、美国到东亚地区，北起斯德哥尔摩，经高加索地区的格鲁吉亚，再到红海沿岸的埃及，非洲之角的南非共和国，甚至是西半球的阿根廷，都有当地中国学家活跃的身影。

三是中国研究的学科地位不断提高。从过去单纯的区域性研究变成历史学、文学、政治学、经济学、传播学等多学科研究。当代中国研究的学术地位也在攀升，不少中国学家成为区域性、全国性学术团体的带头人。另外，国际学术界尤其是经济学界的一些大牌学者也在关注中国经济发展，在论述中常常以中国为例展开逻辑论证。

四是中国研究的问题性、思想性不断增强。从过去的学院派考据式研究，开始转向更具现实性、对策性的智库研究。

五是中国研究的应用性不断提高。对当代中国的研究成果逐渐走出书斋、课堂，走向政界、商界等实际应用领域。

六是中国学的中外互动性不断加强。国际汉学与走向世界的中国本土学术开始有了越来越多的对话。近年来随着中国综合实力的增长，中国本土学术研究的参与性、主动性越来越高。

问题2：党的十八大以来，全球力量格局深度调整，发展引擎迅速东移，"往东走""向东看"成为一股风潮。有海外学者、媒体认为中国的发展经验给其他国家很大的启迪和裨益，值得学习和借鉴，但也有一些以西方文明中心自居者因传统优越感逐渐丧失而借中国发泄哀怨，甚至企图以新的抹黑攻势来遏制中国发展。我们该如何看待这两种观点？中国学者应该如何发挥哲学社会科学作用，加强话语体系建设，更好传播中国主张、讲述中国故事，做好国际舆论引导工作？

魏海生：在更好传播中国主张、讲述中国故事，从而推进海外中国学研究方面，我认为中国学者需要做到以下四点：一是坚定"四个自信"。坚定对中国特色社会主义理论、道路、制度、文化的自信是中国学者同海外学者开展平等对话的基础。中国特色社会主义发展到新时代，已充分证明其理论及实践价值不亚于现有的任何一种理论、道路、制度，甚至更具优越性及独特性。作为中国话语的传播者，坚定"四个自信"才能够在对外交流中做到"以我为主"，坚守自身话语体系的核心价值及概念。

二是勤练"内功"。学者自身对中国话语、中国故事的准确理解、深入了解是前提，需要对党和国家的理论、路线、方针、政策有准确的理解和阐释，对于要讲述故事的发展过程、基本国情和实际情况有充分的了解和认识，才能在对外讲述和交流中做到全面、准确、恰当。

三是"知己"之后还要"知彼"。在"知己"的基础上，对海外中国研究智库的研究动向、重点和学者的研究专长、方法与主要观点有全面了解，有针对性地就海外中国研究专家学者所关注的领域和问题展开交流，主动设置研讨议题，为他们解疑释惑，阐释好中国发展与治理的理念和实践，讲好中国发展道路的故事。

四是加大公共外交力度。积极发挥公共外交作用，是以习近平同志为核心的党中央在新时代对我国智库提出的明确要求。我认为，智库在以下几方面还要发挥更大作用。一要积极扩大对外交流。随着中国日益走近世界舞台的中央，外部对于中国的疑虑也有所上升。但总体上看，目前越来越多的国家和地区希望更加了解中国，与中国交流发展经验。智库要牢牢抓住这一机遇，积极开拓对话交流的新领域、新对象，以开放的姿态推进对外交流与合作，在国际双边和多边学术交流与合作的平台上传播"中国声音"，加大影响力。二要把智库研究成果通过各种途径方式推向国际。智库在开展对外交流前要充分调查研究，了解对方的核心关切及叙事方式，针对不同的机构、学者主动设置议题，增进海外中国研究机构、学者对于中国的了解和认同。我国智库要把自己的研究成果更多推广到国际学术交流平台中去，这也是促进中外学术交流，传播中国理论话语的重要方式之一。三要重视全球性共同问题的研究与交流。智库在关注国内研究、服务决策的基础上开拓视野，密切把握当前国际社会面临的共同问题，结合本国经验向国际组织、其他国家和地区提供解决一些具体问题的建议和方案。这有助于增强我国智库的国际影响力和话语权。

唐洲雁：随着中国综合国力和国际地位的不断提升，国际社会对我们的关注前所未有，"木秀于林，风必摧之"，不可避免地对中国的发展有些不同声音，这其中，既有对中国了解不够而产生的误读、误解，也有一些别有用心的抹黑丑化。讲好中国故事、讲好中国共产党的故事，成为从事海外当代中国学研究的时代使命。我们要以高度的使命感、责任感，以开阔的视野、包容的胸襟，保持学术定力，在深入研究的基础上，从宣传理念和话语体系建设的高度，提炼标识性概念，打造易于海外学者理解和接受的新概念、新范畴、新表述，丰富讲好中国故事的学术手段，聚焦国际社会共同关注的中国问题，引导国际学术界展开讨论和研究，积极组织研究项目，增强我们的学术影响力，提高我们讲好中国故事的能力。

新时代的中国特色新型智库，要担当起提升中国国际话语权和影响力的重要使命。面对新的机遇和挑战，中央的智库和地方智库之间要加强协作，深化研究，主动发声，讲好中国故事、中国共产党的故事、中国共产党治国理政的故事，让世界真实、立体、全面地了解中国，特别是更好地了解新时代的中国和中国共产党，回答好中国"从何处来、向何处去"，"中国共产党为什么能、马克思主义为什么行、中国特色社会主义为什么好"的问题。这次中央党史和文献研究院对外合作交流局与我们山东社会科学院共同主办的第三届海外当代中国研究圆桌会议，就是中央和地方研究机构间开展合作、开拓新型智库业务发展的一次有益尝试。今后我们会继续立足自身学科优势，扩大与中央智库单位的交流合作，把基础理论研究与海外当代中国研究结合起来，围绕党和国家对外工作大局，促进党的理论学理化，用科学的理论阐释国际传播实践中的各种理论困惑和问题，努力做好对外宣传工作，同时为中国特色社会主义道路自信、理论自信、制度自信和文化自信提供鲜活的时代范例，做到用事实讲道理，以理服人，增强我们的学术影响力，掌握话语权。

张树华：以新时代、新思想等关键词为标志，中共十八大以来取得的一系列具有里程碑意义的政治成果和思想成果，必将对未来中国的发展乃至世界政治进程产生深远的影响。

2017年10月，伴随着中共第十九次代表大会的召开，在一个月左右的时间里西方大国的主流媒体不约而同地推出了封面重磅文章，惊叹"中国成功""中国赢了"。欧美媒体竞相对"十九大胜利召开下的中国"进行了高密集度的报道，他们眼中的"中国谜题"正在以"中国崛起""中国模式""中国赢了"等舆论评价和叙事方式渐续展开。法国第二大报《世界报》打出"中国，强国崛起"的醒目汉字。德语世界老牌政论性杂志《明镜周刊》以《醒来!》为封面文章标题，对中国崛起的现状进行了多方位评述。美国《时代周刊》刊出封面文章《中国赢了》，认为中国的政治与经济体系有更好的应对能力。《明镜》周刊则认为，中国的崛起正在改变世界，称"中国的政治和经济实力、军备和科学发展程度使其迅速跻身世界大国之列，这种发展态势是西方国家经历冷战争夺领袖地位之后再也没有见到过的"。

一时间，西方传统强势话语媒体对中国舆论腔调出现强烈的"反差"：由此前的"蔑视、无视、敌视"转为"惊叹、认可、尊敬"。

经济资料显示，近20年来世界经济格局发生了转折性的变化：20世纪90年代之前，占世界人口10%的国家生产并占有了70%的GDP，这种状况延续了200多年。

但从2001年开始，新兴经济体对全球GDP增长的贡献超过了发达经济体，这是一个划时代的事件。2012年，新兴经济体对全球GDP总量的贡献超过50%，更从根本上改变了世界经济格局。据世界银行统计，2016年新兴经济体和发展中国家占全球GDP的比重近60%，而发达经济体已经退到40%左右。习近平总书记在十九大报告中指出，中国对世界经济增长贡献率超过30%。

冷战结束后近30年来，与世界经济天平的变化相呼应，世界政治也发生了重大而深刻的变局。

与此相呼应，近年来西方媒体和学术精英表现出对西方制度尤其是西方政治的强烈反思或激烈批评。近些年我们看到了美国政治哲学家弗朗西斯·福山的学术思想和逻辑观点的嬗变。而另一位顽固的、西方民主及民主化浪潮的"旗手"拉里·戴蒙德也惊呼，民主在逆转，民主国家在缩减，一些国家的民主岌岌可危，西方自由民主质量下降。这位美国斯坦福大学胡佛研究所的高级研究员、《民主》杂志主编认为，自 1999 年以来，民主崩溃的步伐趋快，尤其从 2006 年开始，民主的衰退变得越发显著，与此同时，全球权力架构因中国的崛起和俄罗斯的出击而发生重要变化。此外，关于美国民主效率之差的批评之声也不绝于耳，不断有新的民调显示西方民众对民主政体自豪感在降低，政治不信任感和悲观论调在不断上升。面对近年来西方政治的种种乱象，2014 年以来，《金融时报》连续刊文称，"全球民主大衰退""英美民主政体遭遇危机"，呼吁做空"全球民主"。

西方模式陷入了多重困境，这为国际学术界提供了鲜活的反面素材和绝佳的历史机遇。看来，西方传统政治学和经济学概念与逻辑已经无力解释"西方之乱、中国之治"命题，西方的社会科学的研究范式受到冲击，西式政治学、经济学教材可能需要重新改写。而越来越多的国际有识之士将"期待"的目光转向中国。

西方对华舆论前所未有的大反转凸显了世界政治潮流的波涛汹涌，也预示着新的时代即将开启。回首 20 多年前，冷战结束，西方政治精英以"历史即将终结"的狂妄论调将西方民主升华为人类政治发展的标杆与模板，对中国进行大肆围堵，不断挤占和压制社会主义的政治空间。然而，"长风破浪会有时，直挂云帆济沧海"，中国这艘巨轮动力十足，劈波斩浪，扬帆远航。中国发展的伟大成就和中国道路的国际魅力成为世界政治潮流转向与新时代开启的强大动力。

日出东方，中国这些年飞速发展的成就冲击着西方的认知，挑战了独尊一统的西方思想体系和学术体系。法国媒体《世界报》认为中国的成就极具象征意义，甚至称"我们已经进入了中国世纪"。

值得特别注意的是，西方的政界对中国的认知也在发生变化。在 2017 年 11 月特朗普总统访华前夕，时任白宫办公室主任约翰·凯利对福克斯新闻网表示，中国的政府体系看来适用于服务中国人民。包括凯利在内的西方政要和舆论精英指出,当今世界越来越多的发展中国家看好和模仿中国模式,这是国际上过去几十年历史上不可想象的现象。

可见,西方之乱、中国之治使得西方有识之士开始反思。冷战后30年来世界政治进程的反转、中西政治图景的强烈反差给人以深刻启示。

问题3:尽管从国家实力和对世界的贡献来讲,国际格局已经发生了很大变化,但国际舆论西强东弱的格局还没有变。习近平总书记指出,要动员各方面一起做思想舆论工作,奏响交响乐、大合唱,把中国故事愈讲愈精彩,让中国声音愈来愈洪亮。中国学者该如何讲好中国故事,推动、引导海外学者对中国的研究,向世界展示真实、全面、立体的中国和中国共产党?

魏海生:海外学者在中国走向世界的进程中扮演着重要角色,他们是倾诉者,向中国传递世界对中国的看法;他们是倾听者,聆听中国面向世界的自我陈述;他们是传播者,把中国的声音传递给全世界。在开展海外中国研究时,中国学者要用好海外学者的这三重身份,加强与他们的对话交流,借助他们的信息平台,更好发挥他们对外宣传中国的独特作用。

剖析海外学者的立场、观点,把握世界眼中的中国。在全球化格局之下,世界各国都在相互了解与参照中把握自身位置,寻求自身发展策略。相对于自身的历史变迁,相对于全球化的世界体系,转型中的中国已呈现出既断裂又重叠,既竞争又融合的复杂图景。因此,对于中国社会政治经济发展等一系列问题,我们都需要重新地审视和界定,从而在新的历史语境下和世界秩序中加以观照。中国学者应加强海外中国舆情跟踪、收集、研判工作,深入研究海外学者的有关成果,了解不同的文化、不同的视角、不同的思维向度对中国问题的阐释,深入认知当今全球化体系下的中国。

讲述中国共产党故事、中国故事、领袖故事,让海外学者听到并听清中国的声音。海外学者来自不同国度,分属于不同思想流派,有着各自不同的经验背景和知识背景,所秉持的理念意识也迥然有别。他们对中国既有肯定和赞扬，也有批评和误解。中国学者应通过多种方式加强与海外学者的互动交流，形成一种有效的对话过程和对话渠道，把我们对中国道路、中国理论、中国制度、中国文化的理解讲述给他们，改变信息流进流出的"逆差"。要有针对性地做好理论说服工作，争取团结一批具有国际影响力、能为我们说话的海外顶尖学者。对于一些持不同意见的知名学者，要坚持不懈、循序渐进地做好引导工作，通过加深学术交流、建立个人友谊等方式，争取他们的理解和认同。

借助海外学者的影响，推动中国声音在各国本土开展本土转换和"二次传播"。人际传播在外宣工作中具有不可替代的作用，而海外学者是人际传播的重要主体之一。中国学者要将海外中国学研究置于一个开放式的结构中，找到与海外学者的话语共同点、情感共鸣点，通过共同举办国际学术会议、开展合作课题研究以及资助访学等方式，推动中国声音沿着学术的层面，扩展到所在国政治层面、社会层面，提高外宣工作的影响力与说服力，进而与当代全球体系下的世界形成一种良性互动和融合。

唐洲雁：我在国际学术交流和对外宣讲工作中一个重要的体会就是，我们的对外工作说到底还是做人的工作，如何说服人、如何打动人，是我们提高对外传播能力的关键。我认为自信和真诚是取得理解认同的两把钥匙。

习近平总书记说："当今世界，要说哪个政党、哪个国家、哪个民族能够自信的话，那中国共产党、中华人民共和国、中华民族是最有理由自信的。"我们的道路、理论、制度、文化，是经过党领导全国各族人民长期奋斗取得的，也是经过长期实践检验的科学产物。我在对外宣讲中就遇到很多海外中国问题专家，他们遇到了在西方理论和知识框架内无法解释的中国现象、中国事务，西方社会科学的主流研究方法和分析逻辑在研究中国问题上经常性失灵。这个时候就需要我们立足中国历史与实践，在科学理论的指导下，提出具有主体性、原创性的理论观点，构建具有中国特色、中国气派的学术风格，努力创建中国道路国际话语体系。

还有一点就是真诚。由于我们和海外学者在立场、倾向、态度方面往往不一致，要想得到对方的认同，除了讲清楚学术理论和逻辑，还需要真诚交流，形成共鸣与共情。在交流中要善于联系实际阐释理论，针对问题解疑释惑，用客观的事实说服人，用鲜活的事例打动人，用丰富的情怀感染人，用过硬的道理影响人，把我们的道路自信、理论自信、制度自信、文化自信寓于中国故事，使人听有所思，思有所得。

张树华：当前国际形势复杂多变。世界经济逆全球化潮流凸显、国际政治不确定性增加，保守主义、民粹思潮蔓延，某些大国的霸凌排外等"恶政"不断。我们正经历着国际政治经济大变革、大调整的一个大转折时期。人类社会又一次处于发展道路的十字路口。世界向何处去？21世纪国际社会能否避免和远离战争、冲突、恐惧、仇恨、分裂、贫困、饥饿、混乱，迎接和平、安宁、安全、和谐、开放、包容、共享、安宁、美丽的新世界？

在世界历史转折的历史关头，习近平主席提出的构建"人类命运共同体"的理念像波涛汹涌、漆黑茫茫大海上的指明灯，为国际社会合作与发展指明了方向。构建"人类命运共同体"的命题宏大，立意深远，恰逢其时。"人类命运共同体"的理念是新时代中国领导人提出的"世界梦"，是未来国际社会携手共进，共同描绘的宏伟蓝图和壮丽篇章，体现了中华民族的深远智慧和博大胸怀。

世界向何处去？排外还是合作，对抗还是共赢？走什么样的发展道路？构建什么样的国际关系？这些成为国际社会不得不面对的问题。国际社会对中国有期待。中国方案需要面对世界性问题。而如何让中国方案更好地为世界不同的国家接受，这就需要中国智慧。

我们认为，讲中国经验、提出中国方案，不应过于抽象，大而化之、泛泛而谈无法得到其他国家的真心认同。必须善于提"真问题"，也就是要根据不同的国家正在面对、亟待解决的不同问题来提出相应的可借鉴方案。打个比方，中国经验、中国方案应该是一个开放的基本操作系统，非洲国家可以来下载并安装"如何扶贫"的App，东欧国家可以在此基础上开发适合本地实际的"正确处理中央与地方关系、企业和市场关系"

的 APP，等等。只有与不同国家的具体国情结合起来，中国方案才具有生机活力。

2017 年以来，世界舆情出现了大逆转、大反思，一个重要的标志就是西方媒体更多地将目光转向中国。一方面，这体现了西方社会的政治光谱、政治图景日益混乱，政治和知识精英充满焦虑。另一方面，中国对世界经济的贡献越来越大，中国共产党治国理政的模式引起国际关注。在这样的背景下，中国经验、中国方案的提供既要坚持原则又要把握策略，一方面要坚持内外有别、张弛有度，另一方面要具体问题具体分析，真正做到一国一策、一语一策。

那么，如何对外讲好改革开放？

过去 40 年来，一项项改革政策和实际成功汇成中国改革开放的磅礴洪流，极大改变了中国的面貌。中国改革开放的成功经验丰富并改写着数百年来西方流行的一些概念和范畴，正成为国际上政治类经济类教材的经典案例。

最近我出访"一带一路"沿线几个国家，在与国外同行交流中发现，多年来苦苦探索本国发展之路的一些发展中国家，对中国经验充满特别的期待。但据这些国外同行反映，在中方专家参加并发言的会议上，他们听到的多是宏大叙事或一家独白，觉得中方发言和讲解缺乏针对性，不解渴。也难怪，中国某些专家千篇一律，不分国别和场合，往往"一稿打天下"，习惯了大话空话，只能自说自话，讲讲中国宏观政策、经济总量以及 40 年间取得的经济成就，却很少能运用国际比较的方法，因地制宜地与对方分享中国改革开放、区域或行业发展的具体经验。

中国共产党是世界级的"改革大师"，配得起国际上最高的褒奖。近年来，世界上不同领域的专家学者纷纷致敬中国改革。与此同时，一些境外专家经常反映，中国经济发展很快，中国改革开放也很成功，但中国很大，又与他国有着截然不同的政治和文化传统。因此他们不知从何入手，从哪些领域可以借鉴中国经验，进而有针对性地用于解决自己国家的问题。一句话，面对中国改革开放这座人类知识和经验的宝库，他们看不清，也没弄懂，想借鉴学习中国经验也不知从哪里下手。

改革是人类历史发展中一个非常值得研究的独特现象和领域，理论界、学术界设立跨学科、跨专业的"改革学"可谓正当其时、正当其用。国际上不少国家历史上都曾有过打着各种旗号的"改革、革新、变革"等。当代中国的改革以其宏大雄伟场景和改天换地的效应在世界"改革史"中独树一帜。中国的改革开放既是伟大的哲学宝藏，也是千万个宝贵经验和行动指南。

近年来，总结改革开放的伟大历程不乏气势磅礴的鸿篇巨制。要对外讲好中国改革开放，前提是科学和辩证地总结过去的经验。描述中国发展和改革经验，要坚持辩证法，不能错置时空和语境，将国内流行的"官宣式"照搬出去，通篇宏大叙事而缺乏规则性和可操作性。也不能过于笼统而失去针对性，把我们还在探索的东西当作经验给人家。例如，白俄罗斯需要了解和借鉴改革开放初期中国政府是如何处理企业自主权及中央与地方关系的做法。非洲朋友则想学习借鉴中国各级政府在过去20年脱贫致富的治理经验。俄罗斯经济学界提出，迫切希望研究中国企业为何善于创新并实现技术突破。

对外宣介中国40年改革开放，要内外有别：既要有宏大叙事，也要从细处着眼；既要从宏观层面讲明党的领导、基本制度、基本路线等中国特色制度文化本源，也要从中观层次介绍诸如区域协调、产业发展等内容，更要善于讲解特区发展、乡镇企业、技术创新、创业经营的微观案例。尤其尽量多介绍那些鲜活生动的中观层次和微观层面的改革开放案例。

回顾和总结中国改革开放的历程既需要有大写意，也需要工笔画。推进改革开放难，总结好改革开放的真经验也不容易。对外讲述中国改革开放，也要科学而精准，最好一国一例、量身定制。就像手机有不同的操作系统一样，中国学术界要善于基于不同操作系统，多开发一些适应性和适用性强的APP应用，供有兴趣、有意愿的境外客户下载和使用。

问题4：文明多样性是世界的基本特征。不同文明之间应当相互尊重、包容互鉴。海外中国学研究是文明交流对话的重要组成部分，面对当前"文明冲突论""文明优越论"等观点，中国学者该如何在讲好中国故事中推动不同文明交流对话、和谐共生？

魏海生：中国特色社会主义进入新时代，海外中国问题专家和中国观察家更加关注中国共产党和领袖人物的治国理政新理念新思想新战略，更加关注中国国家治理体系和治理能力现代化的成就与经验，更加关注构建人类命运共同体理念和"一带一路"倡议对于世界秩序和全球互联互通的影响与引领，这为推动中华文明与世界其他文明交流互鉴、取长补短提供了难得的历史机遇。

同时，我们也要看到，当今世界面临百年未有之大变局，全球各种思潮不断涌现，并藉由新媒体广泛迅速传播。一段时期以来，少数西方国家针对中国的不实言论甚至有意诋毁的报道甚嚣尘上，一些政客热衷于对中国的内政外交进行捕风捉影式的"评论"。

在此背景下，包括关注海外中国研究的学者在内，更要及时厘清这些内嵌单边主义、民粹主义甚至种族主义思维错误论调的危害。从事海外当代中国研究既要讲"他山之石，可以攻玉"，更要讲"以我为主，为我所用"。中国有信心走好自己的路、办好自己的事。对于海外学者和民众的困惑与疑虑，要及时彰明，以理服人；对于别有用心的攻击诘难，则要精准回击，正本清源。学者要通过深入翔实的文献史料分析和研究学术成果，积极向国际社会介绍我们党的历史、执政理念和治国理政经验，以新定位、新机制、新模式参与全球思潮竞争与治理，为构建人类命运共同体、促进不同文明交流互鉴贡献智慧。

十九大报告提出"以文明交流超越文明隔阂、文明互鉴超越文明冲突、文明共存超越文明优越"，这三个"超越"是新时代我国致力于推动构建人类命运共同体的鲜亮底色。中华文明有"不要人夸颜色好，要留清气满乾坤"的自信与定力，并在继承创新中不断发展，在应时处变中不断升华，在兼收并蓄中历久弥新。文明只有姹紫嫣红之别，但绝无高低优劣之分。文明互鉴要秉持平等和尊重，摒弃傲慢和偏见，坚持美人之美，美美与共，让世界文明百花园群芳竞艳。

人是文明交流互鉴最好的载体。新时代要加强同海外各层级各界别的交流，特别是在"一带一路"倡议等框架下加强人文交流与青年交流，这是消除隔阂和误解、促进民心相知相通的重要途径。

要注意研究掌握国外受众习惯，携手老朋友，培育新朋友。研究者要及时关注国际国内局势发展，把中国道路、中国方案用"易消化的"语言精准传播给目标受众，坚持研究要研究得透彻，翻译要翻译得准确，让中国共产党的创新理论"飞入寻常百姓家"。在此过程中增强中华文明叙事的感染力与说服力，扩大包括海外知华友华学者在内的"朋友圈"。

要不断增强智力产品的生产、传播和叙事介入能力，形成讲述中国故事的话语联盟。我国智库、媒体、高校等通过深入合作，组建学术共同体与话语联盟，形成协同增效优势与集群效应，为海外学者提供科学权威的文献来源与数据支撑，同时也要提高对于海外学者关于中国政治经济发展的错误阐释和话语陷阱的甄别能力。

唐洲雁：在对外学术交流中，越来越多的学者以务实的态度寻求中国成功经验对其本国的借鉴和启示。比如有学者在交流中表示，建议本国政府"像中国一样思考"，直接复制中国经验。这既是文明交流互鉴的生动体现，也是推动人类文明进步的直接动力。在中外文明对话中，我们追求的是"和而不同"的理想状态，承认和尊重多样性，同时要积极客观地阐释我们的理念，构建具有中国特色的学术方法和体系，同时，也要关注海外学术前沿，有思考、有分析、有应对，以学立身，以理服人。比如，旨在解决全球治理危机的"中国方案"，就根植于中华民族的历史与传统，具有鲜明的东方特色，在未来有可能为全球治理提供一种具有可操作性的模式。这种模式没有强制性，但在某种程度上可供发展中国家借鉴吸收，从而上升为一种共同经验。

张树华：习近平总书记指出，"以文明交流超越文明隔阂、文明互鉴超越文明冲突、文明共存超越文明优越"。2018年10月在中国社会科学院举办的国际会议上，西班牙胡安·卡洛斯国王大学人文学院教授劳尔指出了当前西班牙中国研究的问题。他说，西班牙大学的中国研究仍是象牙塔中的"密封舱"，大学之间、大学与智库之间交流甚少。研究内容上，虽然主题呈现多元化，但仍过度集中在中国崛起等主流话题。

西班牙学术界缺乏能力来改变有关中国形象的刻板印象,仍停留在诸如过去的异国情调、遥远而奇异的中国形象、由西方媒体提出的"中国威胁论"等方面。

德国汉学家顾宾也在这次会议上指出,西方一些中国研究是一种片段式的、割裂的研究,没有从整体上把握和理解中国。

"他山之石,可以攻玉"。中国社会科学院一贯重视国外中国学的研究,并在我国学术界率先开创了"国外中国学"的研究。这些年来中国社会科学院成立了"国际中国学研究中心",将"海外中国研究"纳入"登峰计划·优势学科",目的是搭建合作平台,构建中外文化互学、文明互鉴学术共同体。

早在1975年,在已故著名学者孙越生先生的倡议下,中国社会科学院情报研究所设立了"国外中国学研究室"。这是我国第一个专门研究国外中国学的机构。该研究室成立后为国外中国学研究学科的创建编辑出版了一系列奠基性的成果,如《国外中国研究》丛书(1977)、《美国的中国学家》(1977)、《外国研究中国》丛书(1978—1980)、《当代国外中国学研究》(2006)等,带动了我国学术界20世纪80年代至90年代国外中国学研究的迅速发展,为我们打开了一扇知识的窗户。

2004年,中国社会科学院继续推动这一学科的发展,成立了"国外中国学研究中心"。2010年又推出"国外中国学网站",初步建立了"国外中国学家数据库""国外中国学机构团体数据库""国外中国学期刊数据库""国外中国学论著题录库"等数据库,为我国各界了解国外中国学的动向和进一步深入开展研究提供了平台。

"国之交在于民相亲"。人类文明的历史经验表明,思想学术交流在推动国际关系发展方面有着不可替代的作用。

作为"软实力"建设的重要组成部分,中国积极推动中华文化走出去。随着国家综合实力持续提升以及全球化的不断深入,中华文化在海外传播方面取得长足进步,影响迅速扩大。在此基础上密切跟踪国际舆情变化,总结经验,对于做好文化走出去工作、增强软实力具有重要意义。

但是,文化"走出去"要认清世界形势。文化"走出去"不是建桥修路那样照着图纸就能完成的简单工程或技术活儿,而是类似播种耕作一样,需要风调雨顺和满足各种条件才能收到预期的良好效果。近些年来,国际局势风云变幻,这是对外文化传播不得不考虑的重要外部因素。

当今世界的意识形态之争和地缘政治争夺日趋激烈,逆全球化、排外主义、民粹主义等思潮抬头。这些因素都给国际文化交流和相互借鉴带来重大影响。

当此世界变局之时,如何判断和把握当前国际舆论态势或变化?我们不妨提出一个新的认知概念,即世界政治正进入"后国际形象"时期。在这个时期,以传播文化等形式塑造国家"软实力"、维护国家美好形象仍然重要,但更要敢于以直接而显见的方式迎接信息战、舆论战甚至混合战。

如此一来,对外文化传播就与一个国家的对外战略紧密联系在了一起。比如,前些年"韩流"文化在中国大行其道,但近来随着中韩关系因"萨德"入韩等问题趋于紧张,"韩流"好像冷却了下来。这说明,国家形象和文化工程等在国家利益碰撞和政治冲突面前,往往碎得"一地鸡毛"。

这也警醒我们,需要升级版的对外传播方案。今后在确定 2.0 版的对外文化传播和"软实力"塑造的实施路径时,首先要从国际格局变化和地缘政治博弈的高度予以认识,分清轻重缓急,厘清文化传播与国家总体战略、国家核心利益的关系,这样才能有所收获。

政治价值观是软实力建设的"道"。不少人在谈到对外文化传播时,习惯从地理区隔、人文、种族等角度着眼。但无数事实表明,对外文化传播以及国家"软实力"竞争的根子,还是在政治上,实质拼的还是政治价值和政治自信。如果说文化传播是打太极,政治价值的碰撞则是短兵相接。

像约瑟夫·奈一样的西方政治谋士从不讳言,软实力的核心是政治价值。30 年来美国本想挟冷战胜利之威,借软硬实力,想赢者通吃,一统天下。意识形态或政治层面的差别,仍是国际舞台上的一根主线。一个比较明显的例子就是,美国人一张嘴就说它是所谓"自由社会""民主国家",而中国是"社会主义"或"共产主义"国家,其他一些国家比如俄罗斯则是"独裁国家",如此等等,借以长期霸占国际政治和道义的制高点。

我们不仅要让世界知道"舌尖上的中国",还要让世界知道"中国价值""中国理念"。正因如此,提炼中国道路、中国价值及其相关的制度、模式、政策规则、标准等,对于我们的对外文化传播和软实力建设极为重要。这是根本上的"道",除此之外的其他都只是"术"。

强调"道"的根本意义,并不是说"术"不重要。在明确政治价值观这个文化传播和"软实力"建设的"道"之后,"术"的安排将决定这项工作的成效甚至成败。

首先,审时度势,在国际舆论斗争中处理好防御和进攻的关系。目前,一些国家保守主义、排外思潮盛行,在民粹思潮和"逆全球化"加剧的背景下,要确定适当的策略参与国际舆论斗争。有时突出正面宣传,以防御为主,传出中国的意见、主张和判断。有时则要转被动防御为有力反击,甚至是主动出击,攻其软肋,动摇并将对方拉下神坛,进而占领一席之地和道义制高点。

其次,敢于与强手过招,才能赢得关注、赢得话语权和影响力。20多年间俄罗斯的经验和教训表明,获得国际影响力的手段不是一味"示好、示弱"。因为西方不尊重弱者,更蔑视怯懦者、犹豫者、失败者。国际舆论较量由不得安分守己、自言自语。

第三,要重新规划对外宣传的路线图。面对西方世界竖起的意识形态堡垒和思想铁幕,要学会避其敌意和锋芒,眼光不只集中在纽约时代广场或维也纳金色大厅。不妨顺势而为、另辟蹊径,就像中国革命那样,走"农村包围城市"之路,把重点放在周边和亚非拉等广大地区,做好东盟、俄罗斯和中亚等近邻国家的工作,创出一片新天地。

第四,维护国际公理,主张国际正义。维护国际法和联合国的作用,反对霸权和"双重标准"。苏联解体后,两极格局结束,美国自认为是世界上唯一的超级大国,超越联合国,甚至践踏国际法,在国际事务中垄断权力,拉帮结伙,肆意干涉他国内政。每当此时,需要有国家站出来,公开反击美国的霸权行为。只要言行有理有据,不同渠道可以一起形成反美霸权、维护国际公理的大合唱。借此也可以在国际舞台上为自己塑造不畏强权、主持国际公理和正义的国家形象。

第五，为国际社会提供更多、更好的公共产品，才是提高"软实力"和国际影响力的正道。从美国对外政策的反复与"软实力"的消长中可以得到启示：要尊重别国，尊重对手，特别是像中国、俄罗斯等这样的大国。追求软实力，绝不是一味地追求话语霸权，也不是一味地炫耀文化文明的优越性，更不是傲慢地对外输出价值观，而是为国际社会提供更多、更好的公共产品，这才是国际社会沟通民心、合作共赢、进而提高国际影响力的正道。

（原载 2019 年 7 月 15 日《山东社会科学报道》04、05 版）

权威媒体报道撷英

▼

由中央党史和文献研究院对外合作交流局发起召开的第三届海外当代中国研究圆桌会议,在国内学界及社会上产生了广泛影响。《人民日报》、《光明日报》、光明网、中国社会科学网等权威媒体对本次会议予以关注,并及时进行了报道。以下是几家主要媒体对本次圆桌会议的报道辑录。

《人民日报》:《海外当代中国研究面临良好机遇——"第三届海外当代中国研究圆桌会议"述要》

中共中央党史和文献研究院对外合作交流局、山东社会科学院联合主办的"第三届海外当代中国研究圆桌会议"最近在山东济南召开。与会者以"70年回顾与展望:面向新时代的海外当代中国研究"为主题,围绕新中国成立以来海外当代中国研究的历史、现状与未来进行了研讨。

与会者认为,进入新时代,中国日益走近世界舞台中央,积极推动构建人类命运共同体,为世界和平与发展不断贡献中国智慧、中国方案、中国力量,这为推进海外当代中国研究提供了良好机遇。海外当代中国研究人员应抓住这一机遇,通过建立智库专家学者协作网络、开展联合研究等多种方式,推出更多高质量研究成果,向世界展示一个真实、立体、全面的中国。

(《人民日报》2019年8月20日8版,记者赵渊杰)

光明网·学术频道：《第三届海外当代中国研究圆桌会议：把"为人类文明作贡献的中国"讲述给世界》

6月21—22日，由中央党史和文献研究院对外合作交流局与山东社会科学院联合主办的"第三届海外当代中国研究圆桌会议"在山东济南召开。会议以"70年回顾与展望：面向新时代的海外当代中国研究"为主题，对新中国成立以来海外当代中国研究的历史与现状进行梳理和研讨。来自中央党史和文献研究院、中国社会科学院、中国外文局等研究机构和高校的50余位专家学者与会。开幕式由中央党史和文献研究院对外合作交流局局长杨明伟主持，大会主旨发言分别由山东社会科学院副院长杨金卫、中央党史和文献研究院对外合作交流局副局长陈家刚主持。

更好发挥智库作用，切实加强海外中国研究的跟踪、收集、研判

今年是新中国成立70周年。进入新时代，中国日益走近世界舞台中央，积极推动构建人类命运共同体，为世界和平与发展不断贡献中国智慧、中国方案、中国力量。

在新的历史方位下，如何面向海内外讲好中国故事？中央党史和文献研究院副院长魏海生认为，越来越多的海外学者投入到对中国的研究中，为开展海外当代中国研究提供了大好机遇，同时也提出了更加严峻的挑战和更为紧迫的任务。他建议：合力打造智库专家学者协作网络，探索建立长效的信息沟通和共享机制，共同做好海外舆情跟踪研判工作。推动研究成果转化工作，更好地为党和国家决策服务。可开展联合研究，形成整体研究合力，通过联合举办专题会议、合作开展项目研究等多种形式，整合研究资源和力量，推出海外当代中国研究的系列成果。探讨共同培养人才的机制，打造一支政治立场坚定、理论功底扎实、具有东西方比较视野的队伍。

山东省政协副主席、山东社会科学院党委书记唐洲雁指出，党的十八大以来，在习近平新时代中国特色社会主义思想的指导下，党和国家事业取得了新的历史性成就。面对新的机遇和使命，各级各类智库要加强协作、深化研究、主动发声，向世界讲好中国共产党为什么"能"的故事、马克思主义为什么"行"的故事、中国特色社会主义为什么"好"的故事，让世界知道"发展中的中国""开放中的中国""为人类文明做贡献的中国"，进一步提升中国的文化软实力和国际话语权。

新时代的海外中国学研究，要更多关注国际政治经济格局的变化

北京语言大学教授阎纯德指出，中国一贯主张强不凌弱、富不辱贫、和谐万邦，在新时代倡导共建"一带一路"、推动构建人类命运共同体，"这是我们中国文化的性格使然"。

中国社会科学院信息情报研究院研究员何培忠认为，新中国成立70年来，海外中国学研究发生了很多变化：研究重点的变化——从侧重历史的中国转变为侧重现代的中国；研究领域的变化——由侧重人文科学转变为侧重社会科学；研究趋向的变化——由侧重学术类探讨转变为侧重应用对策研判等。"这些变化主要源于中国实施了改革开放，创造了人类社会经济发展的奇迹，为中国、为世界做出了重要贡献。"他强调。

中国社会科学院当代中国研究所副所长武力认为，中国提出推动构建人类命运共同体，两个现象值得关注：第一，中国的发展对全球、对人类带来诸多机遇和利好，反观美国，其坚守的"美国优先"不利于经济全球化，不利于整个世界发展；第二，中国的发展推进人类社会进步、增进人民福祉，在一定程度上引起原有的国际政治经济结构变化，引起了一些国家的不安，甚至恐惧。对此，海外中国学研究，须关注新时代的中国与世界，注重国际政治经济格局的变化。

让世界对新时代的中国故事想听爱听、听有所思、听有所得

习近平总书记指出，当代中国形象应该是"文明大国形象""东方大国形象""负责任大国形象""社会主义大国形象"。中国外文局当代中国与世界研究院国际舆情研究中心主任孙明认为，国家形象是由多重故事组合在一起的：体现在中国共产党治国理政新理念、新思想、新实践之中，体现在国际舆论聚焦中国的舆情和话题中，体现在我们自身的实践和国际舆论对我们的认知层面中。讲好新时代的中国故事，讲清楚世界的中国观和中国的世界观，二者缺一不可。对于作研究，站位要高；

对于作传播，身段要放低，使人想听爱听、听有所思、听有所得。

北京联合大学海外中国学研究中心首席专家梁怡提出，党的十八大以来，以习近平同志为核心的党中央高度重视对外宣传工作，作出了一系列重要工作部署和理论阐述，特别是习近平总书记提出要讲好中国故事，为海外中国学研究指明了新使命新任务。"立足新时代，要继续夯实研究基础，更加注重跨学科和联盟协作，向世界讲清楚中国梦不仅造福中国人民，而且造福世界人民。"她表示。

与会者还就"海外关于习近平新时代中国特色社会主义思想的研究""海外关于中国共产党及其领导人的研究""海外关于中国共产党治国理政经验的研究"等交流探讨，并就海外当代中国学研究心得、学科发展建议以及国内相关领域智库间协同机制等问题作了分享交流。

（光明网记者张胜、焦德武）

中国社会科学网报道：
《第三届海外当代中国研究圆桌会议召开》

▼

  由中共中央党史和文献研究院对外合作交流局与山东社会科学院联合主办的"第三届海外当代中国研究圆桌会议"于 2019 年 6 月 21—22 日在山东济南召开，这次会议以"70 年回顾与展望：面向新时代的海外当代中国研究"为主题，对新中国成立以来海外当代中国研究的历史与现状进行梳理和研讨，并从智库领域为进一步深化研究提供新视点。中央党史和文献研究院副院长魏海生，山东省政协副主席、山东社会科学院党委书记唐洲雁出席会议并分别致辞。中央党史和文献研究院对外合作交流局局长杨明伟主持开幕式。

  魏海生在致辞中表示，今年是新中国成立 70 周年，这次会议聚焦"70 年回顾与展望：面向新时代的海外当代中国研究"，具有重要的现实意义和学术价值。进入新时代，中国日益走近世界舞台中央，积极推动构建人类命运共同体，为世界和平与发展不断贡献中国智慧、中国方案、中国力量，越来越多的海外学者投入到对中国的研究中来，为我们开展海外当代中国研究提供了大好机遇，同时也提出了更加严峻的挑战和更为紧迫的任务，需要我们加强海外中国舆情跟踪、收集、研判工作，为党和国家决策服务。同时，在与国外智库学者互动交流中，我们要主动宣介中国，宣介中国共产党，宣介中国特色社会主义，向世界展示一个更加立体、全面、鲜活的"中国样本"。海外当代中国研究是中央党史和文献研究院承担的国家高端智库重点研究领域之一，为进一步推进这一智库研究走向深入，要努力做好以下工作：第一，建立智库专家学者协作网络，协同做好海外中国舆情信息跟踪研判。第二，开展联合研究，推出高质量研究成果。第三，推动研究成果转化，服务党和国家工作大局。第四，探索共建当代中国学研究人才培养机制。

唐洲雁在致辞中指出，这次会议主题立足新时代，观照70年，反映了学习和传播习近平新时代中国特色社会主义思想的要求。党的十八大以来，在习近平新时代中国特色社会主义思想的指导下，党和国家事业取得了新的历史性成就。山东深入贯彻落实习近平总书记对我省工作作出的重要指示批示，以"走在前列、全面开创"为目标，以八大战略布局为支撑，正以开放自信的底气和信心，阔步踏上新时代现代化强省建设的新征程。山东社会科学院按照省委省政府要求，努力打造新型智库，为全省中心工作服务。面对新的机遇和使命，中央智库单位和地方社科院智库之间要加强协作、深化研究、主动发声，讲好中国故事、中国共产党故事、中国共产党治国理政故事，让世界完整、准确地了解中国，特别是更好地了解新时代的中国和中国共产党，进一步提升中国软实力和国际话语权。

北京语言大学阎纯德，中国社会科学院武力、何培忠，北京市委党校侯且岸，北京外国语大学管永前，北京联合大学梁怡，当代中国与世界研究院孙明，国家图书馆尹汉超等8位专家围绕大会主题做了主旨发言，来自中央党史和文献研究院、中国人民大学、南开大学、福建师范大学、天津理工大学等研究机构和高校的12位学者分别就"海外关于习近平新时代中国特色社会主义思想的研究""海外关于中国共产党及其领导人的研究""海外关于中共治国理政经验的研究"等作了分议题发言。与会专家学者还就海外当代中国学研究心得、学科发展建议以及国内相关领域智库间协同机制等问题进行了交流。

山东社会科学院副院长杨金卫，北京联合大学韩强，中央党史和文献研究院张士义、陈家刚分别主持了发言讨论。来自中央党史和文献研究院、中国社会科学院、中国外文局、国家图书馆、山东省委党校、山东社会科学院、上海社会科学院、中国人民大学、北京外国语大学、北京语言大学、北京联合大学、南开大学、南京大学、山东大学、山东师范大学、山东理工大学、山东科技大学、福建师范大学、天津理工大学等研究机构和高校的 50 余位专家学者参加了会议。人民日报、光明日报等国内主要媒体智库的学者参与了研讨。

（中国社会科学网通讯员桑月鹏、詹珩）